D1746606

Verwunschene WILDNIS

»Die meisten Menschen wissen gar nicht, wie schön die Welt ist
und wie viel Pracht in den kleinsten Dingen,
in irgendeiner Blume, einem Stein, einer Baumrinde oder
einem Birkenblatt sich offenbart.«

Rainer Maria Rilke

KLAUS TAMM
Mit Texten von Mario Ludwig

Verwunschene
WILDNIS

Magische Einblicke in
unsere Tier- und Pflanzenwelt

FREDERKING & THALER

INHALT

14   DAS WUNDERBARE DER NATUR

21   WILDNIS IM PELZ
Von Winzlingen und Herrschern der Wälder

57   VOGELFREI
Vielbegabtes Vogelreich

119   SMALL IS BEAUTIFUL
Im Reich der Kleinen

177   PFLANZENZAUBER
Ein grünes Haus mit mehreren Etagen

211   VERWUNSCHEN
Es war einmal …

234   DIE KUNST DES WARTENS
Wenn die Natur ihre Geheimnisse preisgibt

240   Impressum

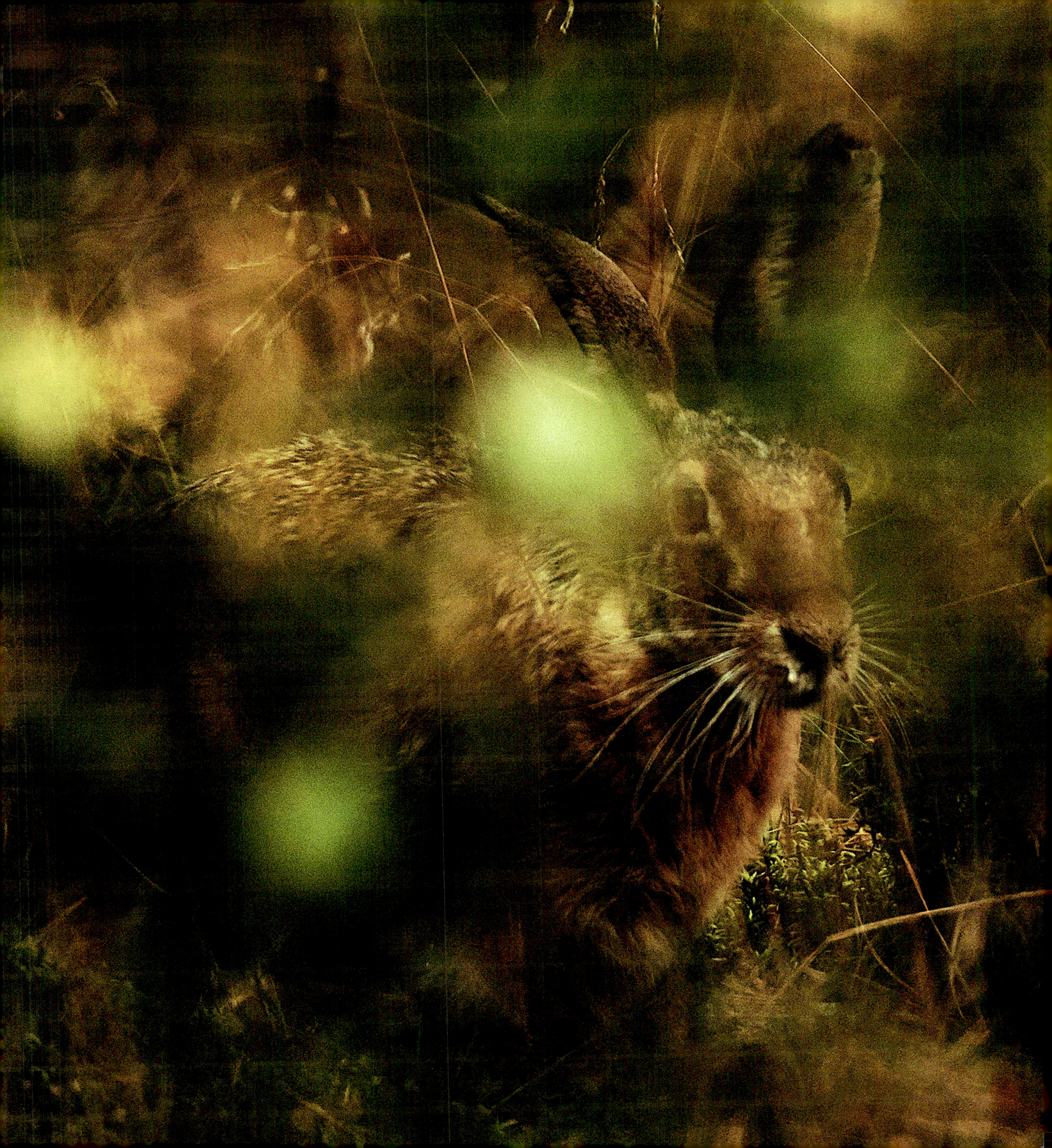

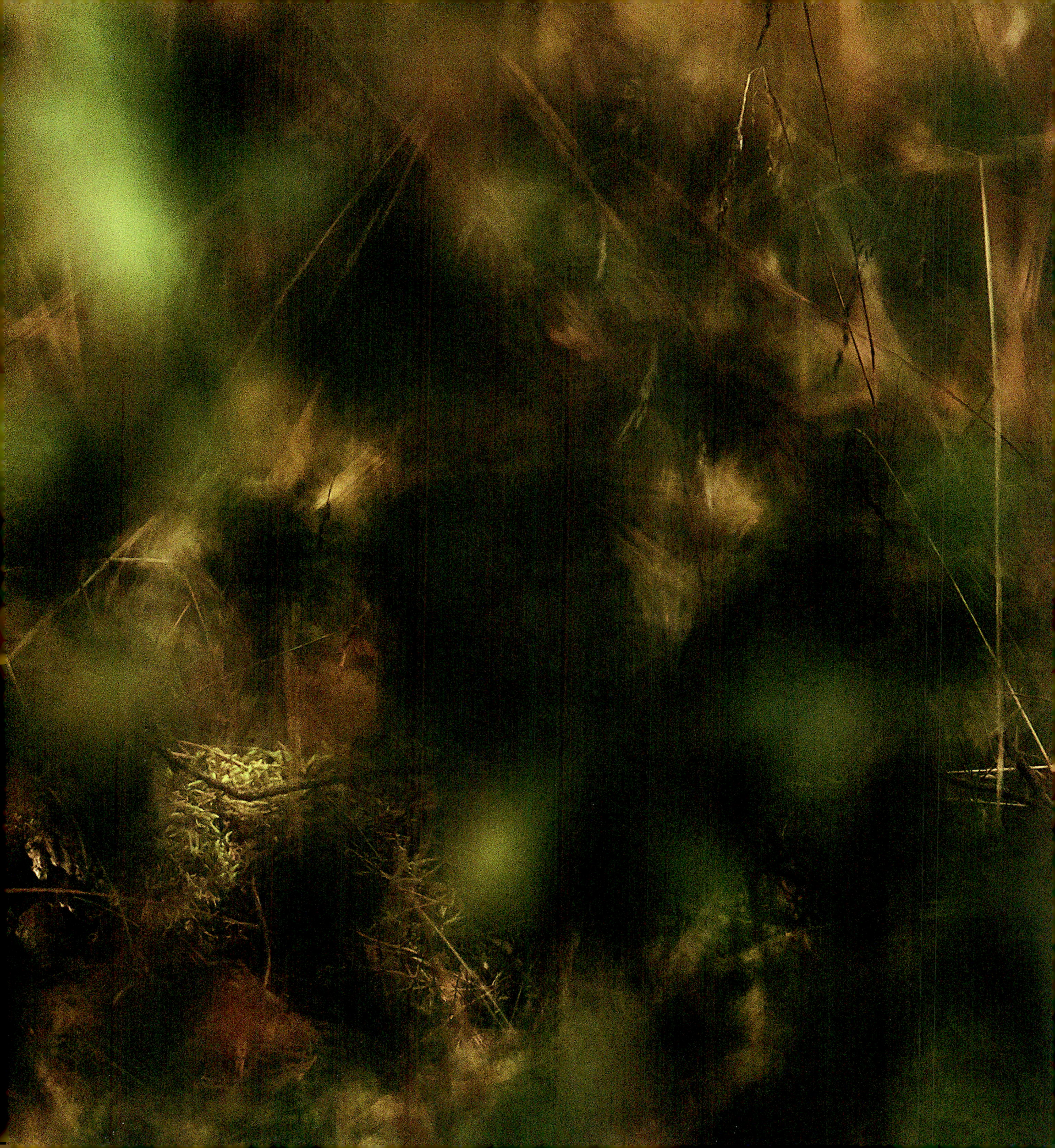

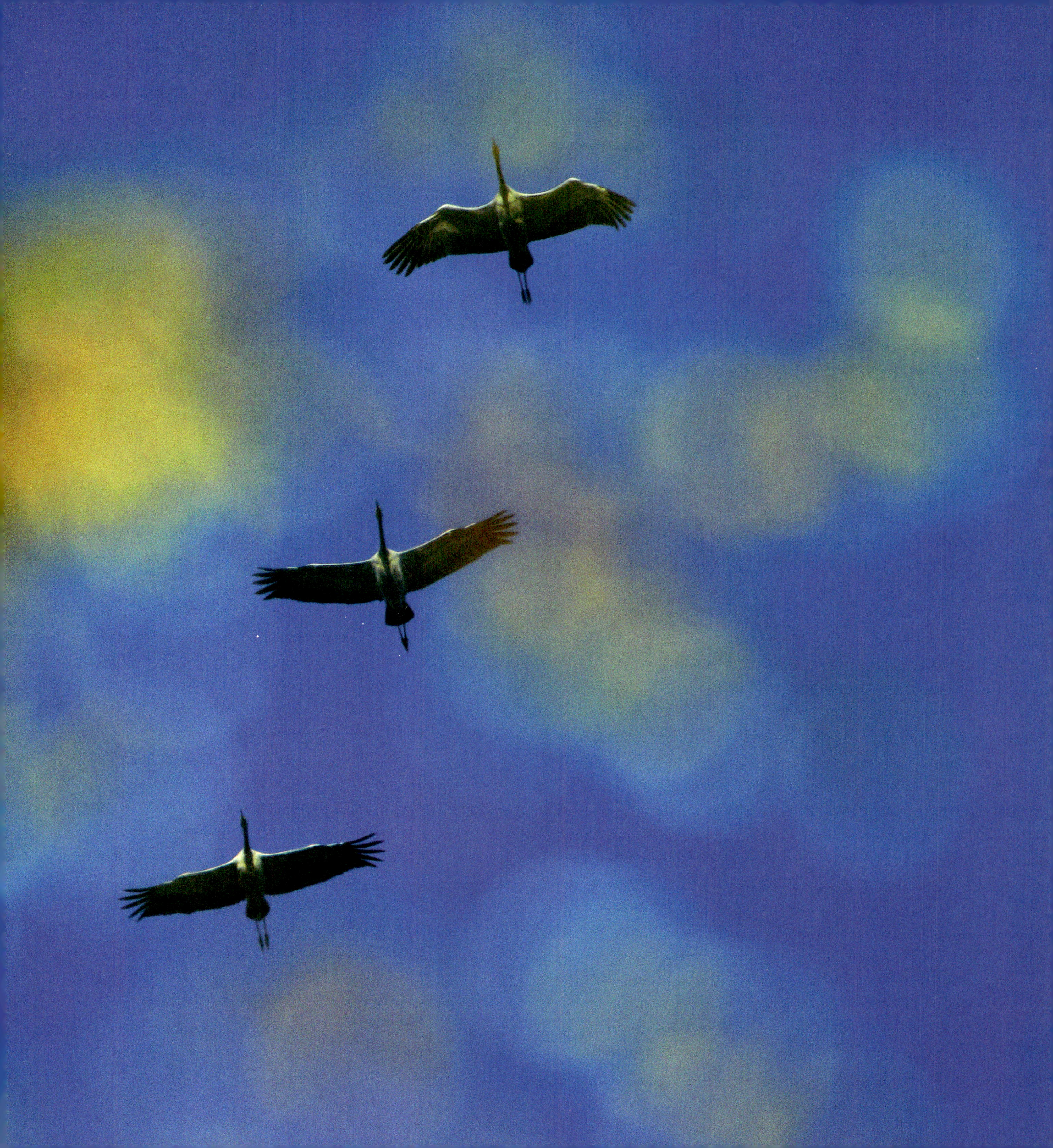

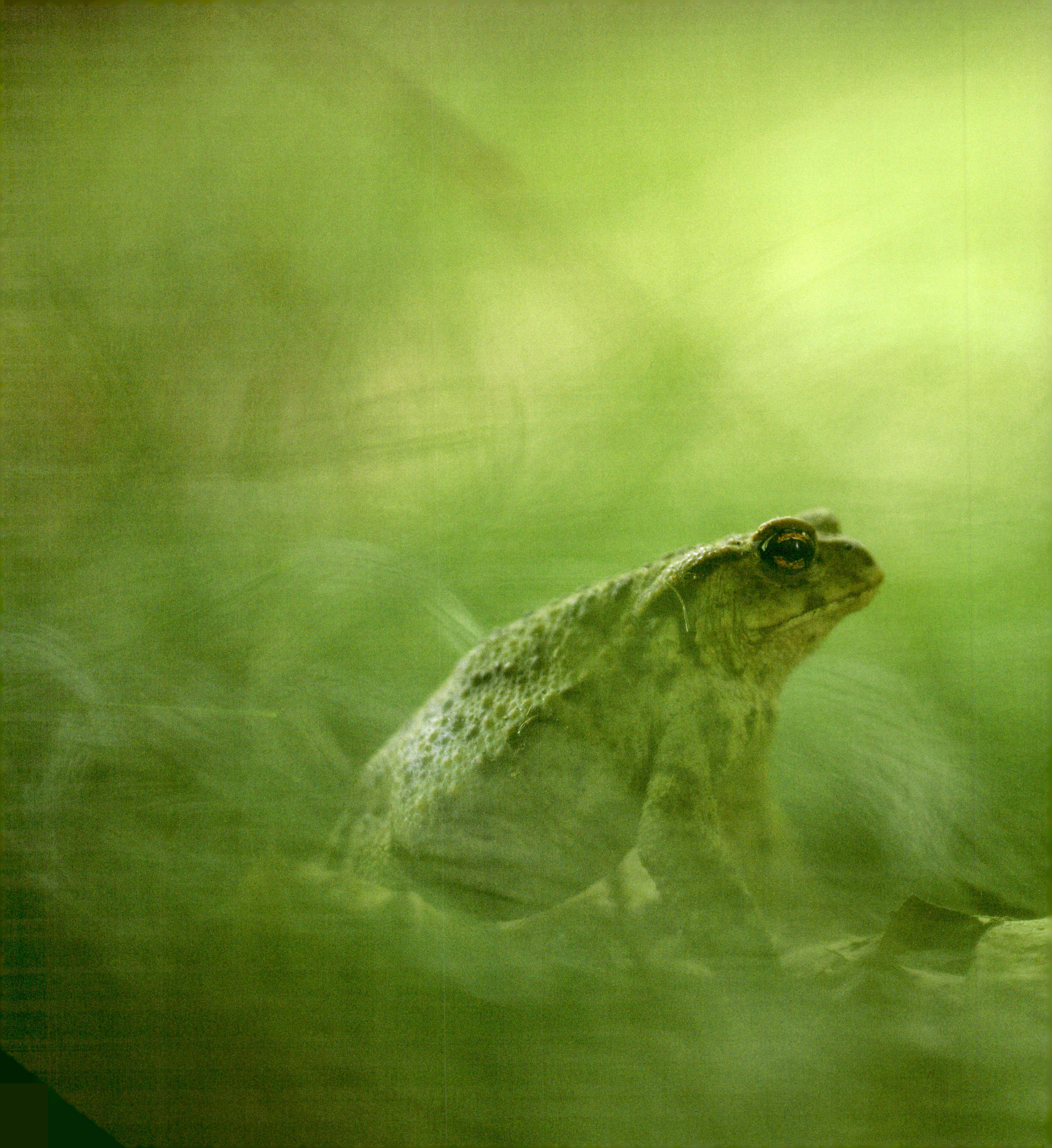

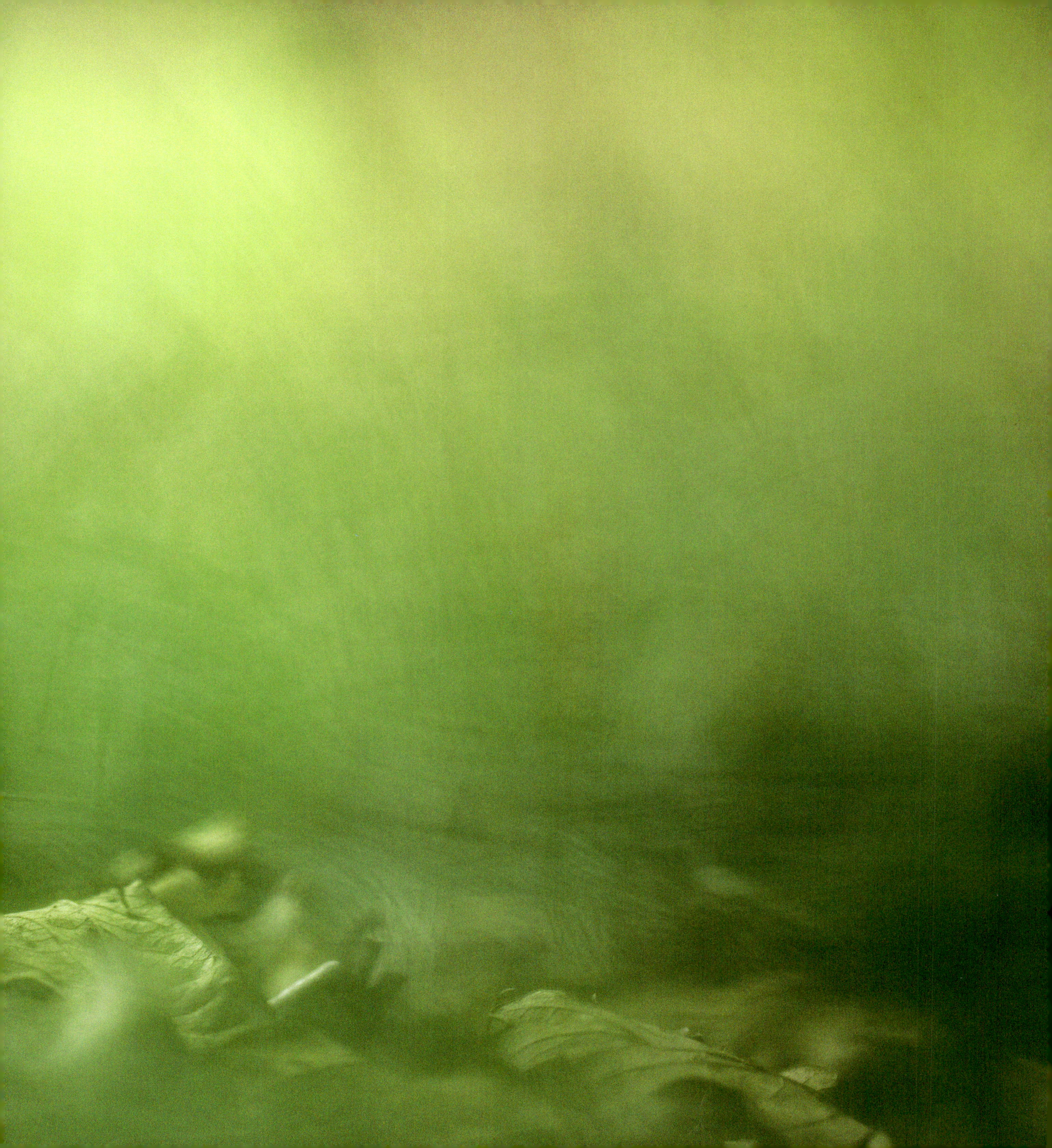

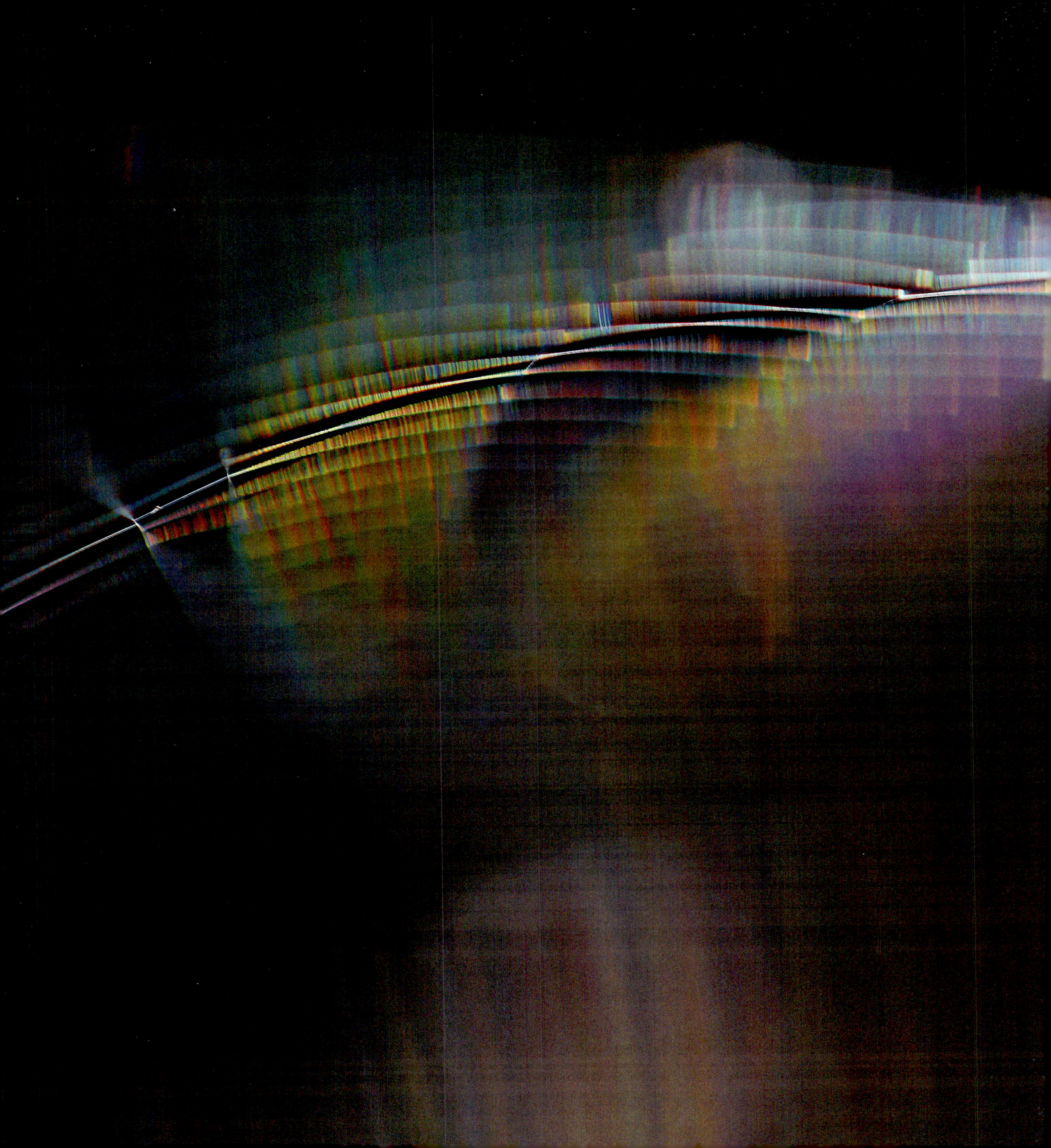

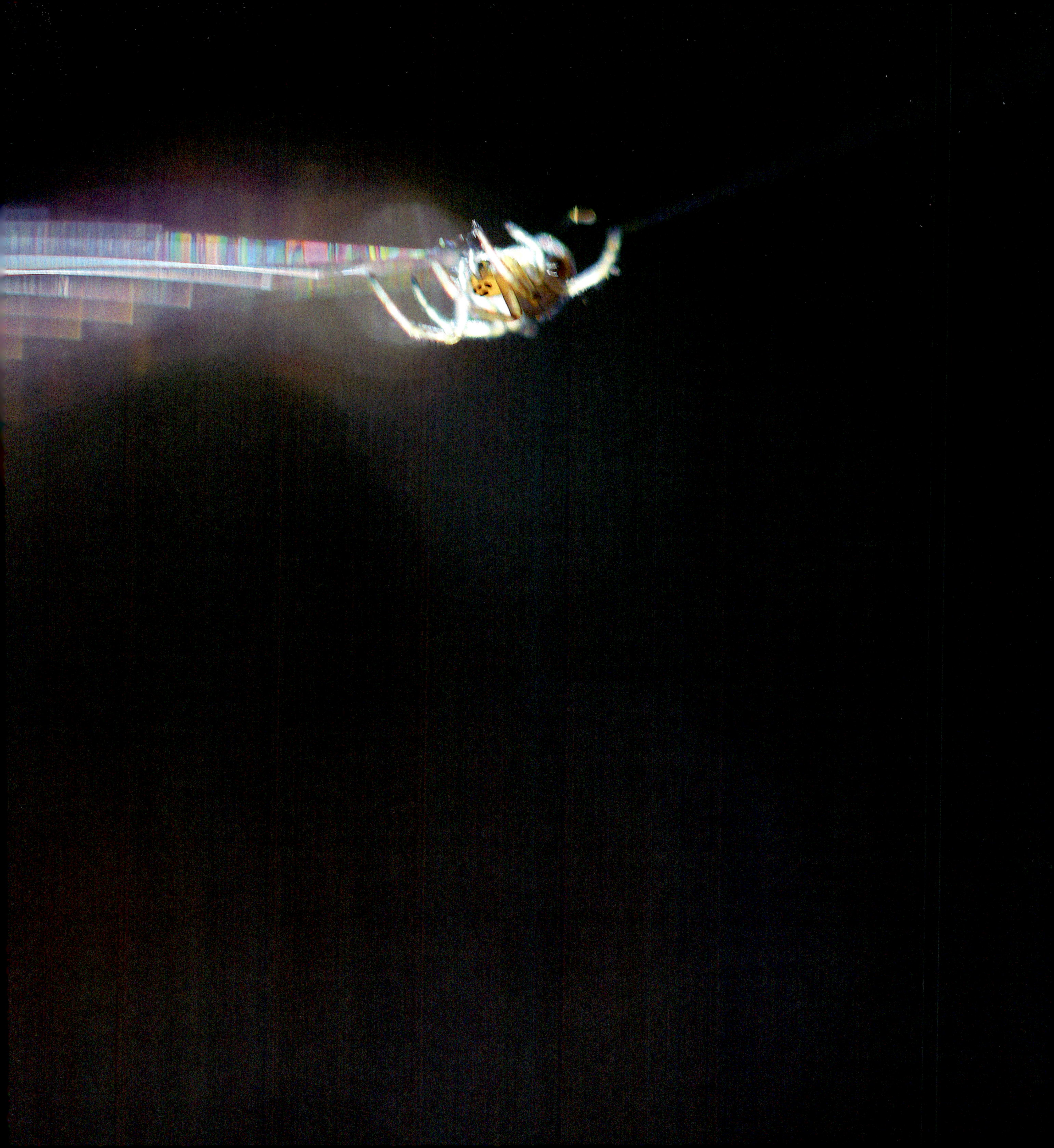

DAS WUNDERBARE DER NATUR

Die Natur: ein Ort der Kontemplation, ein Ort der Besinnung – und das Ziel von Sehnsüchten: »Die Liebe zur Natur ist die einzige Liebe, die menschliche Hoffnungen nicht enttäuscht«, schrieb der große französische Romantiker Honoré de Balzac. Vielleicht besitzt die Liebe zur Natur auch aus diesem Grund in Deutschland einen so hohen Stellenwert wie Familie und Gesundheit. Vielleicht aber auch, weil die Natur unserer eigenen Natur entspricht: Die Liebe zur Natur »steckt in unseren Genen«, stellte in den 1980er-Jahren Edward O. Wilson fest, und ist »das Resultat eines Jahrmillionen langen Evolutionsprozesses«. Für den berühmten US-amerikanischen Biologen liegt unsere Sehnsucht nach Natur in unserer gemeinsamen langen Entwicklungsgeschichte begründet. Und dies erklärt für ihn auch, dass wir der Natur nicht nur positiv begegnen, sondern dass wir sie auch als positiv empfinden. Sie tut uns gut. Sie gibt uns Ruhe und verleiht uns inneren Frieden. Und folgt man neueren medizinischen Erkenntnissen, bietet sie uns sogar Heilung. Schon ein kurzer Waldspaziergang, haben Wissenschaftler der Universitäten Wien und Essex herausgefunden, sorgt dafür, dass das Herz messbar ruhiger schlägt, der Blutdruck sinkt, die Muskeln sich entspannen und deutlich weniger Stresshormone ausgeschüttet werden.

Sehnsucht nach Wildnis

»Wildnis ist kein Luxus, sondern ein Bedürfnis des menschlichen Geistes, so lebenswichtig wie Wasser und gutes Brot. Eine Zivilisation, die das wenige zerstört, was von der Wildnis übrig ist, das Spärliche, das Ursprüngliche, schneidet sich selbst von ihren Ursprüngen ab und begeht Verrat an den Prinzipien der Zivilisation«, schrieb 1968 der US-amerikanische Naturphilosoph und Schriftsteller Edward Abbey in seinem bekanntesten Werk *Die Einsamkeit der Wüste. Eine Zeit in der Wildnis*. Unverfälschte Wildnis statt domestizierter Natur: Tatsächlich würden es nach einer 2013 erfolgten Studie des Bundesamts für Naturschutz 42 Prozent der Befragten begrüßen, wenn es in Deutschland mehr Naturflächen gäbe, die sich selbst überlassen werden. Setzte man früher aus einem gewissen Sicherheitsbedürfnis oder aus einem ungezügelten Ordnungswahn alles daran, die Natur zu zähmen, sie »menschengeeignet« zu machen, ist heute Wildnis angesagt. In einer immer mehr perfekt durchorganisierten Welt steht sie für »das Echte«, »wahrhaft Natürliche«. Wildnis ist das wahrscheinlich letzte Refugium des Menschen in der modernen Industrie- und Zivilisationsgesellschaft.

Magische Impressionen

Aber wie stellt man eigentlich Natur oder Wildnis in der bildenden Kunst dar? Ist dies eine Frage des Objekts, des Mediums oder der Perspektive? Es ist auf jeden Fall eine Aufgabe, an der sich schon Tausende, wahrscheinlich Hunderttausende von Malern und Fotografen versucht haben. Klaus Tamm gehört zu jenen, die einen ganz eige-

Die bunt gezeichneten Distelfalter kommen im Sommer aus dem südlichen Mittelmeerraum nach Mitteleuropa. Sie sind wahre Wanderfalter: Im Lauf ihres Lebens fliegen sie teilweise Tausende Kilometer weit.

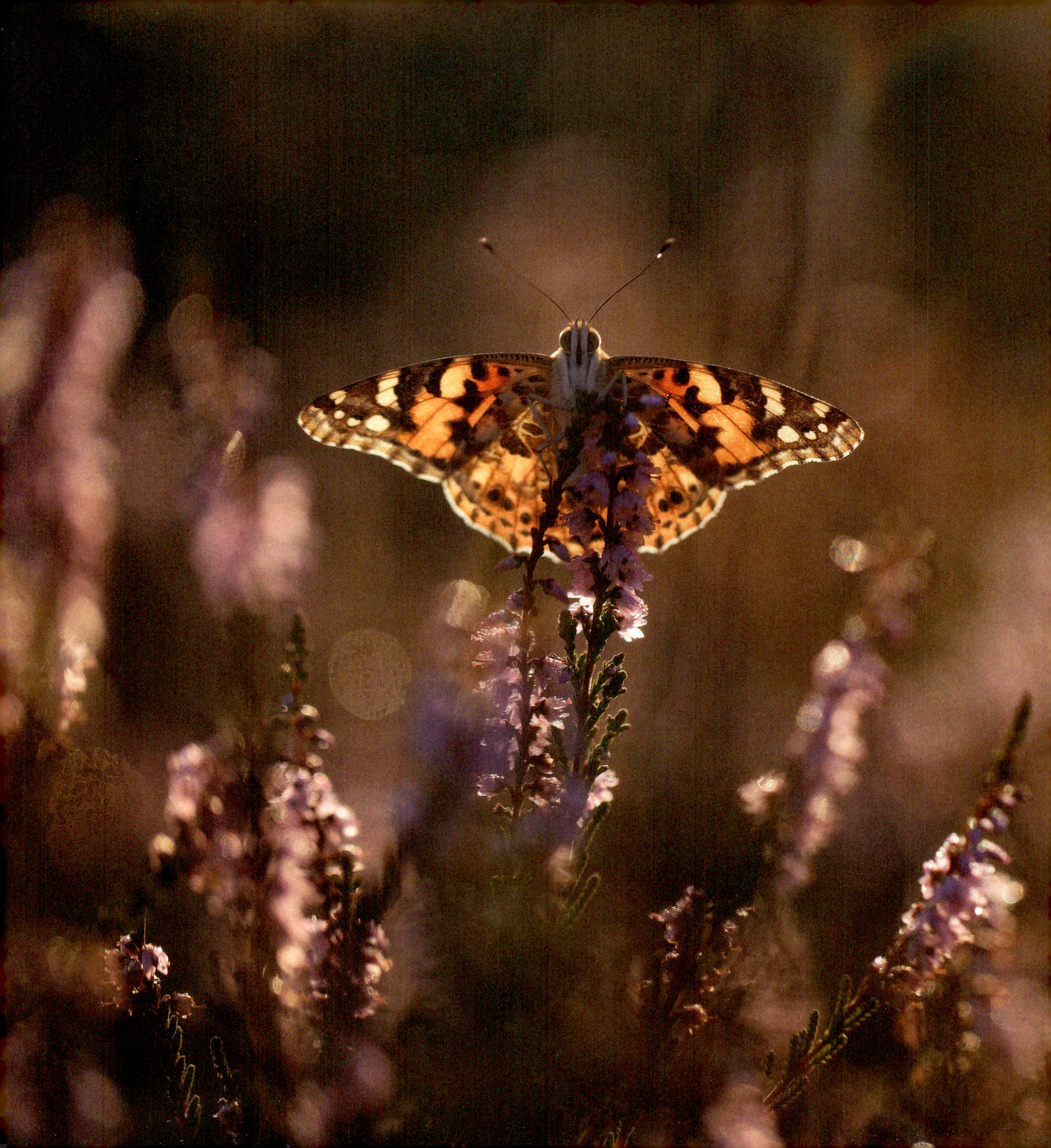

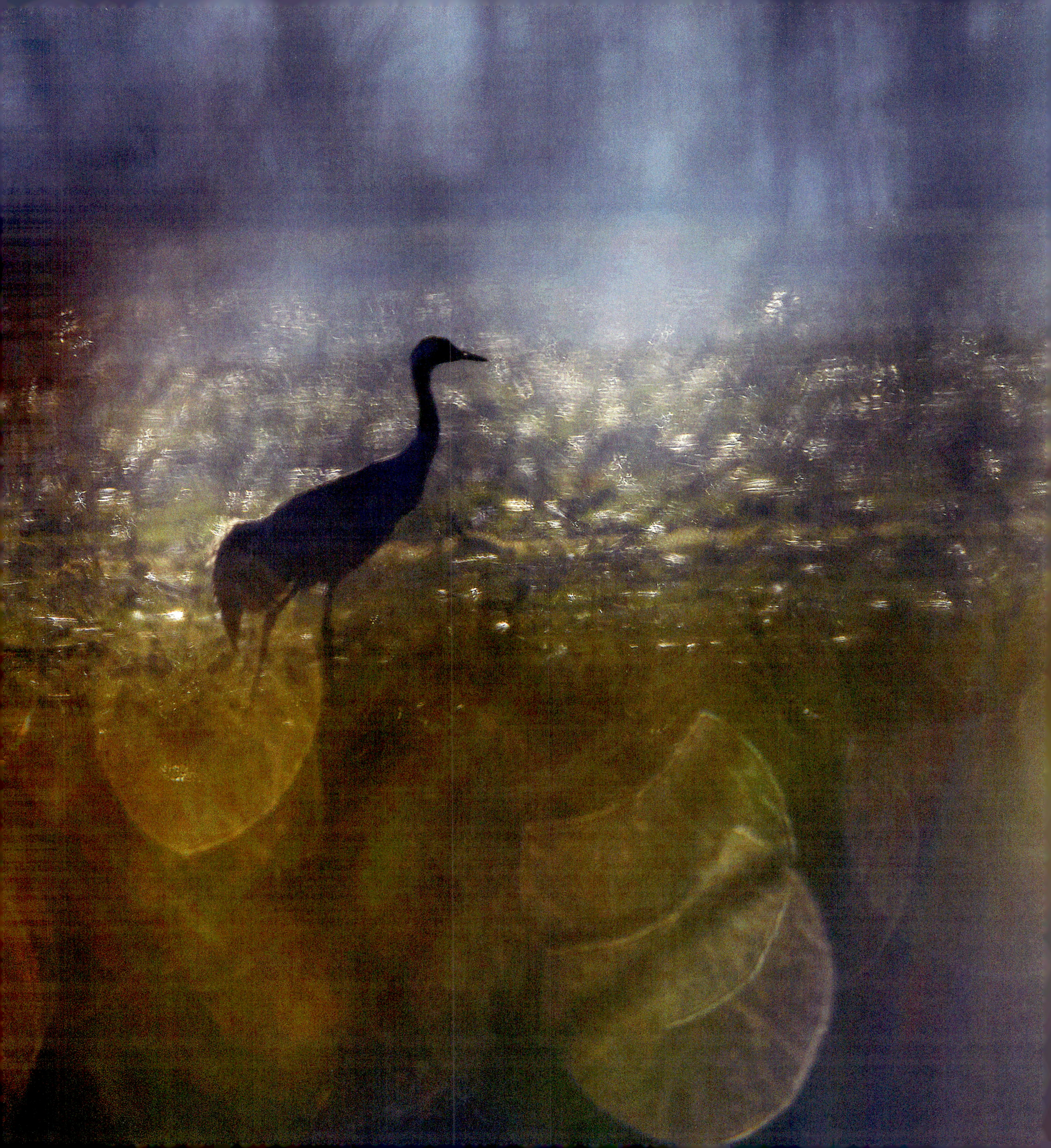

»Ich sehe die Natur als etwas Leidenschaftliches, Stürmisches, Unheimliches und Dramatisches an wie mein eigenes Ich.«

Pablo Picasso

nen künstlerischen Zugang zur Natur gefunden haben. Er zeigt Tiere und Pflanzen aus einer neuen, bisher ungesehenen Perspektive. Viele seiner Bilder erinnern nicht nur auf den ersten Blick an die Gemälde großer Meister, sei es an die Werke Caspar David Friedrichs oder die der großen französischen Impressionisten. Nicht selten schwingt in ihnen etwas Intimes, ja, fast möchte man sagen Voyeuristisches mit, so nahe kommt man den darauf abgebildeten Pflanzen und Tieren. Klaus Tamm versteht es aber auch, Momente ungebändigter Natur einzufangen und wie in der Bewegung fixiert wirken zu lassen. Bei einem rennenden Wolf spürt man regelrecht die Geschwindigkeit, bei einem röhrenden Hirsch vermeint man fast den Brunftschrei zu hören. Und in seinen Waldbildern kann man die Stille beinahe körperlich erfahren.

Klaus Tamm will aber viel mehr, als »nur« Tiere und Pflanzen abzubilden. Er möchte ökologische Zusammenhänge aufzeigen, das feine Beziehungsgeflecht aus Tieren und Pflanzen sichtbar machen. Mit dem Spiel von Schärfe und Unschärfe schafft er es zudem immer wieder, sowohl das Zerbrechliche als auch die gewaltigen Dimensionen der Natur darzustellen. Und es gelingt ihm wie kaum einem Zweiten, das Versteckte und Geheimnisvolle, das Märchenhaft-Mythische und die Magie der Natur in seinen Bildern zu vermitteln – das buchstäblich »Wunderbare«, das uns immer wieder aufs Neue fasziniert und in uns zugleich Empathie und Ehrfurcht zu wecken vermag.

Herausgekommen ist ein Streifzug durch die mittel- und nordeuropäische Natur und Wildnis, der bisher kaum gesehene, oftmals intime Einblicke in die Tier- und Pflanzenwelt erlaubt. Vom riesigen Rothirsch in der Morgendämmerung bis zum Mäusepaar im Abendlicht reicht das Spektrum der Eindrücke und Begegnungen, vom Seeadler, der scheinbar mühelos über die unendliche Weite des Meeres zieht, bis zum Schattenriss eines Spechtes, der mit seinem scharfen Schnabel gerade eine Liebesbotschaft in die Rinde eines Baums trommelt, von der gewaltigen viele Jahrhunderte alten Eiche bis zum winzigen Leberblümchen. Apropos winzig: Auch die »kleinen« Tiere entdeckt Klaus Tamm auf seine ganz eigene Art und Weise, zeigt uns die weit gefächerten Fühler eines Schmetterlings, eine Eintagsfliege bei der Eiablage oder die filigrane und doch so stabile Beschaffenheit eines Schneckenhauses. Und was könnte einen größeren Zauber verströmen, als der morgendliche Tau, der wie aufgereihte Perlen auf einem Spinnennetz glitzert.

Mit ihrer imposanten Erscheinung und ihren spektakulären Balztänzen faszinieren Kraniche uns Menschen seit alters her. Der große Zugvogel gilt als Symbol der Klugheit und vielerorts als »Vogel des Glücks«.

Der klangvolle Name spricht für sich: Die metallisch blaugrün gefärbten Prachtlibellen gehören sicher zu den schönsten Libellen Europas. Die eleganten Flieger leben in der Nähe von kleinen fließenden Gewässern. ▽▽

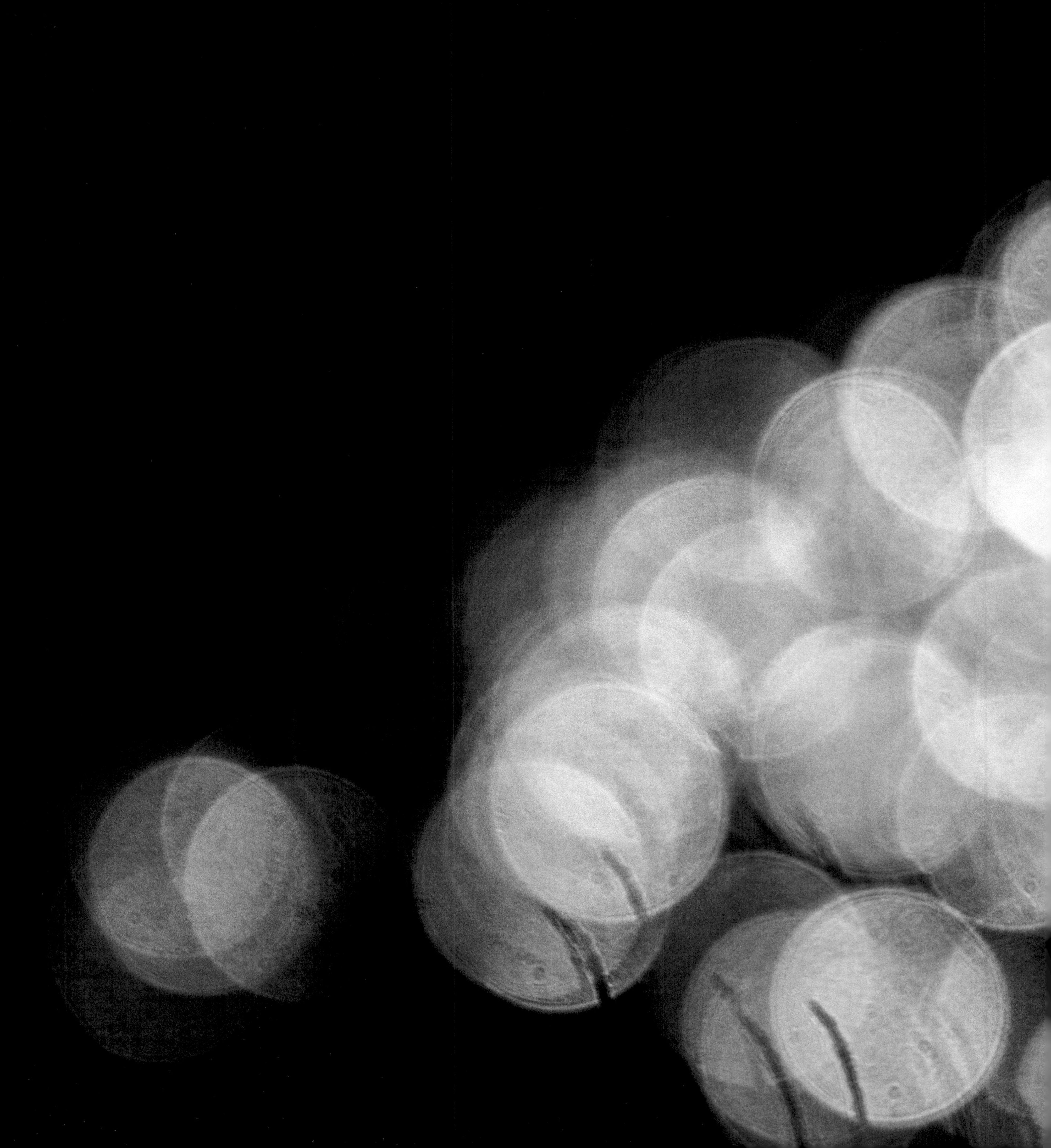

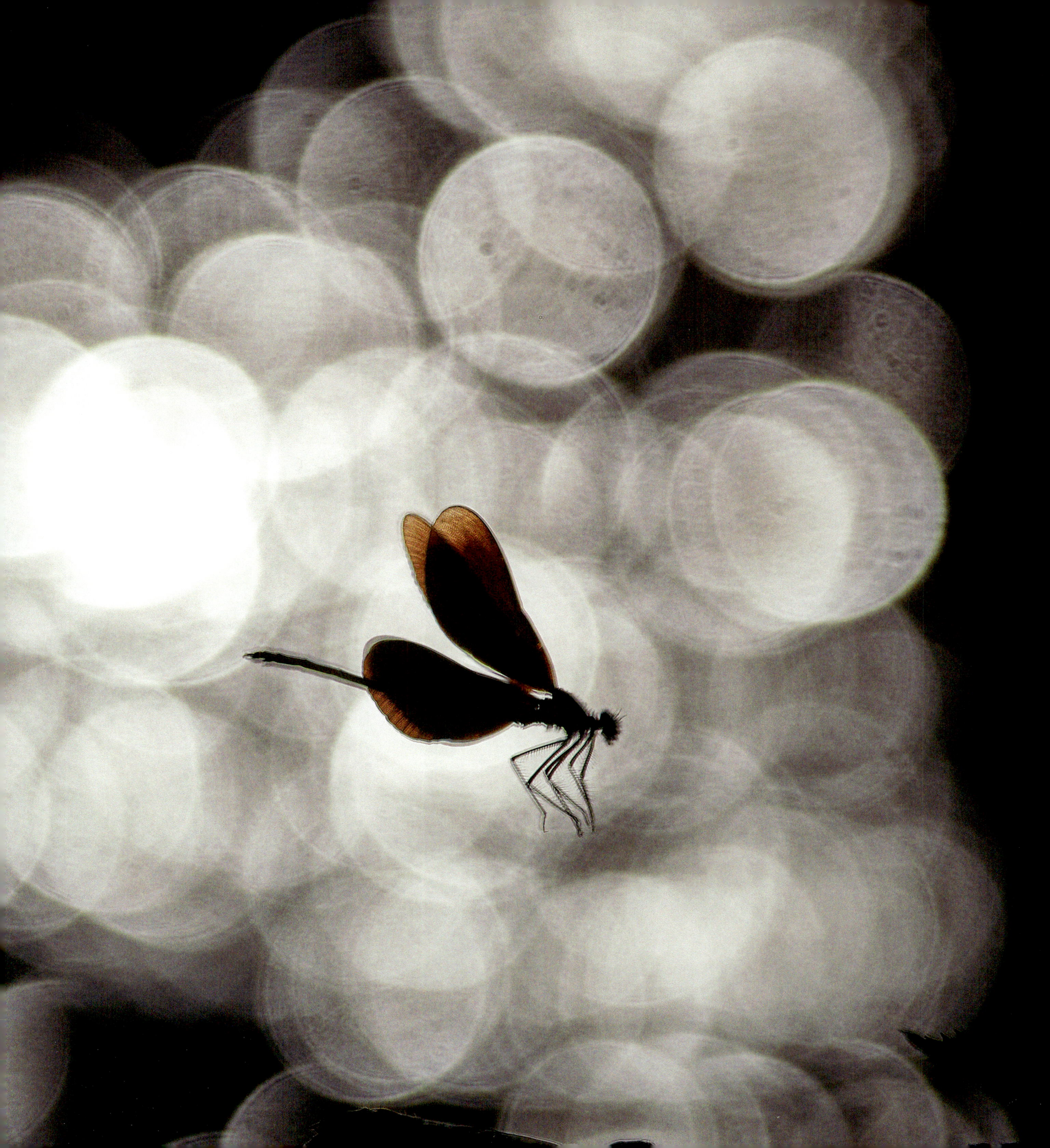

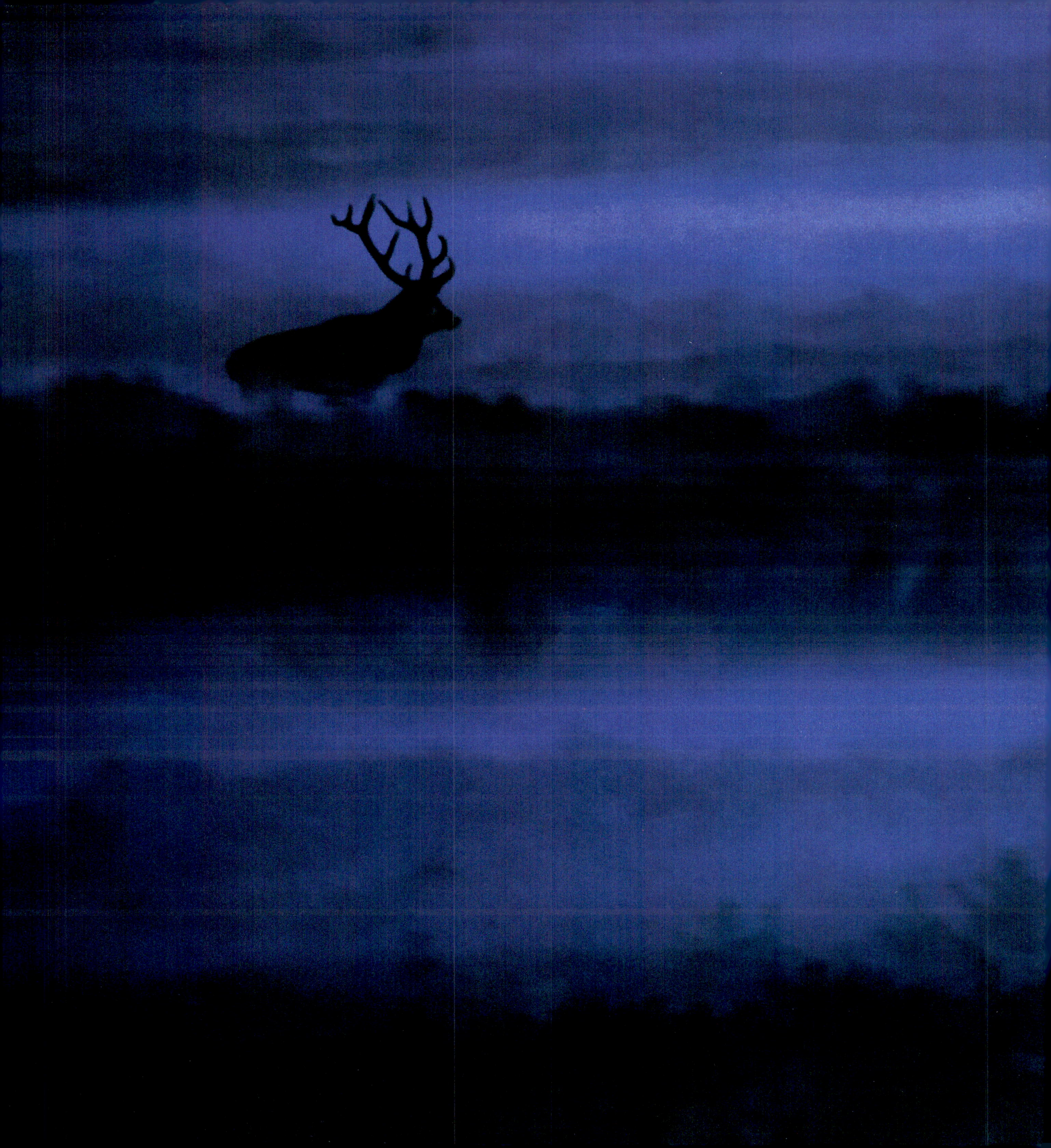

WILDNIS IM PELZ

Der Rothirsch ist das größte freilebende Tier in unseren heimischen Wäldern. Das imposante Geweih der rund 180 Kilogramm schweren und zwei Meter hohen Tiere kann beeindruckende 14 Kilogramm wiegen.

VON WINZLINGEN UND HERRSCHERN DER WÄLDER

In Europa tragen mehr als 100 Tierarten Pelz – und kennzeichnen sich damit als Säugetiere. Ihre erstaunliche Bandbreite reicht von winzigen Mäusen, die nur wenige Gramm leicht sind, bis zum König der Wälder, dem gewaltigen Rothirsch, dessen stattliche männliche Exemplare bis zu 300 Kilogramm auf die Waage bringen können. Sein nordeuropäischer Verwandter, der Elch, schafft es sogar auf 800 Kilogramm.

Königliches Werben

Wer die Natur liebt und bereit ist, ein wenig körperliche Mühen auf sich zu nehmen, kann im September und Oktober in unseren Wäldern ein Spektakel beobachten, das zumindest in Mitteleuropa seinesgleichen sucht: die Brunft der Rothirsche. Wenn in dieser Zeit die unverwechselbaren Brunftschreie der männlichen Tiere mächtig durch unsere Wälder dröhnen, geht es wie fast immer im Tierreich um Frauen und Macht. Die älteren Hirsche besetzen ihren persönlichen Brunftplatz, den sie bereits aus den Vorjahren kennen, und beginnen mit unablässigem Röhren Weibchen anzulocken, die herankommen und mit ihren Jungtieren in der Nähe äsen und lagern. Damit ist es für den Platzhirsch aber noch lange nicht getan, denn ein solcher Harem will auch gut bewacht sein. Unermüdlich umkreist er seine Frauengruppe, und sobald sich ein Weibchen, warum auch immer, aus seinem Machtbereich entfernen will, treibt er es mit lauten Brunftrufen oder sanfter körperlicher Gewalt zurück.

Darüber hinaus muss sich der Platzhirsch auch noch mit der lästigen Konkurrenz herumschlagen – jüngeren Männchen, die an der Peripherie seines Brunftplatzes lauern und ihm seine Weibchen abspenstig machen wollen. In solch einem Fall ist die geballte Stimmkraft des Revierinhabers gefordert. Mit dröhnendem Röhren zeigt er seinen Rivalen, wer hier das Sagen hat. Lässt sich die Machtfrage nicht auf akustische Weise klären, kommt es zum Brunftkampf. Dabei versuchen die Kontrahenten mit aller Kraft, sich gegenseitig mithilfe ihrer Geweihe aus dem Ring zu drücken. Doch so gewalterfüllt dieses Kräftemessen auch anmutet, im Wesentlichen ist es ein ritualisierter sogenannter Kommentkampf, bei dem eine Verletzung des Gegners nicht beabsichtigt ist. Allerdings kann es trotzdem vorkommen, dass er für einen der Hirsche tödlich endet.

Boxende Osterhasen

Ein ganz anderes Spektakel, das an eine wilde Verfolgungsjagd mit anschließendem Boxkampf erinnert, kann man im Frühjahr auf unseren Feldern beobachten: die Hasenhochzeit. Zu ihrem Höhepunkt Ende März/Anfang April geht es auf den speziellen Rammelplätzen auf den Feldern und auf den Wiesen richtig zur Sache. Zunächst kämpfen die männlichen Hasen um die Gunst der Häsinnen. Dabei können die Fetzen fliegen, wird doch mit den Vorderpfoten aufeinander eingehauen, was das Zeug hält. Anschließend liefern sich die siegreichen

Wenn Ende August die Geweihe vollständig ausgebildet sind und der Hormonspiegel steigt, röhren in unseren Wäldern die männlichen Hirsche. Die typischen Brunftrufe sind manchmal kilometerweit zu hören.

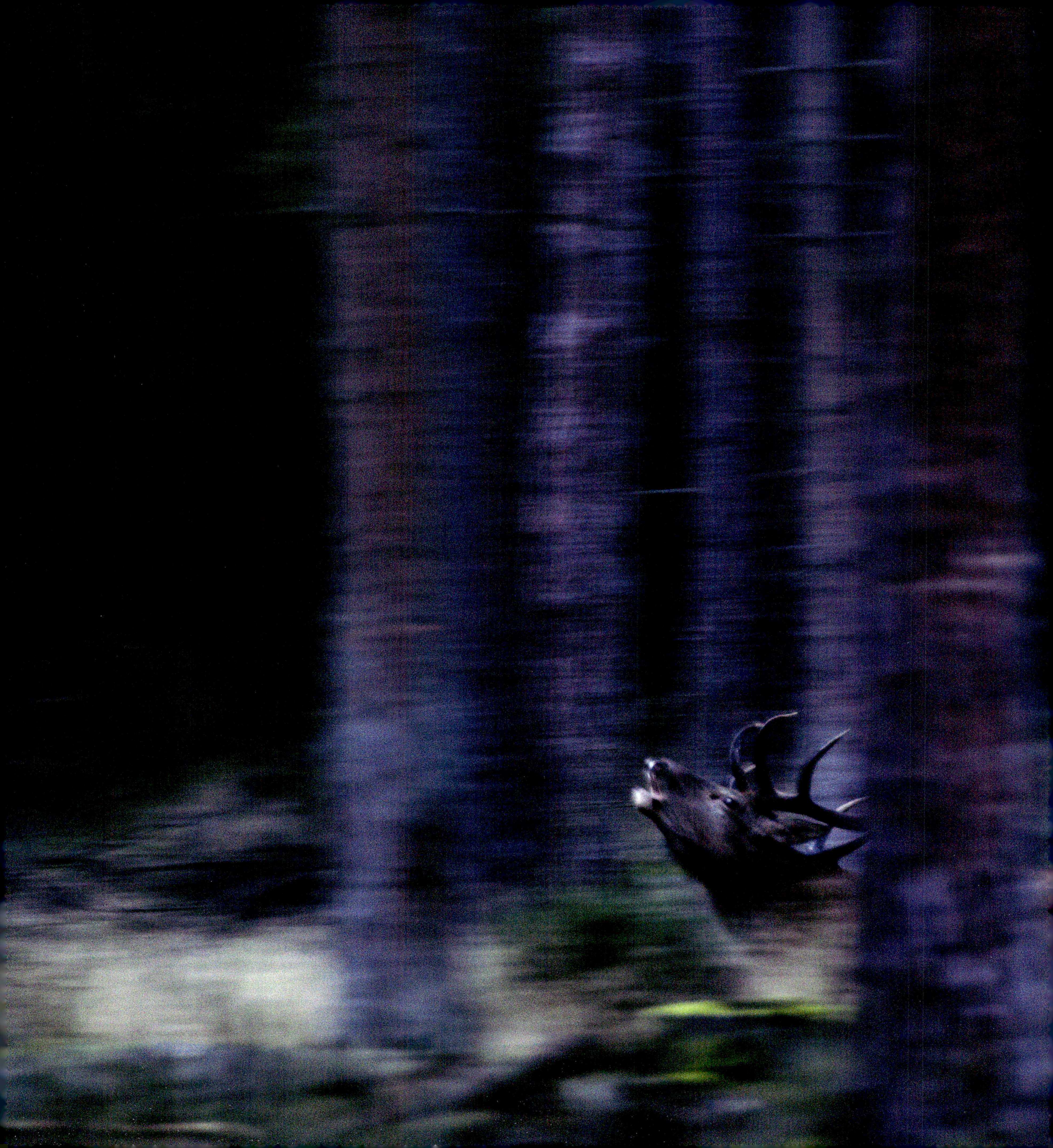

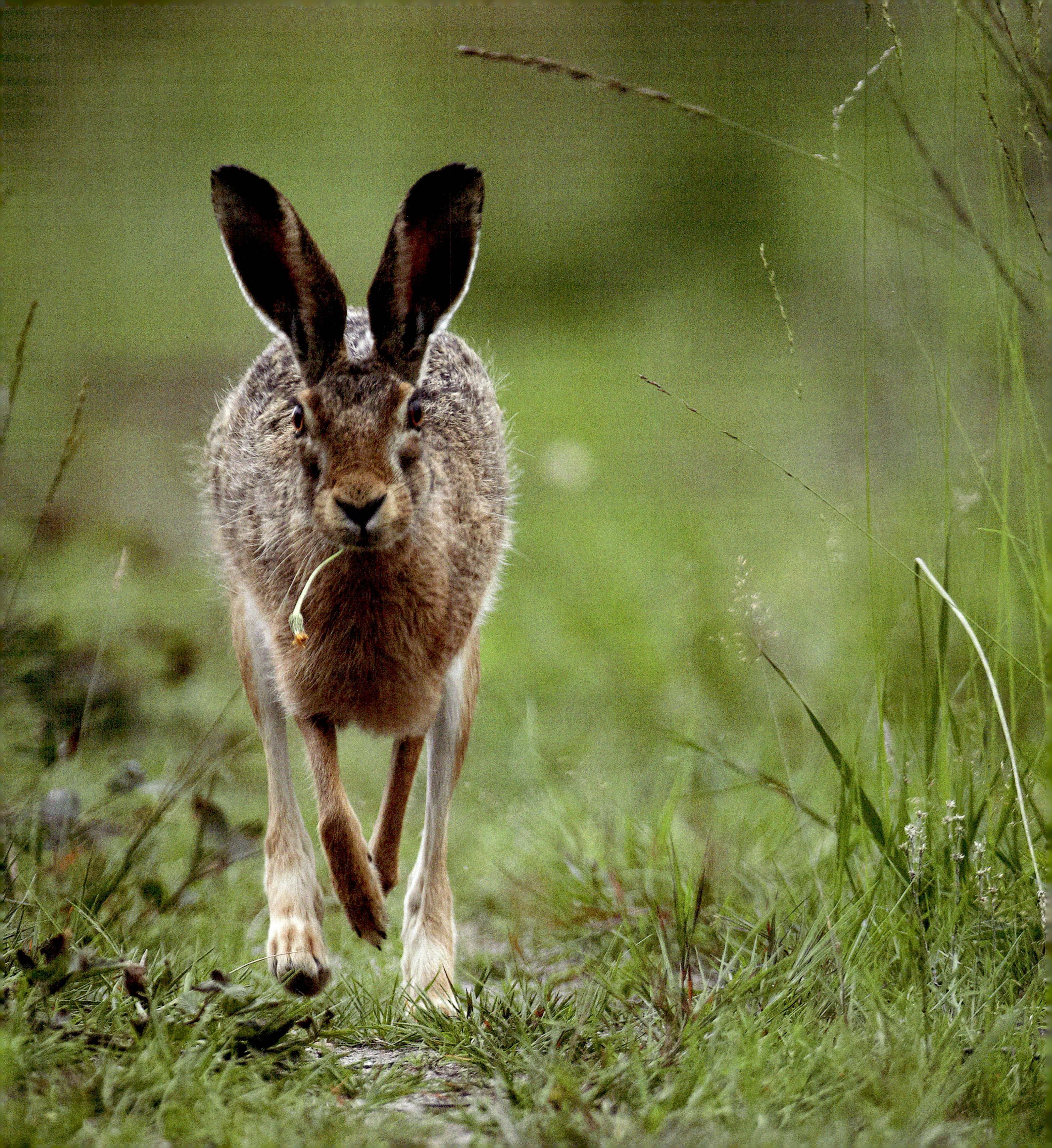

»Wer die Würde der Tiere nicht respektiert, kann sie ihnen nicht nehmen, aber er verliert seine eigene.«

Albert Schweitzer

Hasenmänner mit den Weibchen stundenlange wilde Verfolgungsjagden. In Höchstgeschwindigkeit überspringen sich die Tiere gegenseitig, schlagen Haken und tätigen wilde Luftsprünge. Sobald der Rammler, so die waidmännische Bezeichnung für den männlichen Hasen, der Häsin zu nahe kommt, wirft sich diese herum und schlägt ihm mit den Vorderpfoten auf den Kopf. Und der Rammler, der immer wieder Körperkontakt sucht, schlägt sofort zurück. Auf den Beobachter wirkt das wie ein Boxkampf zwischen Männchen und Weibchen, tatsächlich dient das wilde Treiben jedoch dem Austausch körpereigener Duftstoffe. Sie sollen Aggressionen abbauen und die Häsin allmählich gefügiger machen. Und hat das alles gut funktioniert, stellt sich 42 Tage nach der Begattung Nachwuchs ein.

Scheue Räuber

Einen Fuchs auf dem Land zu beobachten, ist gar nicht so einfach. In der Stadt dagegen stehen die Chancen für eine Begegnung mit dem scheuen Reineke durchaus besser. Als typischer Kulturfolger hat er mittlerweile viele unserer Städte erobert, allen voran die deutsche Hauptstadt Berlin. In menschlichen Siedlungen findet ein Fuchs nämlich alles, was er zum Leben braucht, im Überfluss. Zum einen wird ihm hier der Tisch überaus reich gedeckt in Form von Tauben, Ratten und Mäusen, aber auch Essensresten aus Mülltonnen. Zum anderen bieten Gärten, Parks und Friedhöfe den nachtaktiven Tieren tagsüber wunderbare Möglichkeiten, sich zu verstecken. Zudem haben die klugen Füchse schnell gelernt, dass ihnen von Stadtmenschen weit weniger Gefahr droht als durch den oft hohen Jagddruck in Wald und Flur. Mittlerweile finden sie in der Stadt deutlich bessere Lebensbedingungen vor als in unseren durch die Landwirtschaft oft zur Monotonie verdammten Kulturlandschaften.

Die Chance, in unseren Wäldern einem leibhaftigen Wolf zu begegnen, ist dagegen noch ziemlich gering. Das könnte sich jedoch in den nächsten Jahren ändern: Nachdem er vor 150 Jahren in Deutschland gnadenlos ausgerottet wurde, ist der Wolf seit der Jahrtausendwende hier wieder auf dem Vormarsch. Damals wanderte aus dem benachbarten Polen ein erstes Wolfspaar in die Lausitz ein und bekam Welpen. Mittlerweile gehen die Experten von 500 bis 1000 Wölfen aus, die hierzulande wieder heimisch sind. Während sich Naturschützer darüber freuen, dass sich Wölfe bei uns langsam wieder ihre alten Lebensräume zurückerobern, fürchten Schäfer um ihre Schafe und besorgte Bürger um ihre Kinder. Bislang ist jedoch kein einziger Zwischenfall dokumentiert, bei dem sich einer dieser neuangesiedelten Wölfe einem Menschen gegenüber aggressiv gezeigt hätte. Aber natürlich bleibt immer ein Restrisiko.

Ihre langen Ohren sind ein unverkennbares – und nützliches – Merkmal der Feldhasen. Mit ihren großen »Löffeln« können sie schon aus großer Entfernung hören, wenn sich Fressfeinde oder Menschen nähern.

»Die Rückkehr der Wölfe ist ein enormer Erfolg für den Artenschutz und gleichzeitig eine enorme Herausforderung. Die einen betrachten die heimgekehrten Raubtiere als Symbol für die Versöhnung mit der geschundenen Natur. Andere sehen in den Tieren Störenfriede oder eine potenzielle Gefahr.«

Axel Gomille

Vater, Mutter und die Kinder – ein Wolfsrudel in freier Wildbahn weist eine ähnliche Struktur wie eine menschliche Familie auf. Erwachsene Wölfe leben in monogamen Partnerschaften und bleiben ein Leben lang zusammen. Mittlerweile weiß man durch neue Forschungen, dass beide Elterntiere als Rudelführer fungieren.

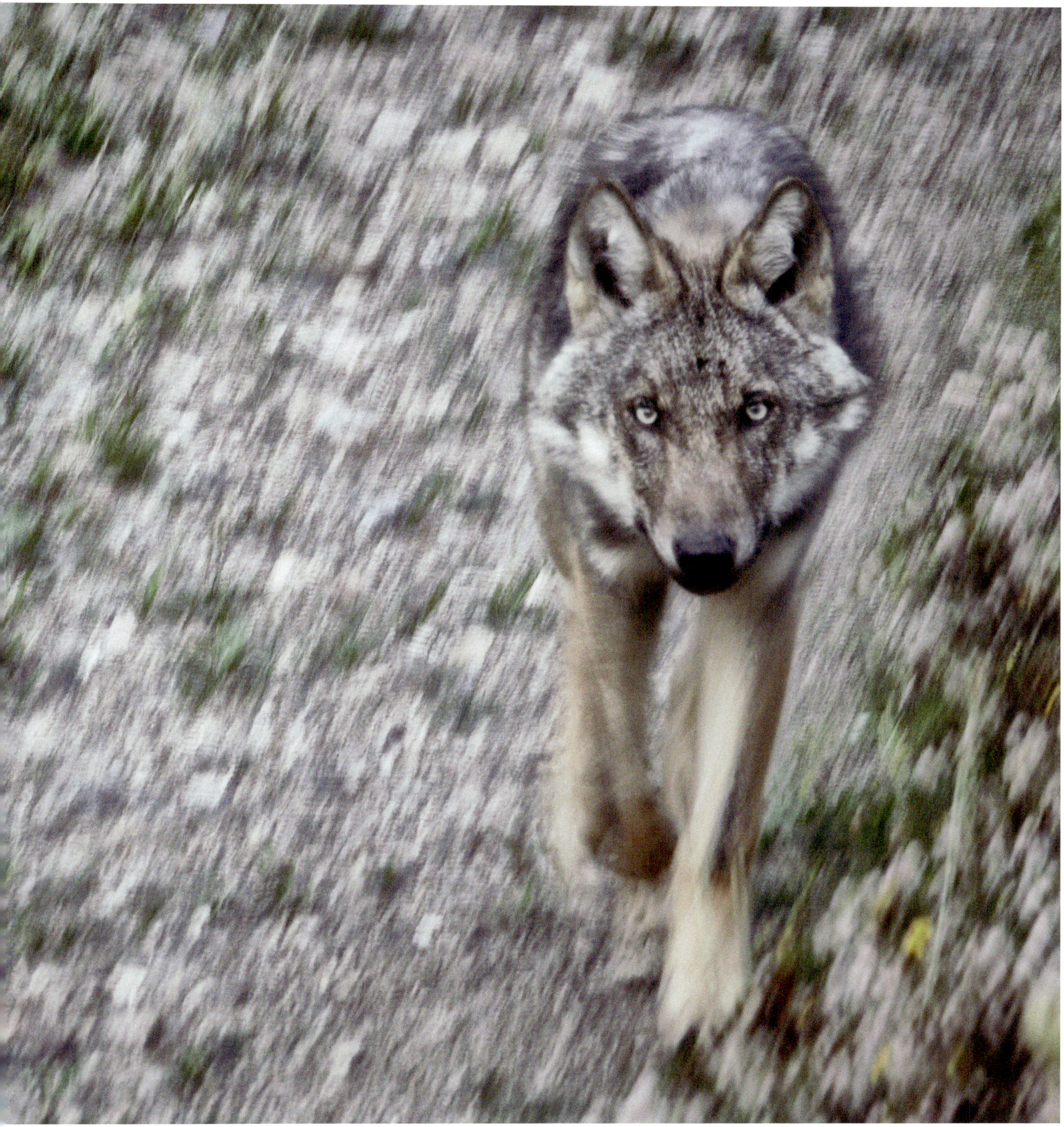

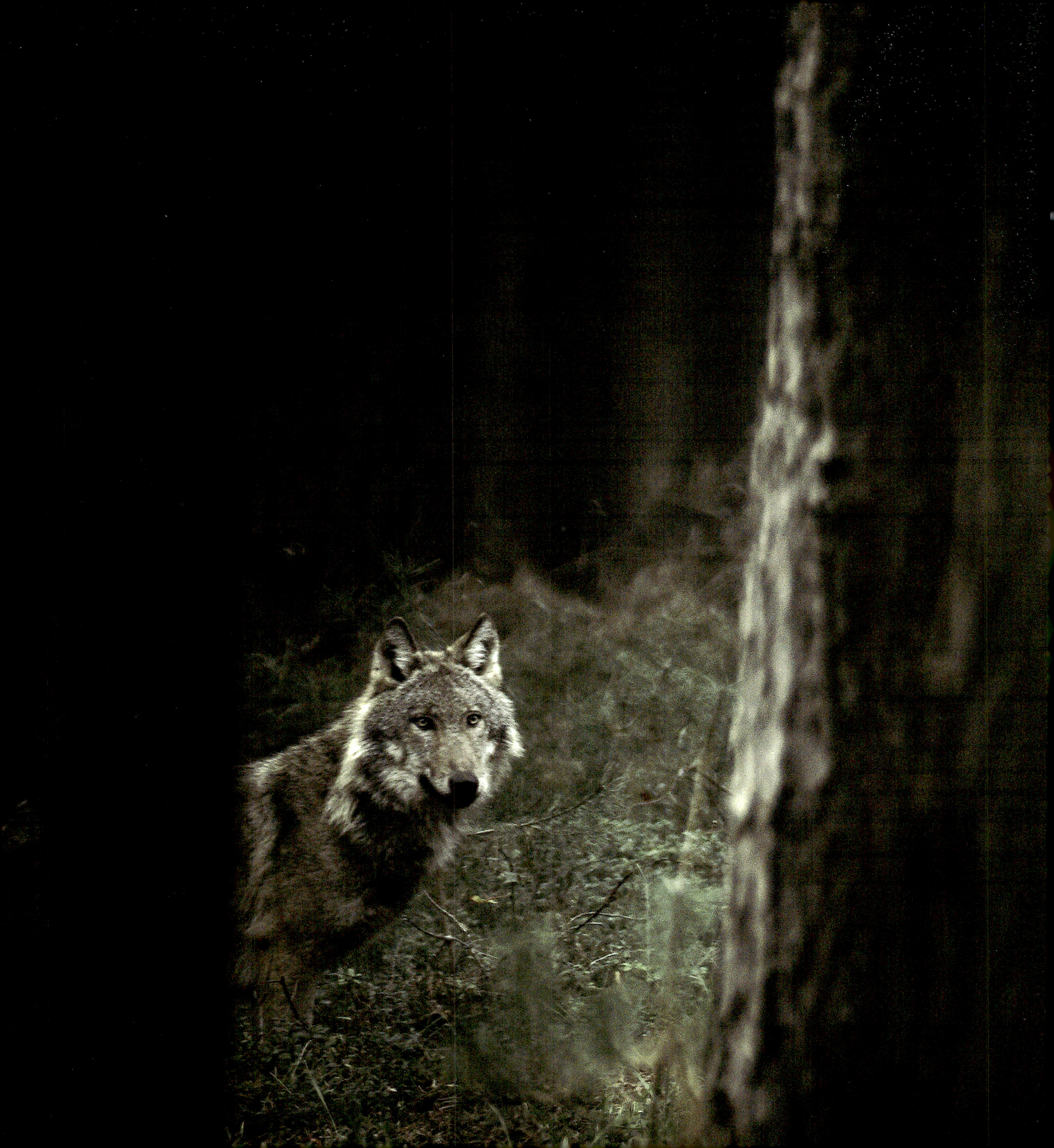

In Deutschland wurden Wölfe vor 150 Jahren ausgerottet, inzwischen erobern sie sich bei uns langsam wieder ihre alten Lebensräume zurück. △
Mit ihrem charakteristischen Heulen markieren Wölfe ihr Revier und stärken den Zusammenhalt des Rudels. ◁

Der Polarfuchs kann als einzige Wildhundart die Farbe seines Pelzes mit dem Lauf der Jahreszeiten ändern und sich so geschickt tarnen. Während des Sommers zeigt sein Fell ein unauffälliges Hellbeige. Im Winter ist es weiß gefärbt und in der von Schnee und Eis bedeckten Landschaft des hohen Nordens kaum auszumachen.

Polarfüchse können dank ihres dichten Fells Temperaturen von bis zu −70 Grad Celsius aushalten und sind damit perfekt für ihren kalten Lebensraum ausgestattet. Sogar ihre Fußsohlen sind behaart. Die kleinen Räuber besiedeln in den eisfreien Gebieten des Nordens selbst gegrabene Erdhöhlen, in denen sie auch die Jungen aufziehen.

Wahre Anpassungskünstler sind auch die Rotfüchse, die sich stets nach dem vorhandenen Nahrungsangebot richten und schlicht alles fressen. In der freien Natur jagen sie vor allem Feldmäuse und Kaninchen. Stadtfüchse schnabulieren gerne auch süßes Obst und Küchenabfälle und leeren sogar die Futternäpfe von Hunden und Katzen.

Das Fell junger Wildschweine ist bis zu einem Alter von drei bis vier Monaten beige-braun gestreift – so sind die »Frischlinge« im Wald perfekt getarnt. △

Die Bezeichnung »König des Waldes« ist für den Rothirsch eigentlich unzutreffend: Früher besiedelte das Rotwild vor allem Steppen, dort wurde es durch den Menschen verdrängt. ◁

Nur das männliche Tier trägt beim Rotwild ein Geweih. Bei den jungen »Spießern« weist es noch keine Verzweigungen auf. Die imposantesten Geweihe tragen die Hirsche zwischen dem siebten und zehnten Lebensjahr, gegen Ende des Lebens nimmt die Größe wieder ab. Jedes Frühjahr werfen die Tiere ihr Geweih ab, danach wächst ihnen innerhalb von vier Monaten ein neues.

Das Rotwild hat ein hoch entwickeltes Sozialverhalten. Die gewaltigen Huftiere leben die meiste Zeit des Jahres in Rudeln, deren Größe vom jeweiligen Lebensraum abhängig ist. In offenen Landflächen sind sie meist deutlich größer als bei Tieren, die im Wald leben. Einzelne Rotwildrudel können mehr als 200 Tiere umfassen. ▽▽

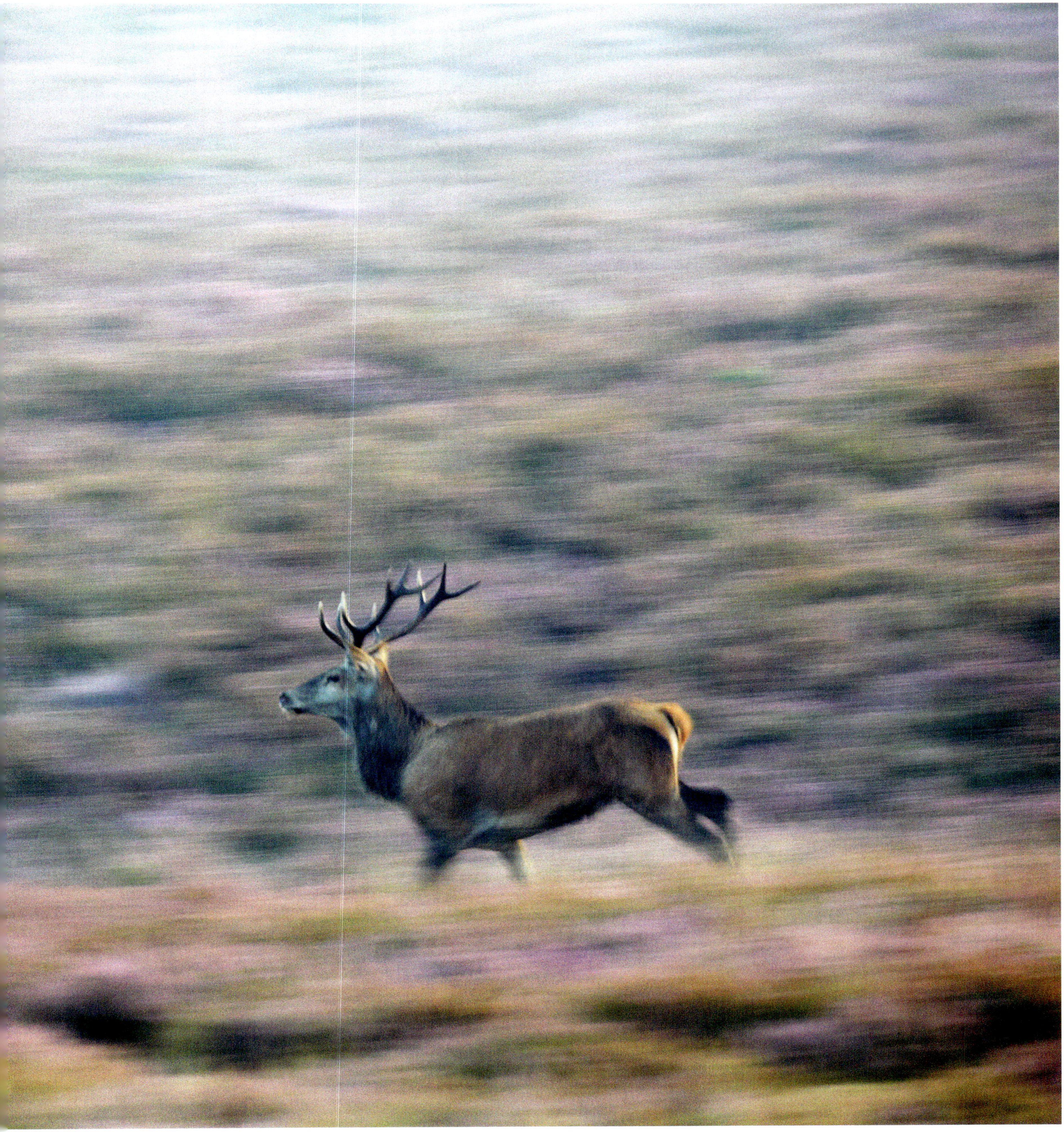

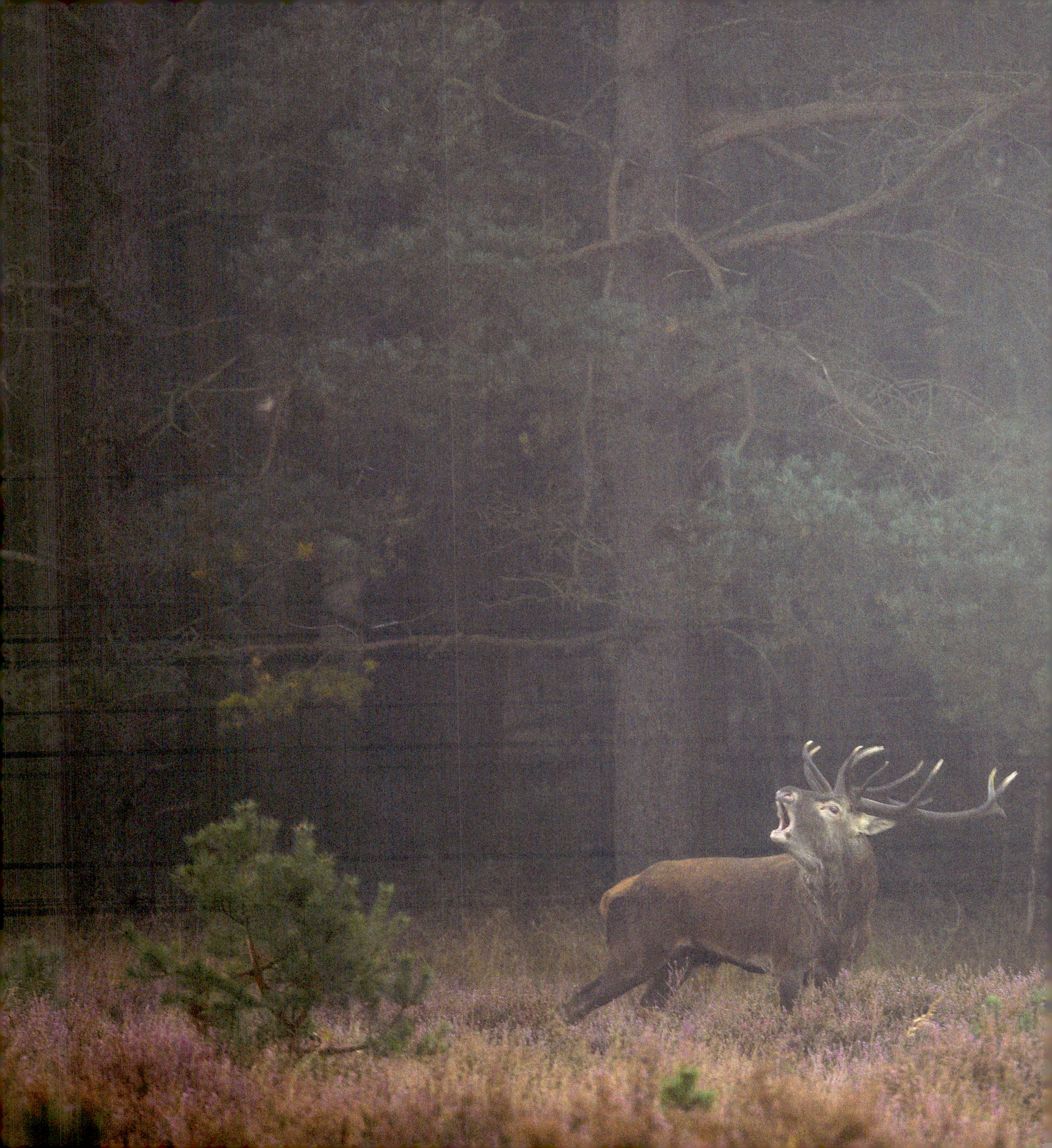

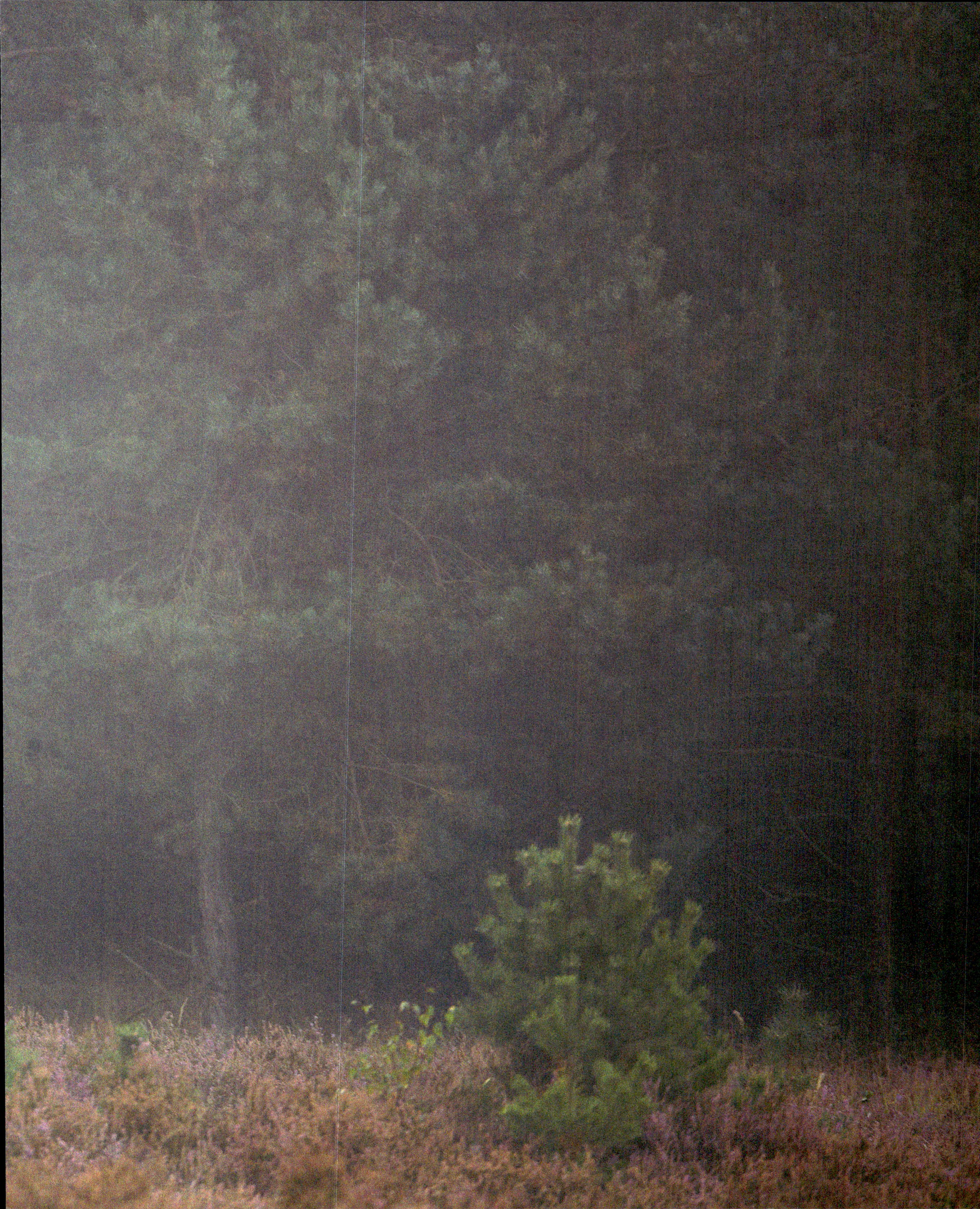

Die in Nordeuropa lebenden Rentiere besitzen ein äußerst dichtes Winterfell, dessen Haare etwa dreimal so dick sind als bei allen anderen Hirscharten. Die einzelnen Haare enthalten luftgefüllte Zellen, die für eine perfekte Isolierung sorgen. △
Auch die Hufe der Rentiere sind perfekt an ein Leben in Eis und Schnee angepasst: Zwischen den Zehen besitzen sie eine kräftige Spannhaut, die verhindert, dass sie im Schnee einsinken. ▷

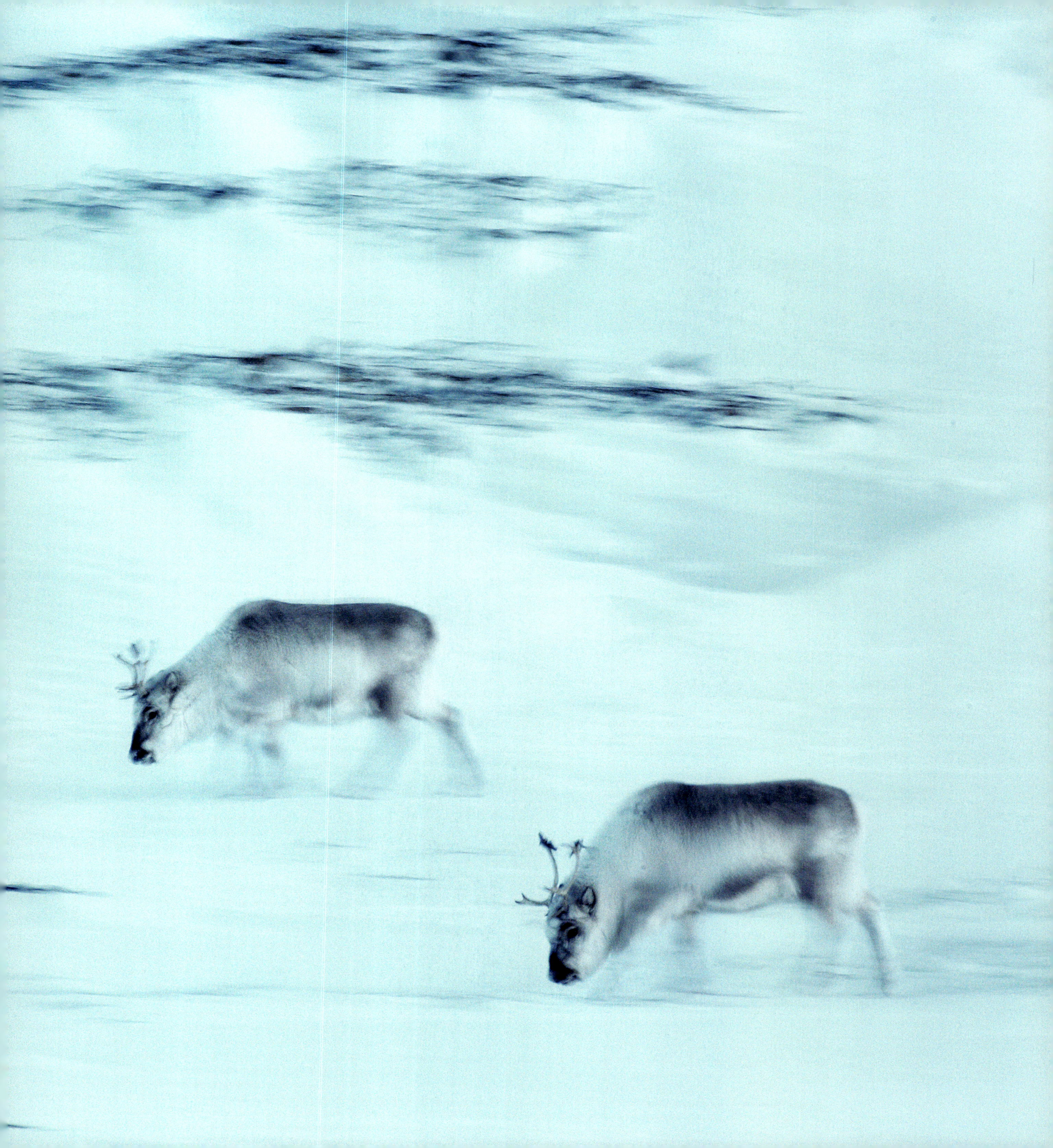

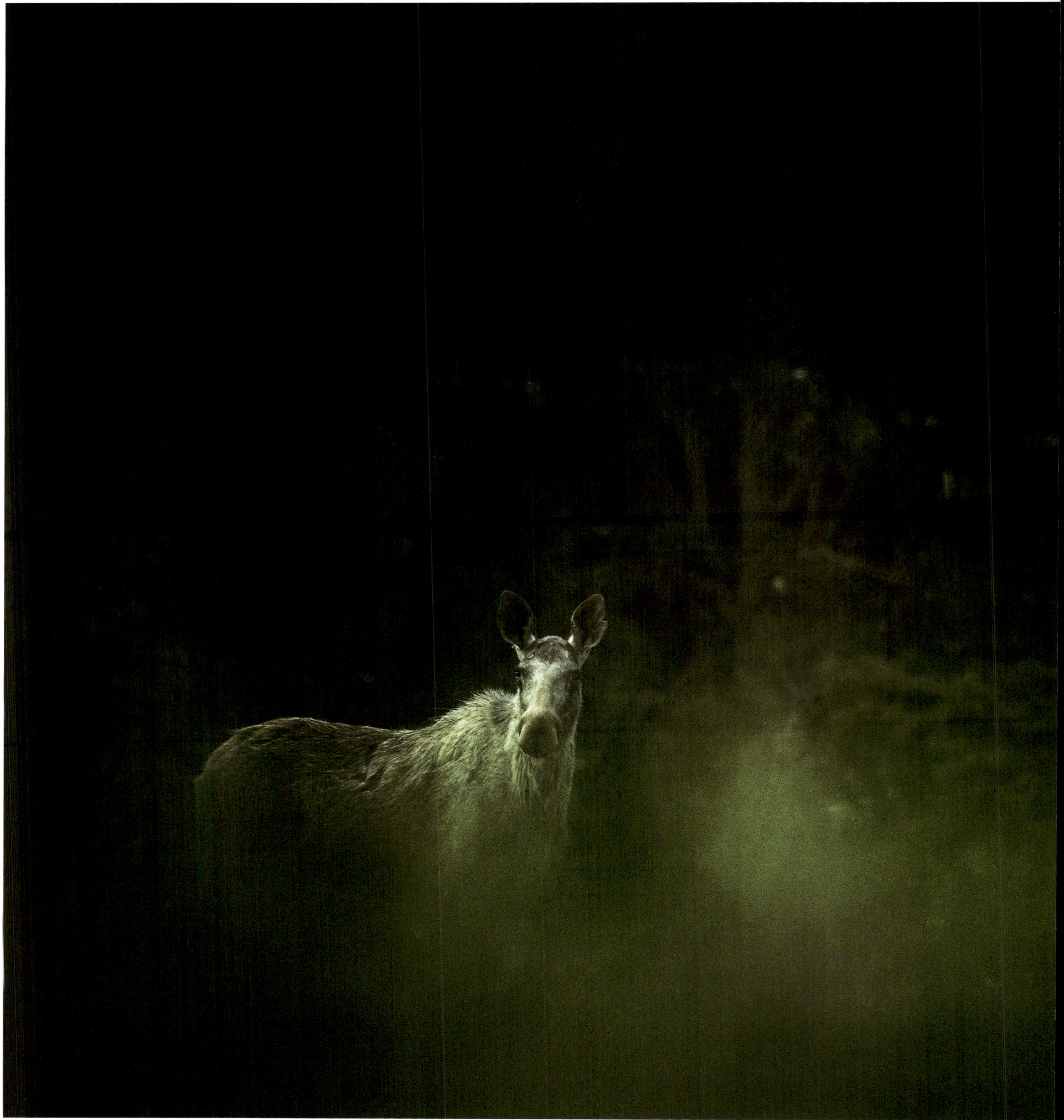

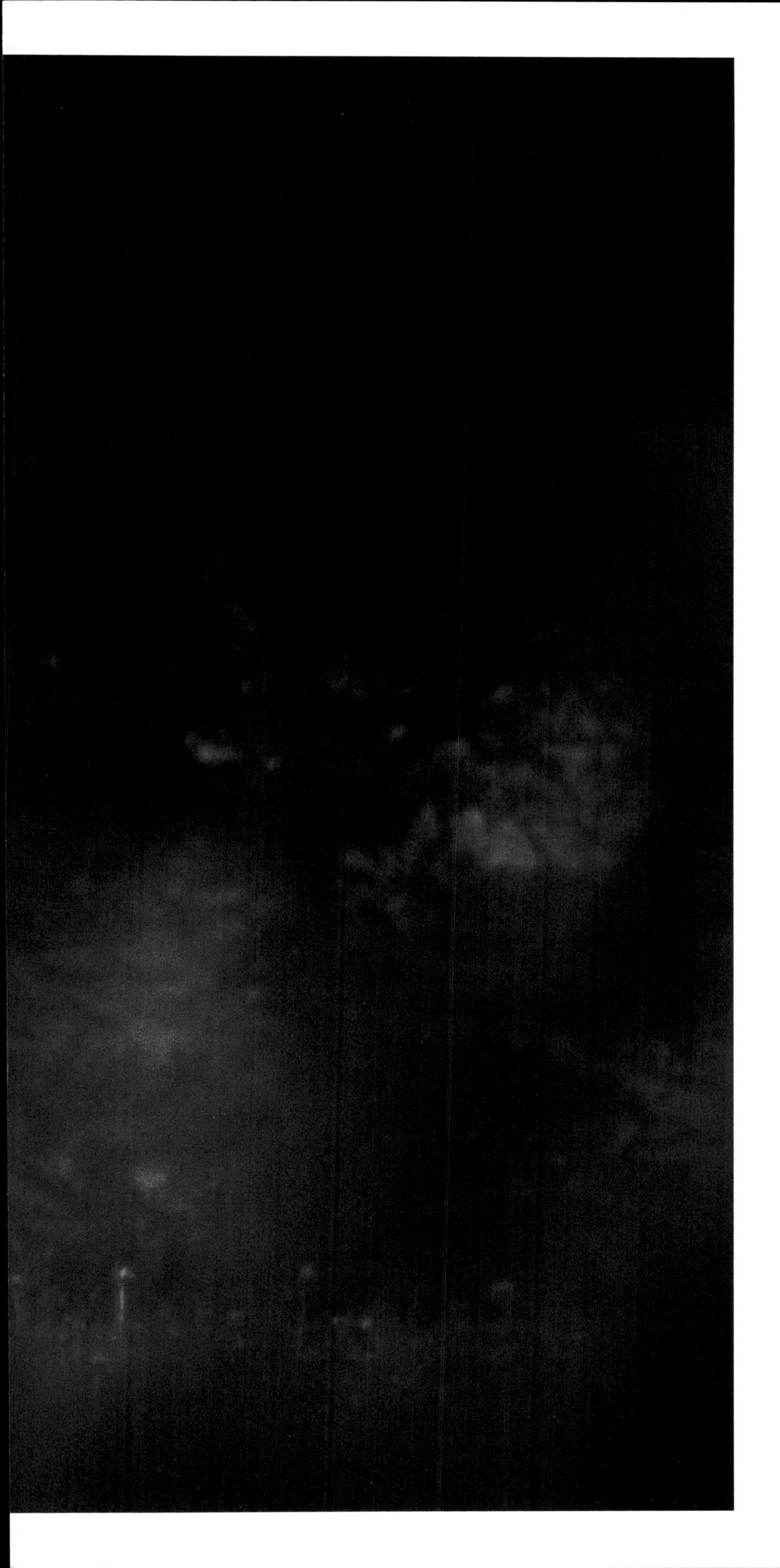

Elche gehörten bis ins Mittelalter zur deutschen Fauna und wurden stets stark bejagt. Der letzte heimische Elch wurde wohl während des Zweiten Weltkriegs getötet. Seit dem Mauerfall wandern sie wieder aus Polen und Tschechien nach Ostdeutschland und Bayern ein. Ob sich erneut stabile Elchpopulationen in Deutschland bilden werden, ist allerdings fraglich.

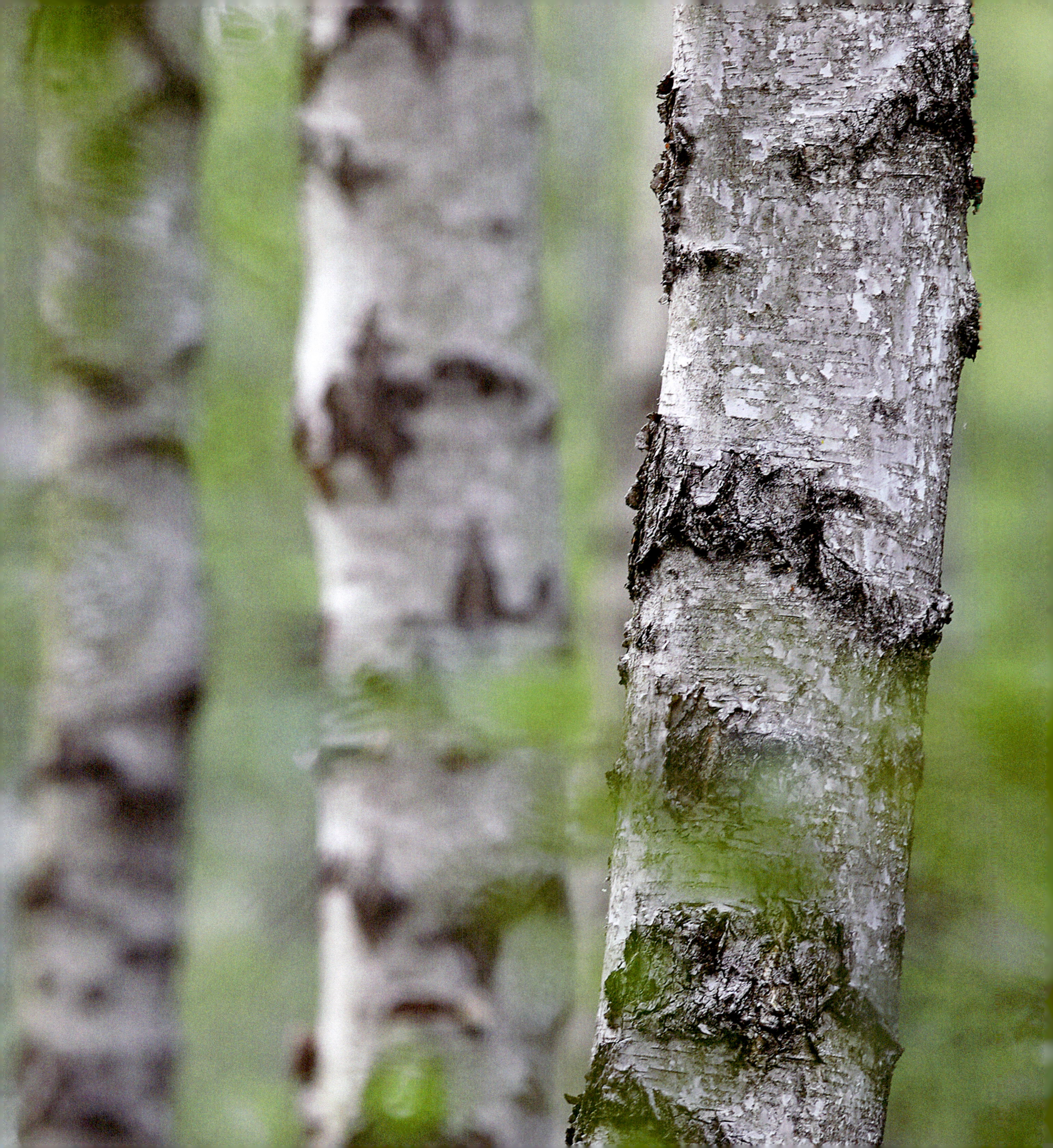

Die in Europa so selten gewordenen Braunbären sind scheue Einzelgänger. Nur zur Paarung finden sich Männchen und Weibchen zusammen. Sein Revier markiert »Meister Petz«, indem er sich an »Scheuerbäumen« reibt und so seine spezifische Duftmarke hinterlässt.

Der buschige Schwanz des Eichhörnchens hilft beim Klettern und Springen, das Gleichgewicht zu halten. Im Nest dient der Schwanz als wärmende Decke. Und er wird bei der Kommunikation mit Artgenossen eingesetzt: Ein entspanntes Eichhörnchen stellt den Schwanz locker hinter dem Rücken auf. △
Feldhasen wählen ihre Verstecke so, dass sie die Umgebung weit überblicken können. Die scheuen Einzelgänger behalten ihr Revier ein Leben lang bei. ▷

Der Schneehase ist ein Hochgebirgsbewohner und im Winter mit seinem weißen Fell, im Rest des Jahres mit seinem dunklen Fell perfekt getarnt – eigentlich. Dieser weiße Hase wurde ganz offensichtlich von einer plötzlichen Schneeschmelze überrascht. ▽▽

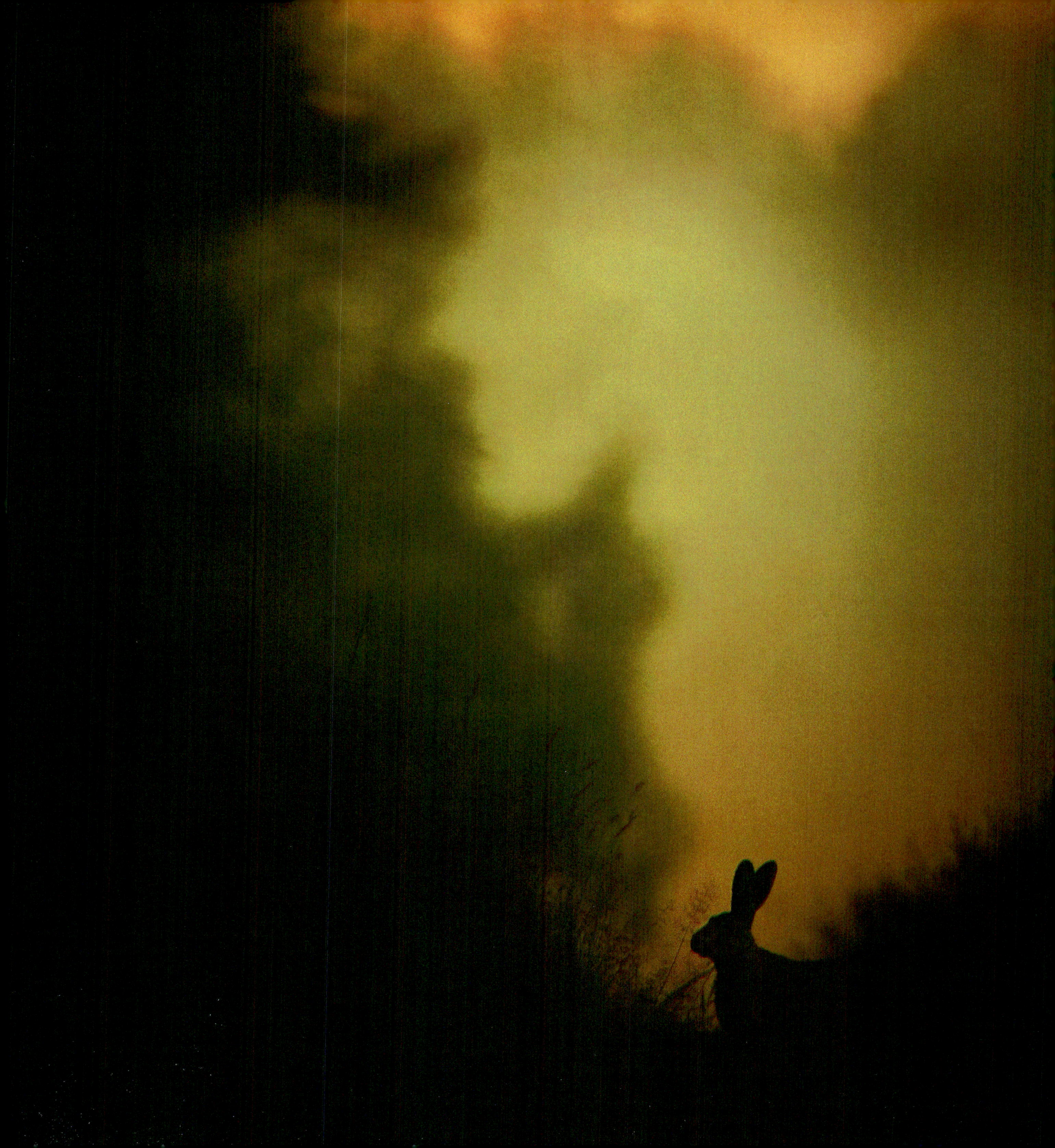

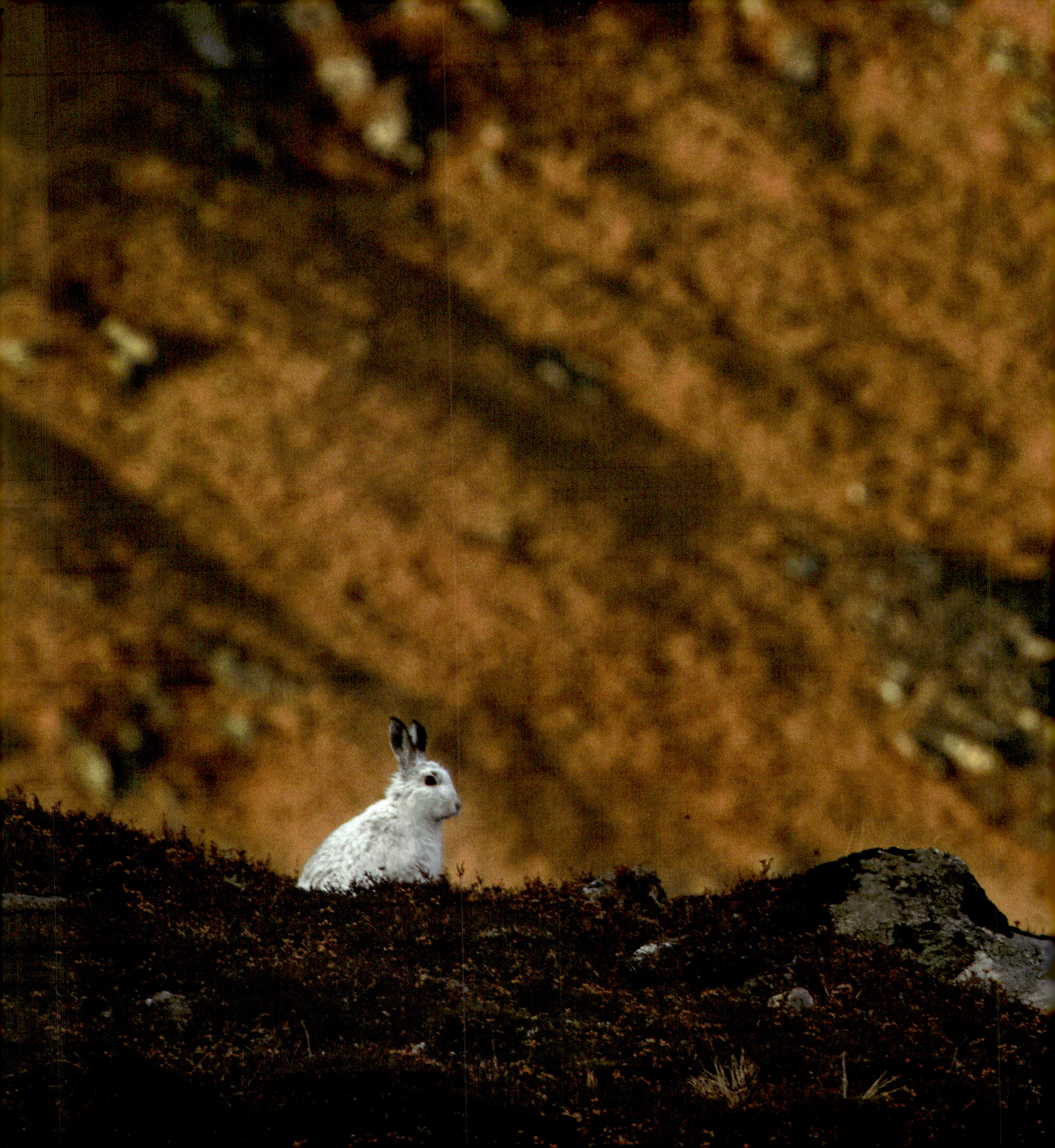

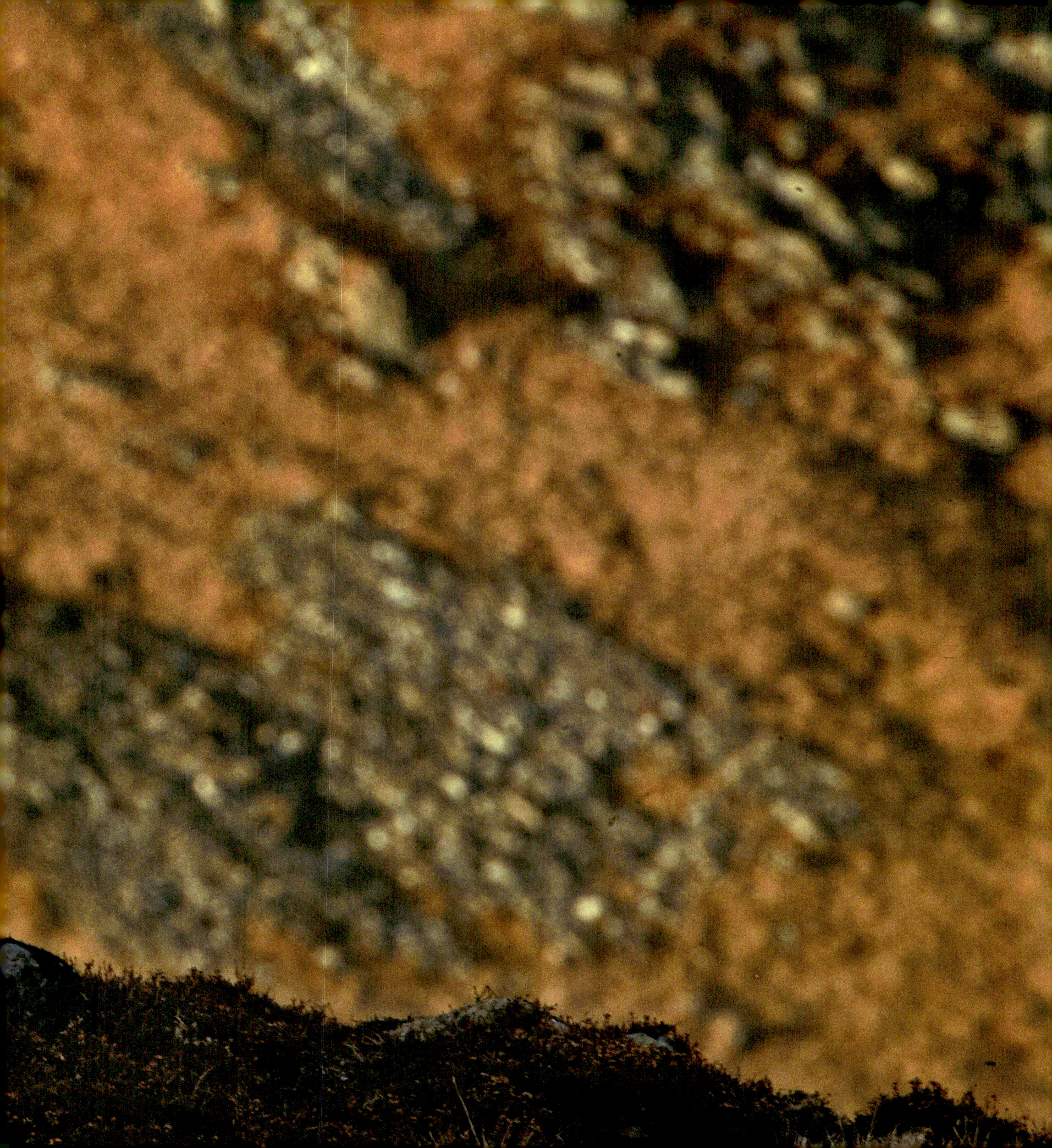

»Mit einem Hui, eine Schneewolke hinter sich werfend, fegte der alte Feldhase aus dem Pott, schlug ein halbes Dutzend Haken, dass der Hund ganz verbiestert wurde, sauste dann geradeaus, schlug wieder Haken, machte einen Kegel, nahm wieder das Feld hinter sich, bis dem Hunde die Zunge aus dem Halse hing und er die Jagd aufgab.«

Aus Hermann Löns' *Mümmelmann*, 1909

Der Feldhase hat es in Regionen mit intensiver Landwirtschaft nicht leicht, da er auch Büsche und Hecken als Schutzzonen braucht. Zuweilen zieht er sogar lieber an den grünen Rand einer Stadt. Sprichwörtlich sind seine Schnelligkeit – bis zu 70 Stundenkilometer in kurzer Distanz –, seine Wendigkeit, mit der er Haken schlägt, seine Scheu und natürlich seine langen Ohren.

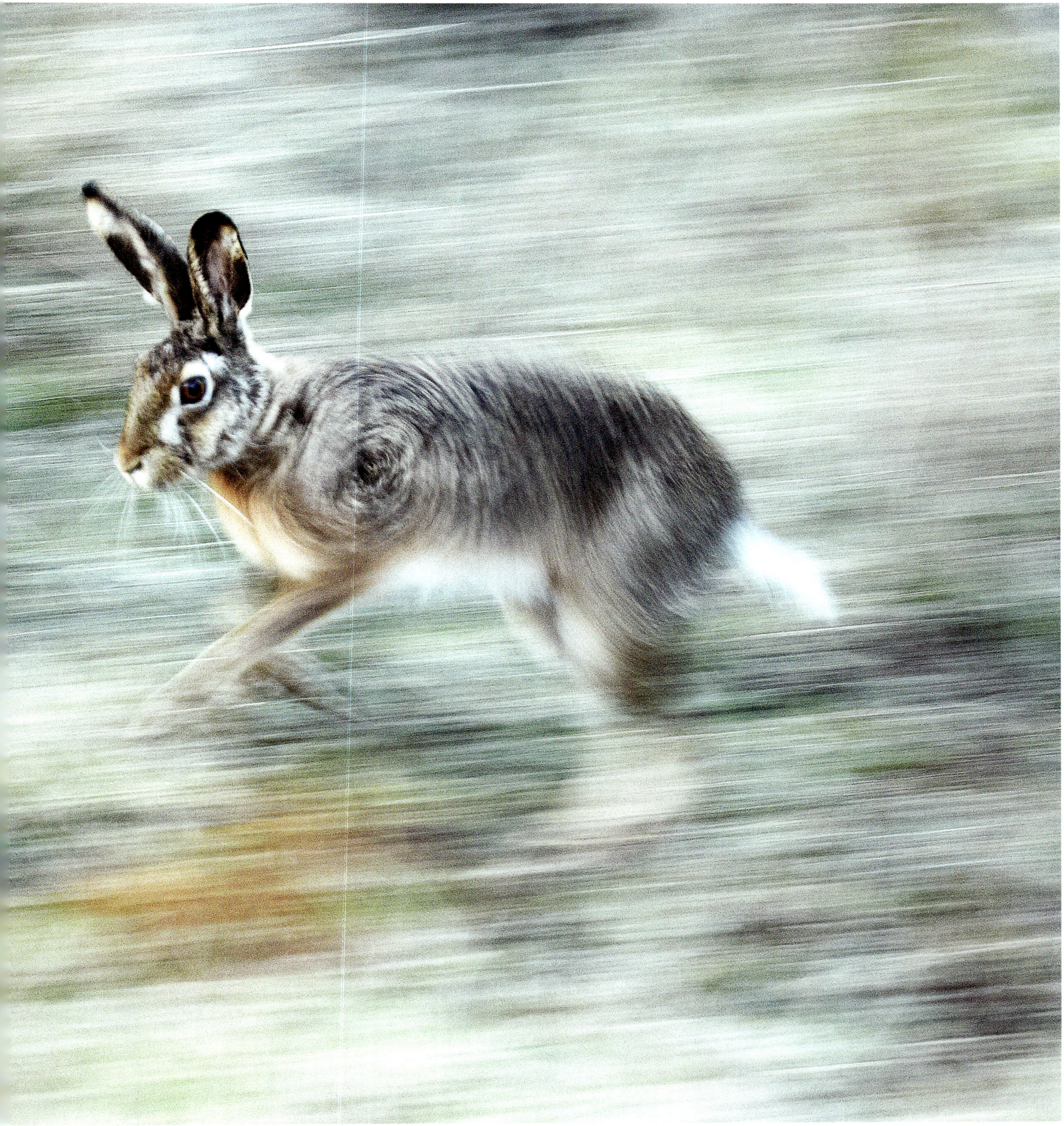

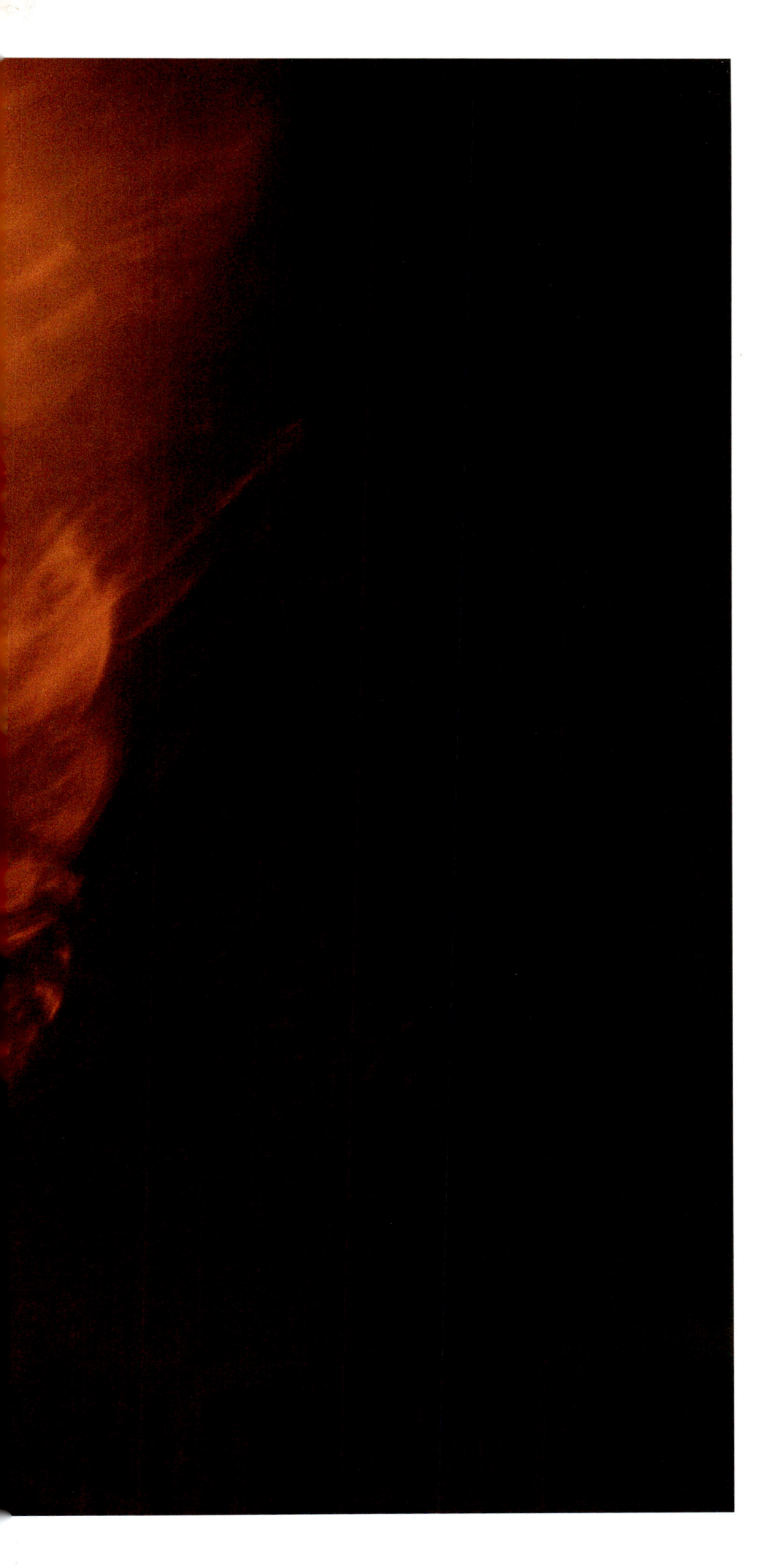

Feldmäuse leben auf Äckern, Wiesen und Weiden oft in Kolonien in unterirdischen, weitläufigen Höhlensystemen. Da die kleinen Nager tag- und nachtaktiv sind, wechseln sich ihre Aktivitäts- und Ruhephasen im mehrstündigen Rhythmus ab.

Der Abendsegler gehört zu den größten heimischen Fledermäusen. Auf seinen nächtlichen Jagdflügen flitzt er mühelos mit mehr als 50 Stundenkilometern durch die Lüfte. Als wandernde Fledermausart legt er auf dem Weg in das Überwinterungsquartier bis zu 1600 Kilometer zurück. ▽▽

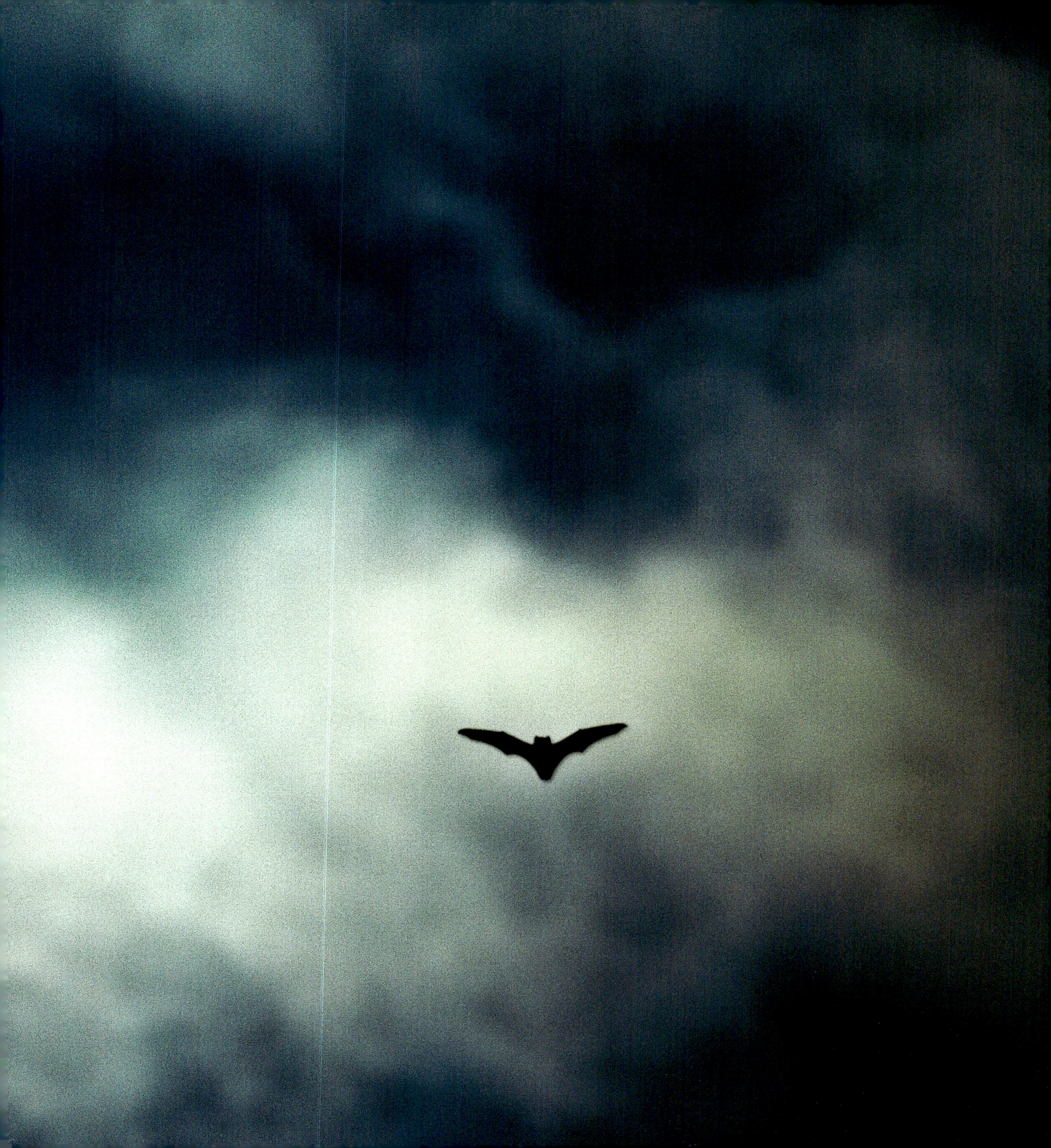

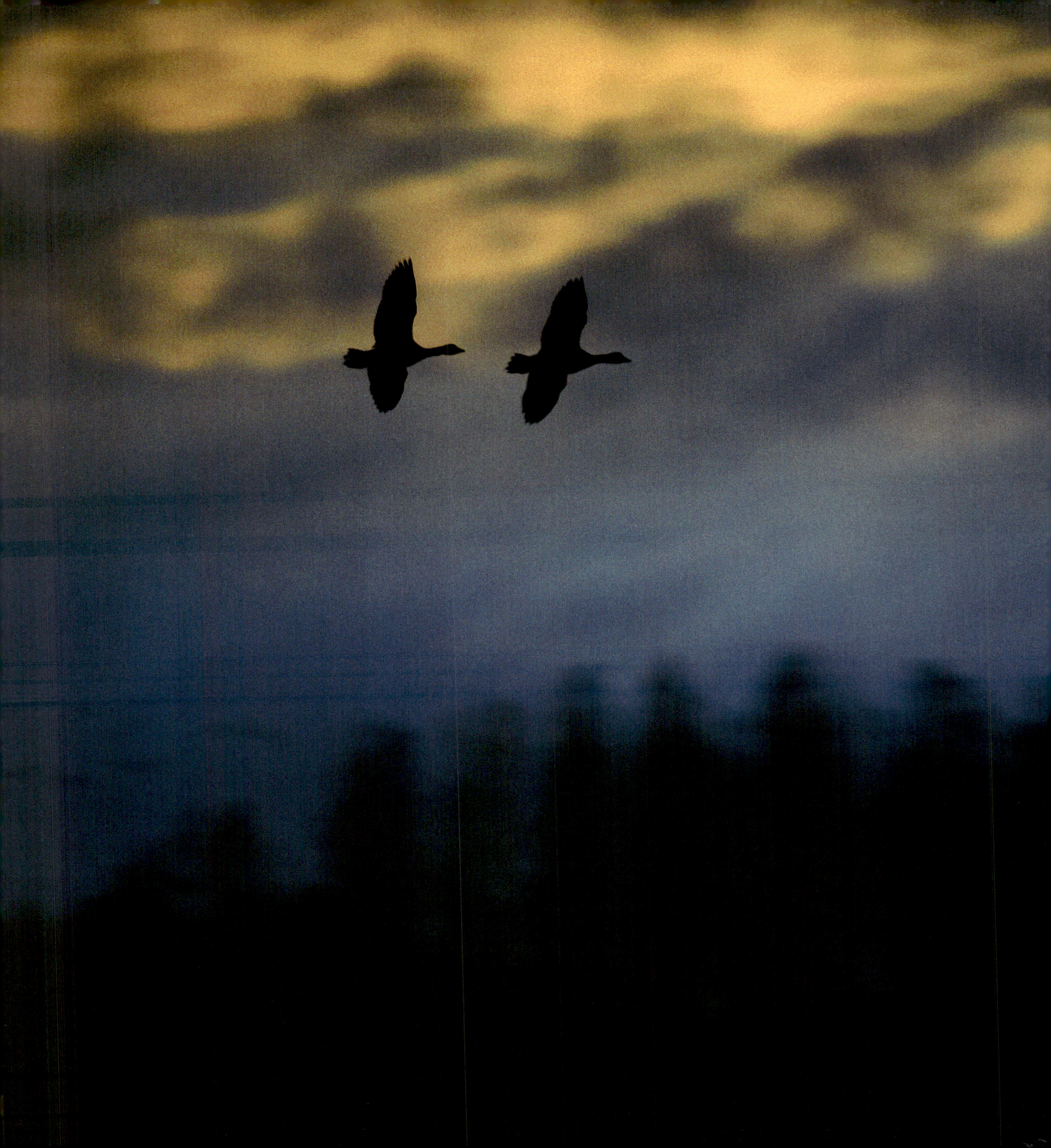

VOGELFREI

Blässgänse sind in der nördlichen Hemisphäre die Wildgänse mit den größten Beständen. In Gefangenschaft können die großen Vögel mit dem typischen weißen Stirnfleck 30 Jahre und älter werden.

VIELBEGABTES VOGELREICH

Gibt es ein schöneres Naturerlebnis, als im Frühjahr und Frühsommer dem morgendlichen Gesang der Vögel zu lauschen? Wenn die gefiederten Sänger, je nach Art zwitschernd, flötend, trällernd oder schmetternd, ein wohltönendes Konzert anstimmen?

Singe, wem Gesang gegeben
Nomen est omen: Eine unserer besten und vielseitigsten Sängerinnen ist die Singdrossel, die ihr überaus melodiöses und wohlklingendes Lied nicht nur am Morgen, sondern gerne auch in den Abendstunden ertönen lässt. Das Repertoire der gefiederten Meistersängerin ist breit gefächert, reicht es doch von einem vorsichtigen sanften Zwitschern bis hin zu lauthals vorgetragenen Flötentönen. Sitzt der eher unscheinbare Vogel dann auch noch auf einem Baumwipfel, ist sein Lied mehrere hundert Meter weit zu hören.

In Mitteleuropa singen vor allem die männlichen Vögel, und ihr Gesang hat eine wichtige, ja, fast könnte man sagen existenzielle Funktion: Zum einen verteidigen die Herren der Schöpfung auf diese Weise das eigene Revier akustisch gegenüber männlichen Rivalen und zeigen damit deutlich, wer hier das Sagen hat. Wenn es sein muss, werden dabei unverschämt herumlungernden Konkurrenten die unterschiedlichsten Strophen regelrecht um die Ohren gesungen. Zum anderen soll durch den betörenden Gesang natürlich auch das Herz der ein oder anderen Vogeldame erobert werden.

Aber auch Vögel, die nicht oder nur sehr schlecht singen können – weil ihnen dazu die erforderliche Muskulatur des Stimmapparats fehlt –, haben durchaus Wege gefunden, miteinander zu kommunizieren. So trommeln Spechte ihre Liebesbotschaften mit ihrem dolchartigen Schnabel in die Rinde der Bäume, und Störche klappern heftig mit den Schnabelhälften, um sich mit ihren Artgenossen zu verständigen.

Schönheit, Akrobatik und Intelligenz
In der Welt der Vögel sind die Männchen aber nicht nur für den Gesang, sondern auch für den Glamoureffekt verantwortlich. Nur wenige Vogeldamen verfügen über ein buntes oder gar schillerndes Gefieder. Farbenfrohe Männchen, mausgraue Weibchen, so sieht es in den allermeisten Fällen im Vogelreich aus – aus gutem Grund. Wie bei vielen anderen Tierarten gilt auch bei unseren Vögeln Damenwahl. Die Weibchen suchen ihren Partner aus und die männlichen Bewerber müssen sich nach der Decke strecken, damit sie zum Zuge kommen und nicht etwa ein attraktiverer Konkurrent. Ein besonders prächtiges Gefieder ist natürlich ein dicker Pluspunkt gegenüber nicht ganz so glanzvollen Rivalen, signalisiert es doch dem geneigten Weibchen, dass es sich um ein besonders gesundes und fittes Männchen handelt. Ein Männchen, das wahrscheinlich über eine gute Genausstattung verfügt. Und die soll ja schließlich an den gemeinsamen Nachwuchs weitergegeben werden.

Der Seidenschwanz ist ein sogenannter Invasionsvogel. Die Tiere mit dem seidigen, ausdrucksvoll gezeichneten Gefieder fliegen in besonders strengen und daher nahrungsarmen Wintern regelmäßig aus Sibirien oder Skandinavien bei uns ein. Sie gehören zu den Singvögeln, allerdings singen sie nur in ihrer Heimat.

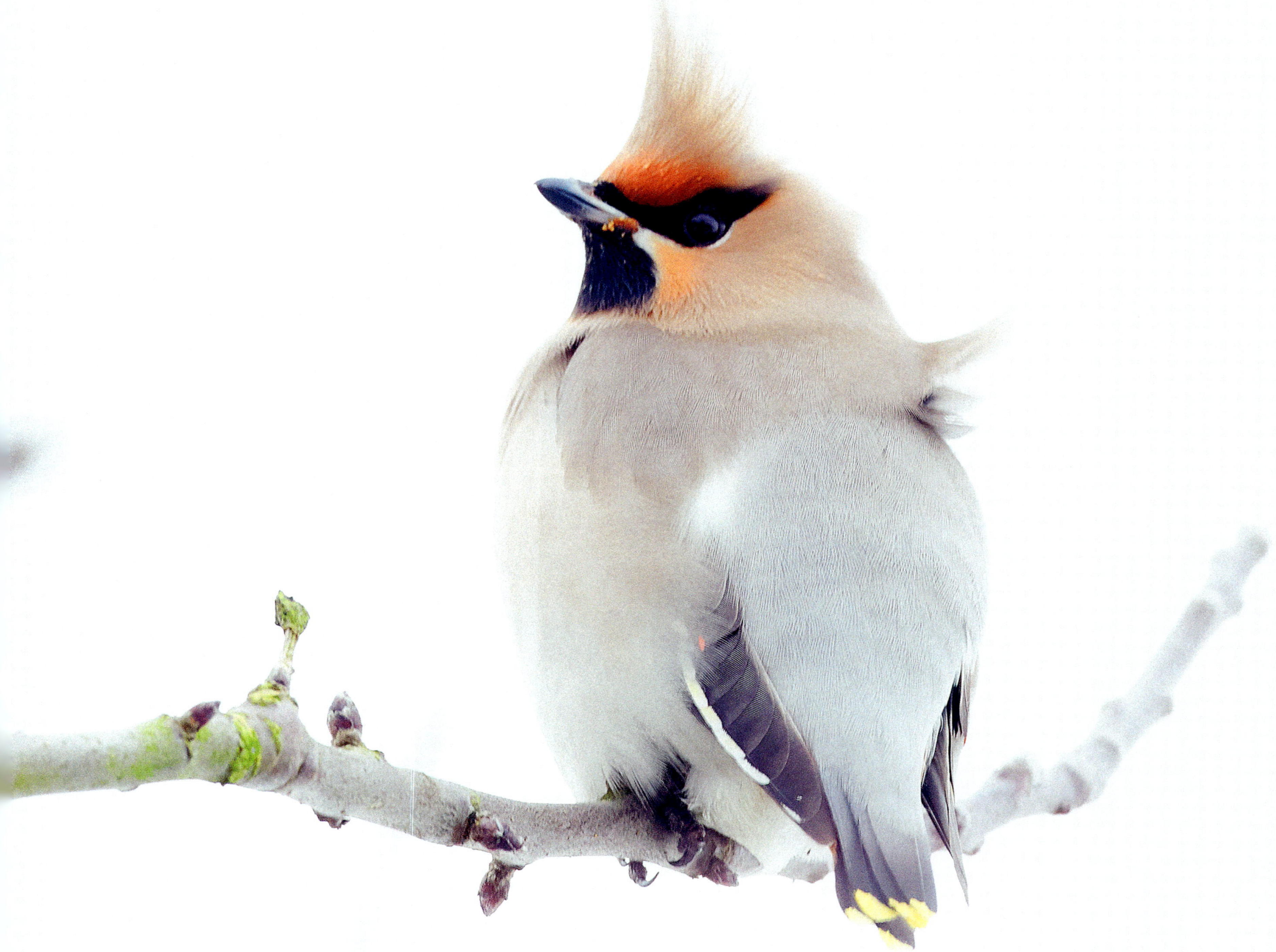

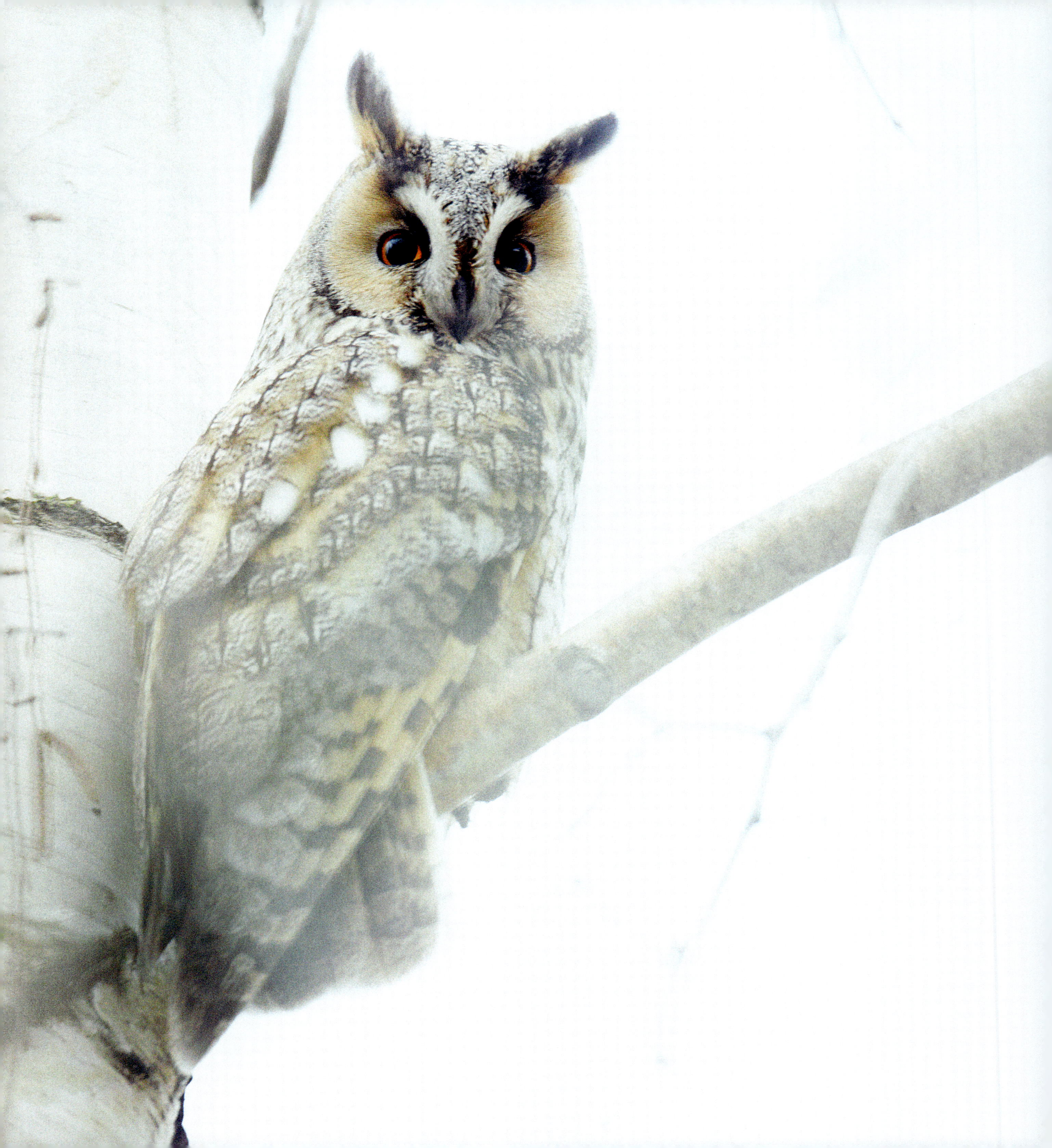

»Das Zwitschern des Vogels weckt den Menschen aus seiner Gleichgültigkeit. Er lauscht dem Lied und rühmt die Weisheit dessen, der das süße Lied des Vogels schuf ebenso wie die zarten Empfindungen des Menschen.«

Khalil Gibran

Der mit Abstand am prächtigsten gefärbte Vogelmann ist der männliche Fasan, dessen überaus buntes Gefieder bei Lichteinfall auch noch stark metallisch glänzt. Aber auch als schöner Mann kann man nicht alles haben: Ein eleganter Flieger ist der Fasan eher nicht.

Mit eleganten Flugkünsten wartet dagegen der Seeadler auf, immerhin kann die Flügelspannweite dieses größten europäischen Adlers bis zu stolze 2,5 Meter betragen. Wer das große Glück hat, diesen majestätischen Vogel zu sehen, wie er nahezu mühelos durch die Lüfte schwebt, für den bekommt der uralte menschliche Traum vom Fliegen auf einmal eine völlig neue Bedeutung. Nicht umsonst ist der Seeadler auch das Wappentier der Bundesrepublik Deutschland.

Hinsichtlich ihrer Intelligenz wurden Vögel lange unterschätzt. Neuere Forschungen zeigen jedoch, dass es sich gerade bei den oft so übel beleumdeten Rabenvögeln um gefiederte Intelligenzbestien handelt. Rabe, Krähe, Eichelhäher und Co. sind die Einsteins unter den Vögeln. Wissenschaftler attestieren ihnen Hirnleistungen, die sich häufig nur mit denen von Menschenaffen vergleichen lassen. Einige Arten können beispielsweise gezielt komplexe Werkzeuge selbst herstellen, langfristig planen und sich sogar selbst im Spiegel erkennen.

Vögel in Gefahr

Leider sieht die Zukunft für unsere Wildvögel nicht allzu rosig aus. Nicht nur in Deutschland, sondern in ganz Europa ist die Zahl der Vögel in den letzten Jahren dramatisch gesunken. Besonders betroffen sind Arten, die in den Agrarlandschaften leben. Erhebungen der Europäischen Union zeigen, dass die Zahl der Brutpaare in den landwirtschaftlich genutzten Gebieten zwischen 1980 und 2010 um 300 Millionen zurückgegangen ist. Das ist ein Verlust von 57 Prozent. Zu den zahlenmäßig größten Verlierern gehören Goldammer, Braunkehlchen und vor allem die so wunderbar singende Haubenlerche.

Verantwortlich sind einmal wieder wir Menschen. Noch immer zerstören wir die Lebensräume und damit auch Nahrungsquellen der Vögel durch die Intensivierung der Landwirtschaft. Hier ist dringend ein Umdenken erforderlich. Dies hat jetzt endlich auch die Politik erkannt: Vor Kurzem stellte die deutsche Bundesregierung fest, dass ein »erheblicher Handlungsbedarf« zum Schutz der Agrarvögel in Europa bestehe.

Erst mit Einbruch der Dunkelheit wird die Waldohreule aktiv. Sie ist eine ausgesprochene Feldjägerin, die überwiegend aus dem Flug heraus jagt. Auf der Suche nach Feldmäusen gleitet sie dicht über dem Boden.

Das Revier der Wasseramsel sind schnell fließende Flüsse und Bäche mit kaltem, klarem Wasser. Der Vogel mit dem auffälligen weißen Brustlatz ist der einzige heimische Singvogel, der auch schwimmen und tauchen kann. ▽▽

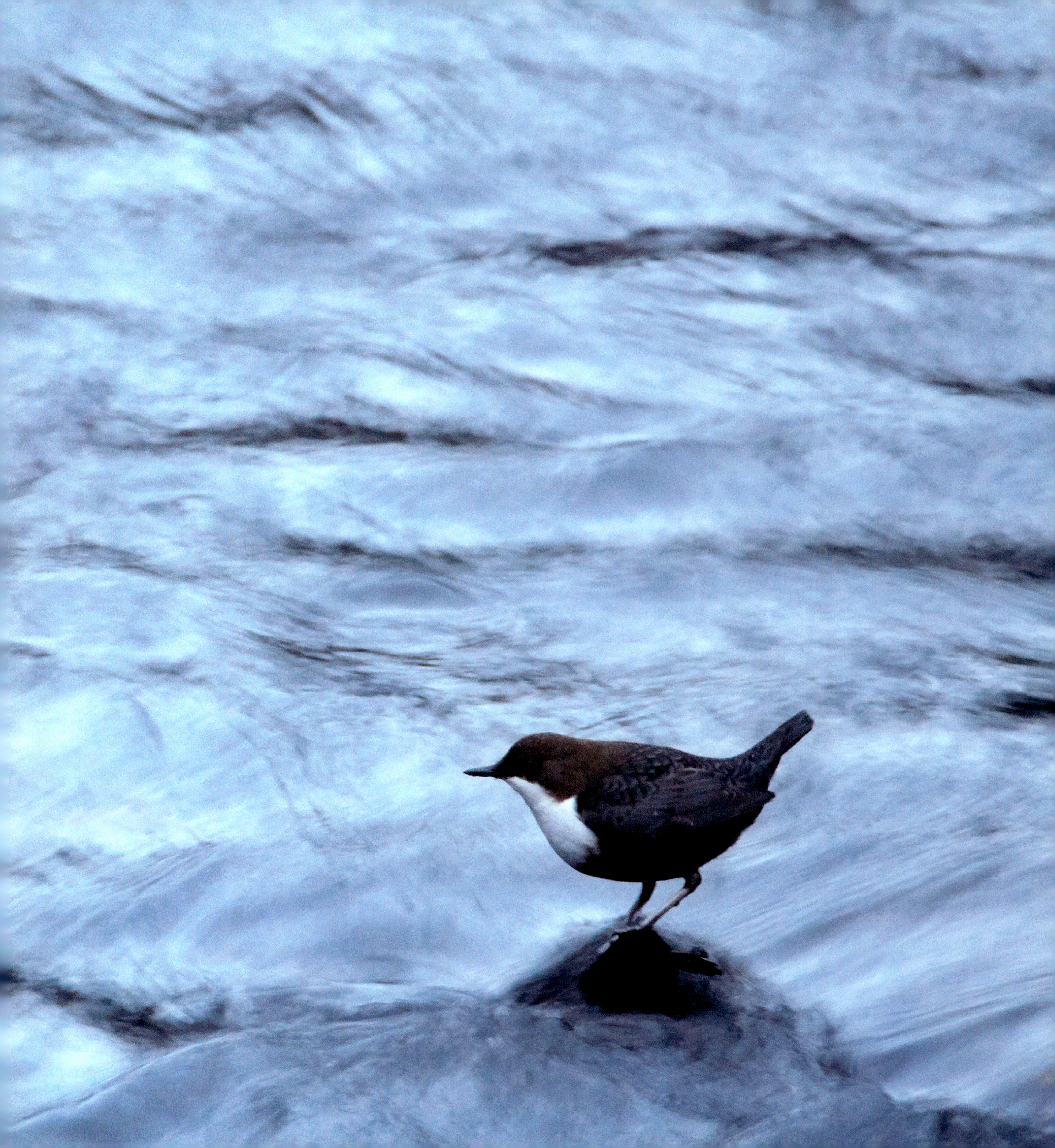

Mit seinen leuchtend roten Augen und seinen goldfarbenen Ohrbüscheln ist der Schwarzhalstaucher sicherlich einer unserer schönsten Wasservögel. Seine Nahrung, vor allem Insekten und deren Larven, erbeutet der elegante Wasservogel in Flüssen und Seen; dabei taucht er bis zu drei Meter tief ein.

Das in Nordeuropa beheimatete Odinshühnchen gehört zu den Schnepfenvögeln – und zu den wenigen Vogelarten, bei denen die Geschlechterrollen vertauscht sind. Das deutlich attraktiver gefärbte Weibchen wirbt mit spektakulären Balzflügen um das Männchen, das im Gegenzug die Aufzucht der Jungen übernimmt.

Mit ihrem strahlend weißen Gefieder und ihrem leuchtend orangefarbenen Schnabel sind Höckerschwäne unverwechselbar. Ihren Namen verdanken die mächtigen Vögel dem höckerartigen Wulst an der Wurzel des Schnabels, der bei den Weibchen deutlich größer ist als bei den Männchen. Höckerschwäne gehören zu den größten flugfähigen Vögeln überhaupt.

Eine wahre Akrobatin der Lüfte ist die Rauchschwalbe, die auf der Jagd nach Fluginsekten nicht nur Fluggeschwindigkeiten von bis zu 80 Stundenkilometern erreichen kann, sondern auch zu rasanten Richtungswechseln fähig ist. Als echte Kulturfolgerin brütet sie meist in Gebäuden und ist daher auf menschliche Toleranz angewiesen. ▽▽

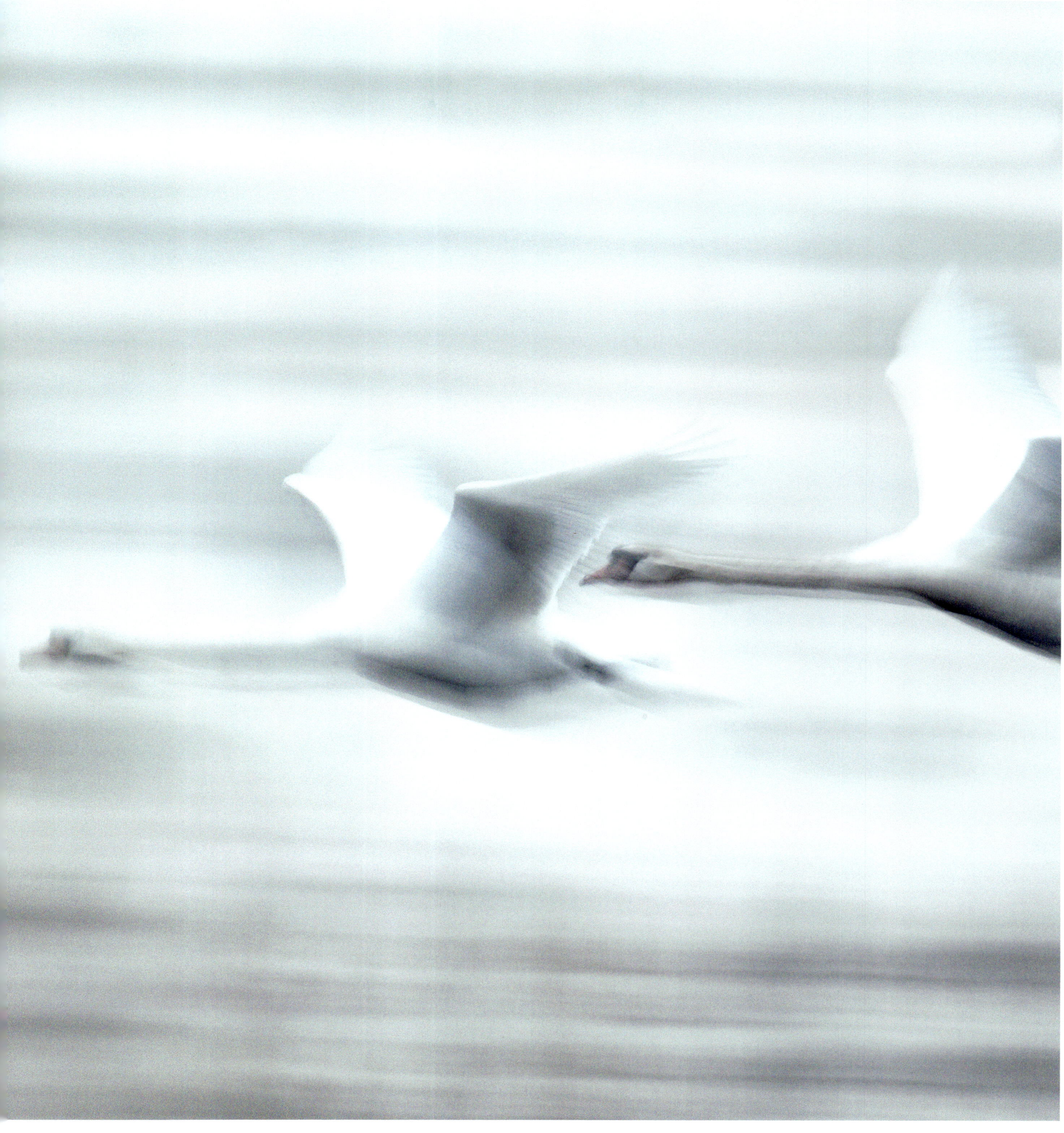

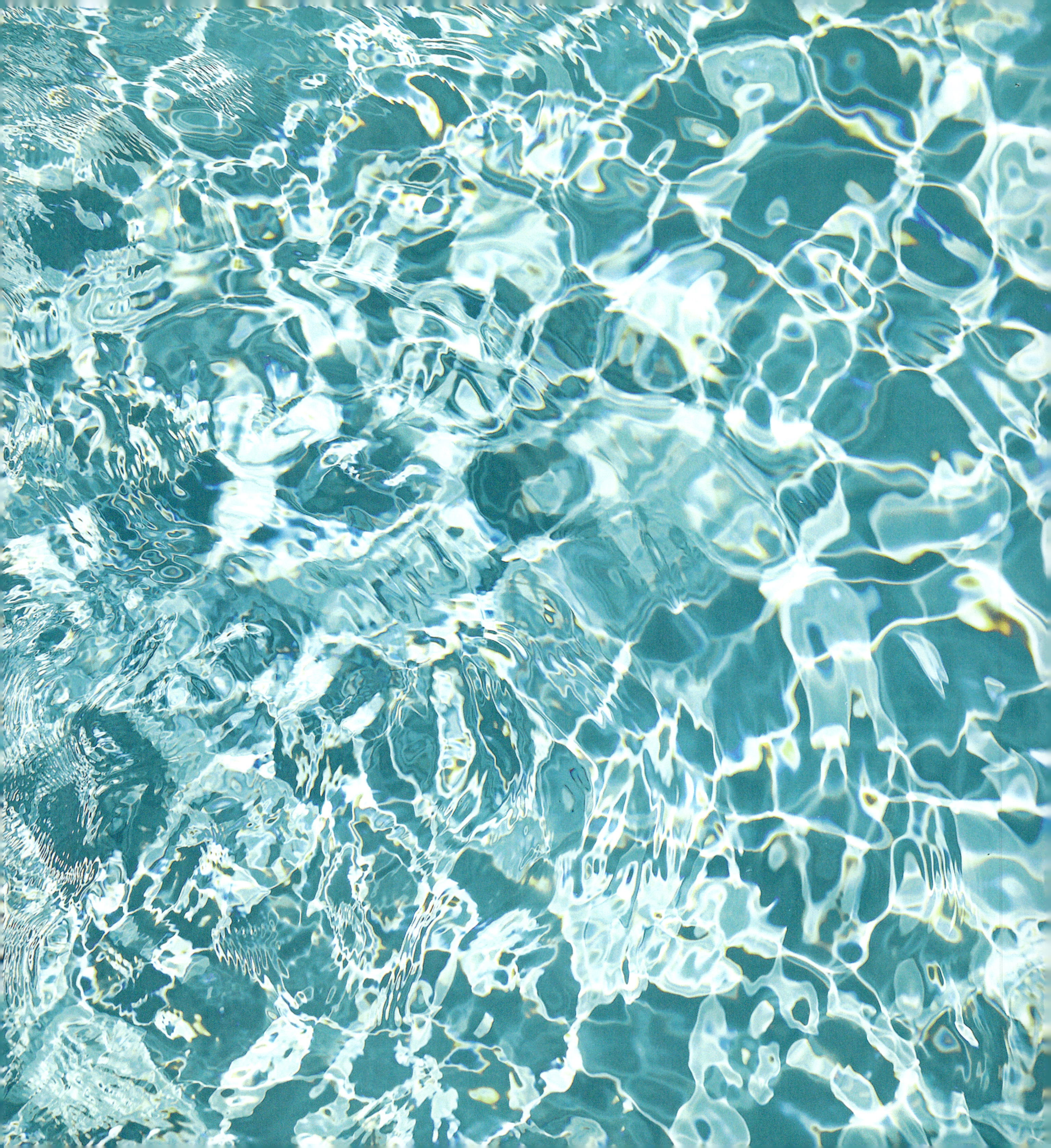

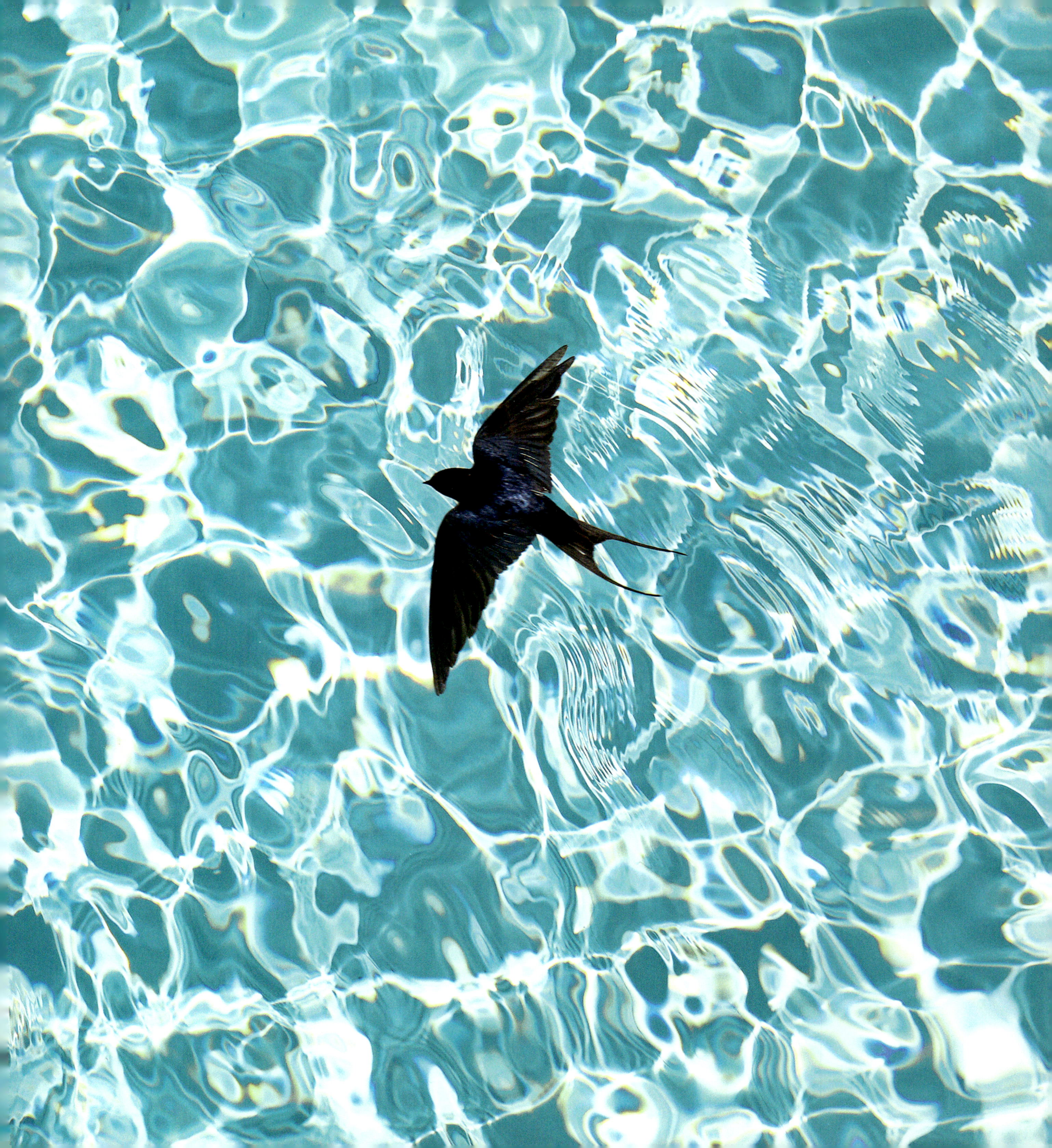

Das typische Merkmal der Blässhühner ist ihr auffälliges Stirnschild, das bei den Männchen deutlich größer ist als bei den Weibchen. Die Schwimmvögel sind an allen größeren Teichen, Flüssen und Seen anzutreffen – wenn es dort einen Schilfgürtel gibt, in dem die Vögel gut getarnt ihre Nester bauen können.

Der Sterntaucher ist ein ausgezeichneter Schwimmer und Taucher, deshalb hält er sich fast immer auf dem Wasser auf und ist nur äußerst selten auch im Flug zu beobachten. An Land geht der hübsche Schwimmvogel nur zur Brutzeit. ▽▽

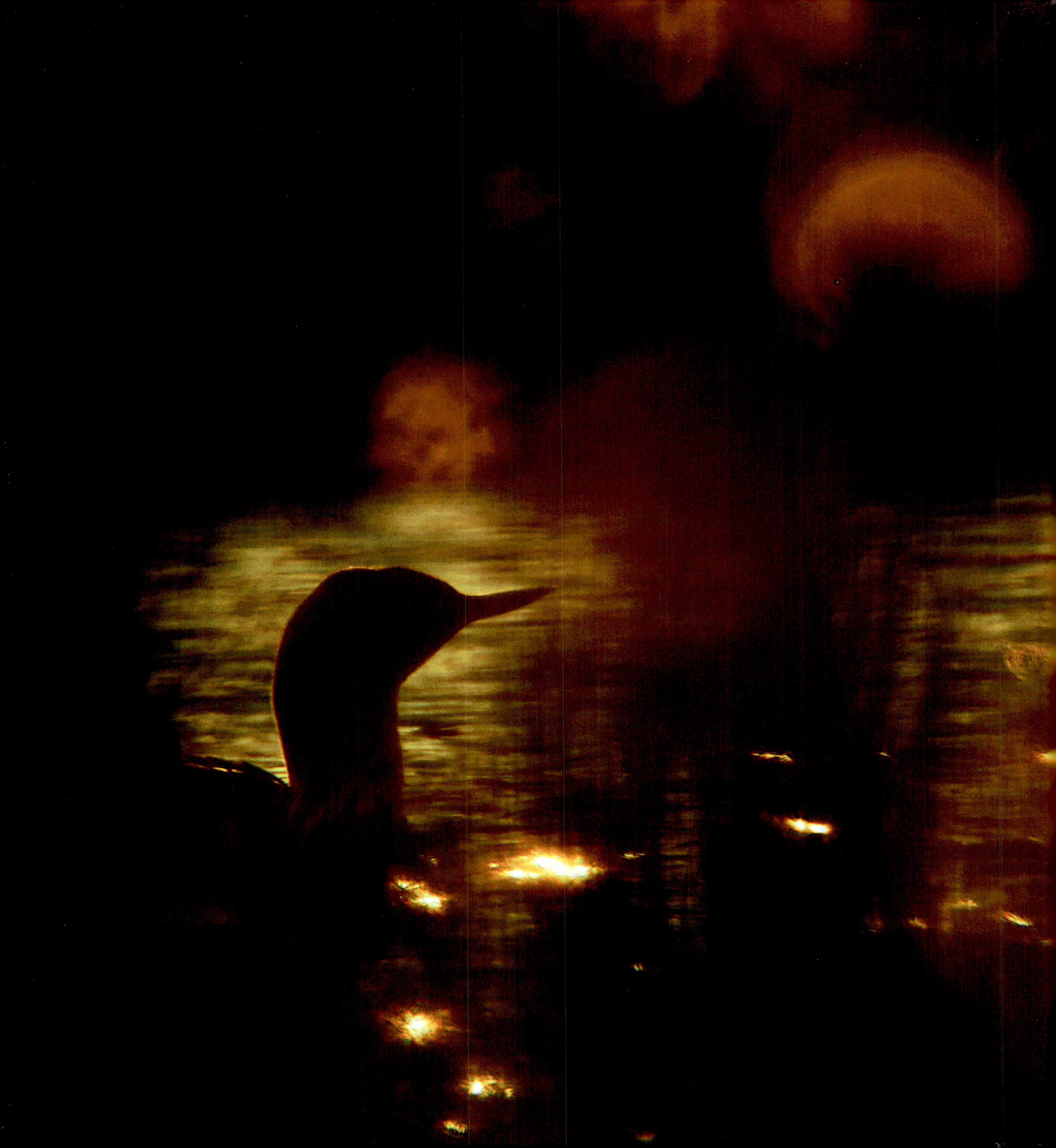

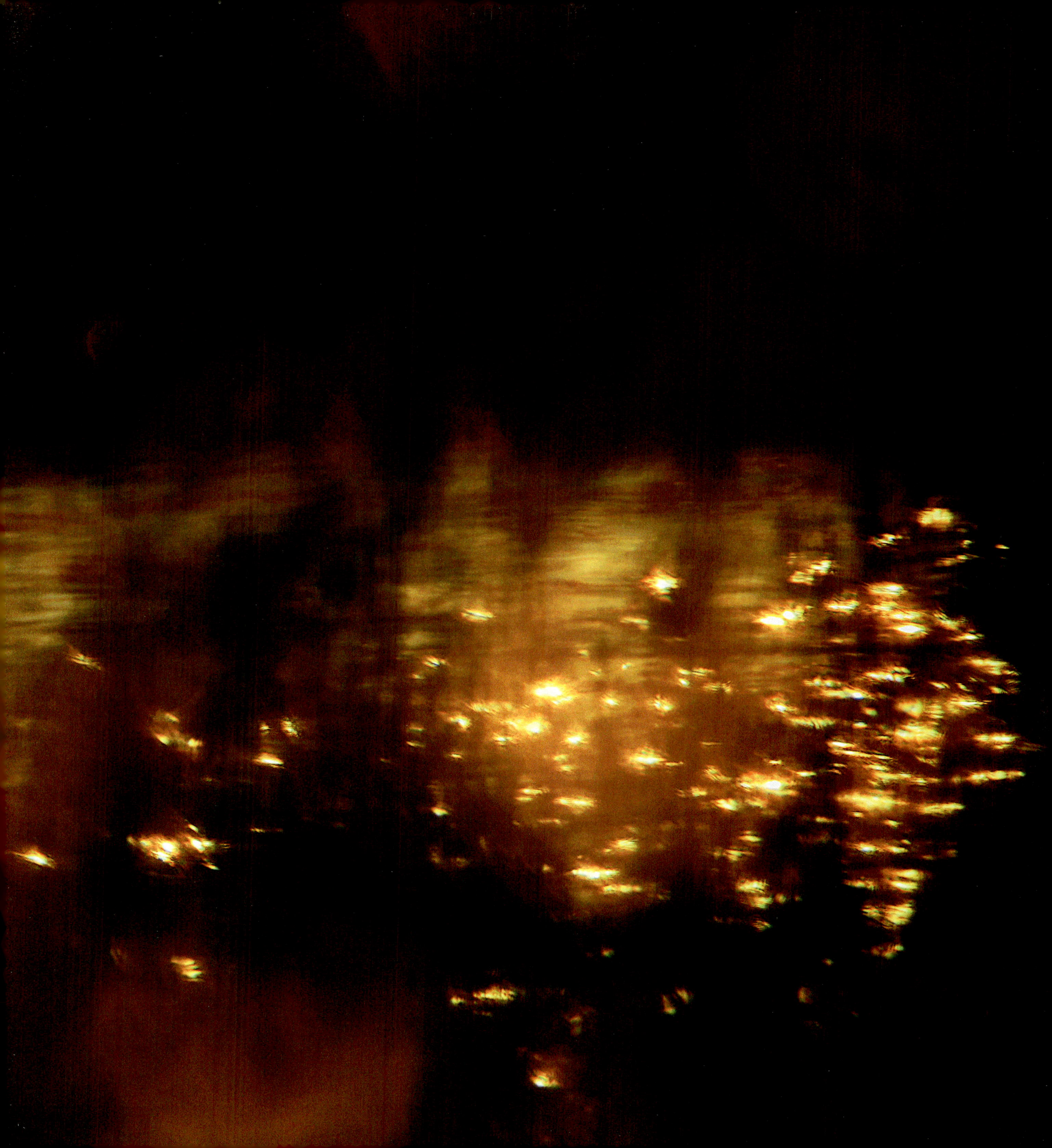

Der Rotschenkel brütet bei uns vor allem an der Küste. Außerhalb der Brutzeit kann man ihn meist im Wattenmeer beobachten. Der Bestand des possierlichen Vogels mit den orangeroten Beinen geht in Deutschland stetig zurück, weshalb er hier auf der Roten Liste der bedrohten Arten steht.

Das Schwarzkehlchen ist ein Zugvogel, der in Süd- und Westeuropa überwintert. Der Gesang des kleinen Singvogels mit dem schwarz gefärbten Kopf besteht aus variablen kurzen Strophen mit rauen und knirschenden Elementen. ▽▽

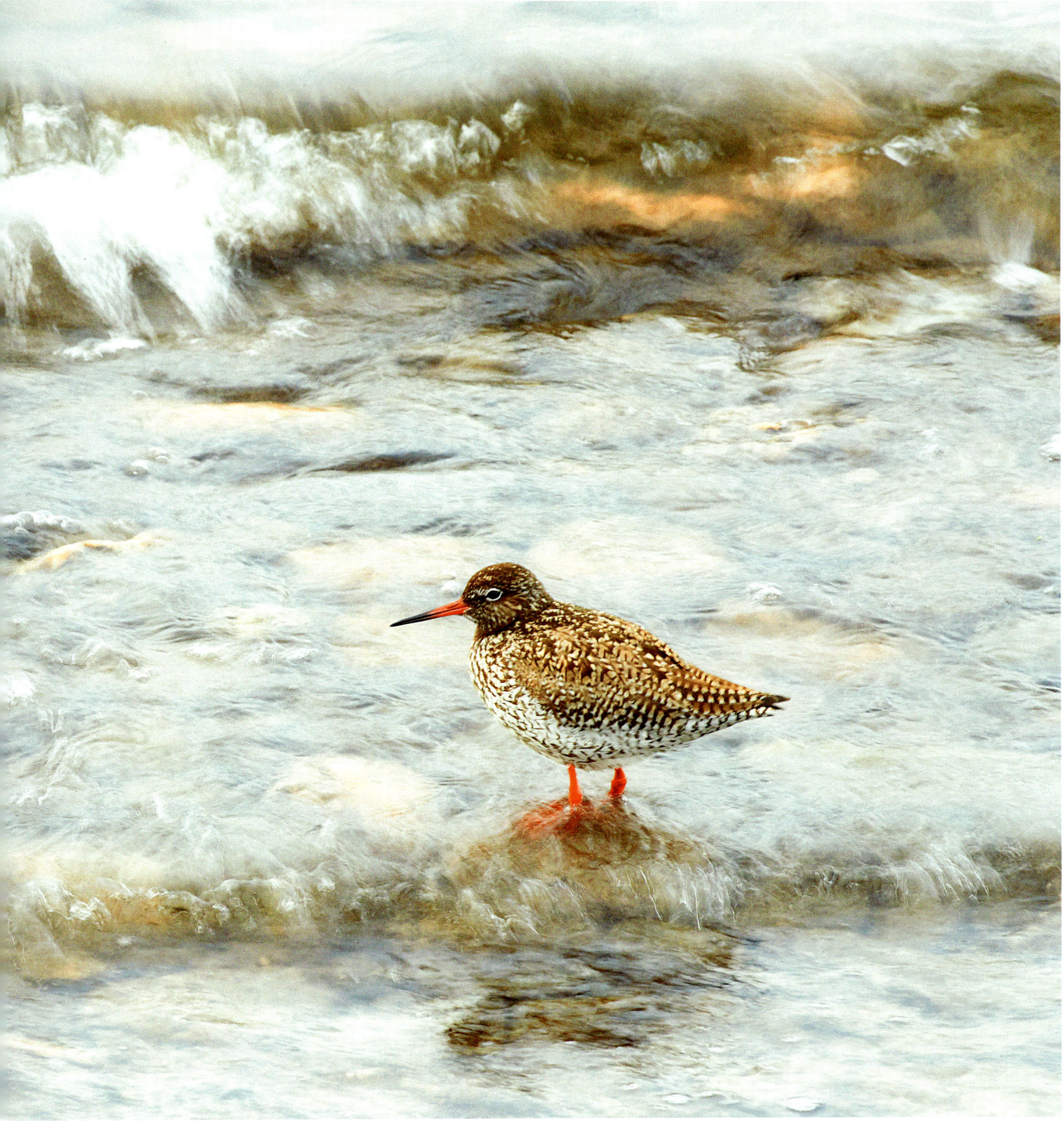

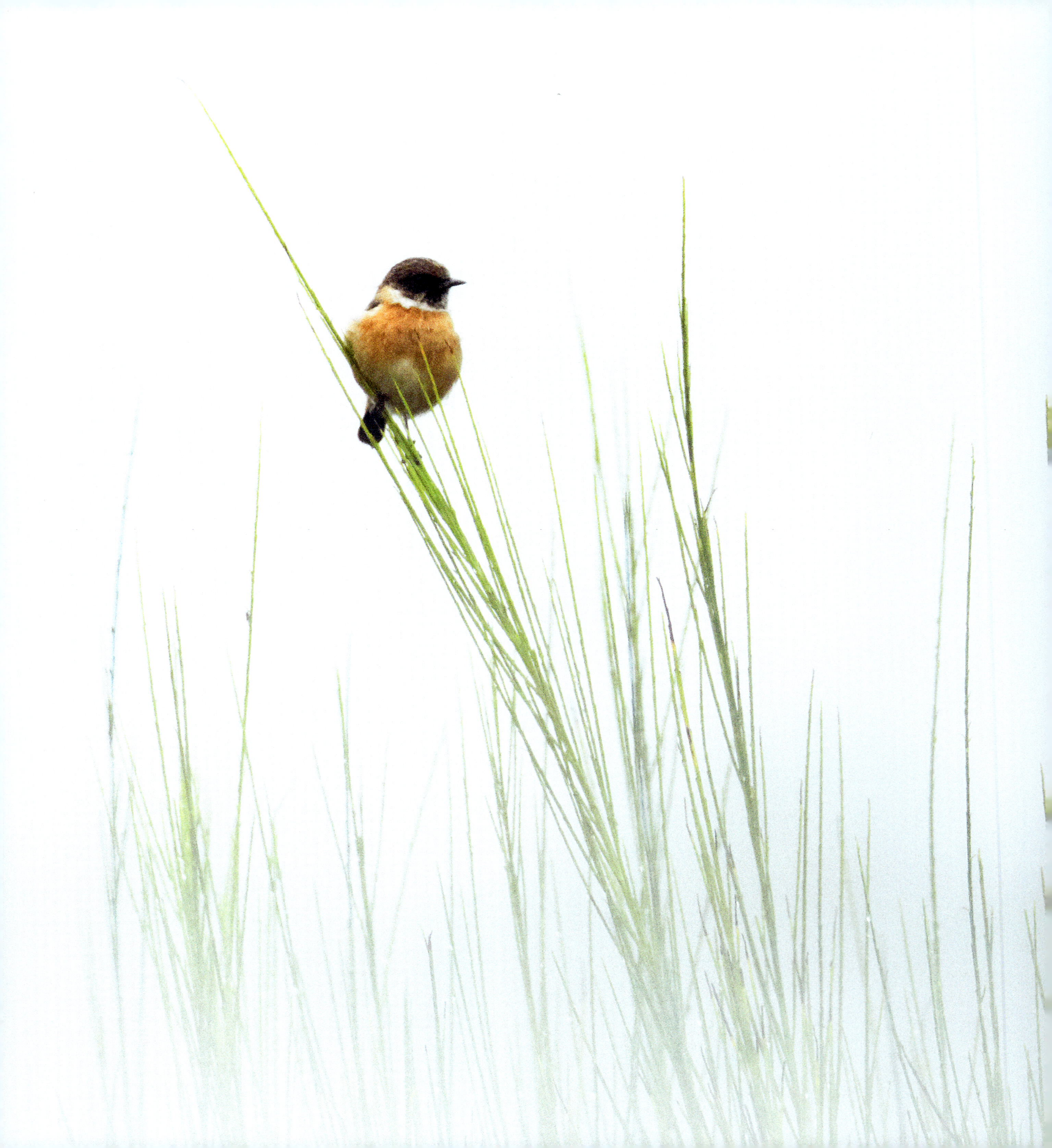

Der Name täuscht: Früher ein häufiger Gartenbewohner, ist das Gartenrotschwänzchen heute kaum noch in unseren Gärten anzutreffen. Der Vogel liebt es nämlich abwechslungsreich: halb offene Landschaften, viele Sitzwarten und geeignete Bruthöhlen, dazu einen mit Insekten und anderen Kleintieren reich gedeckten Tisch. Moderne Gärten bieten das nur selten.

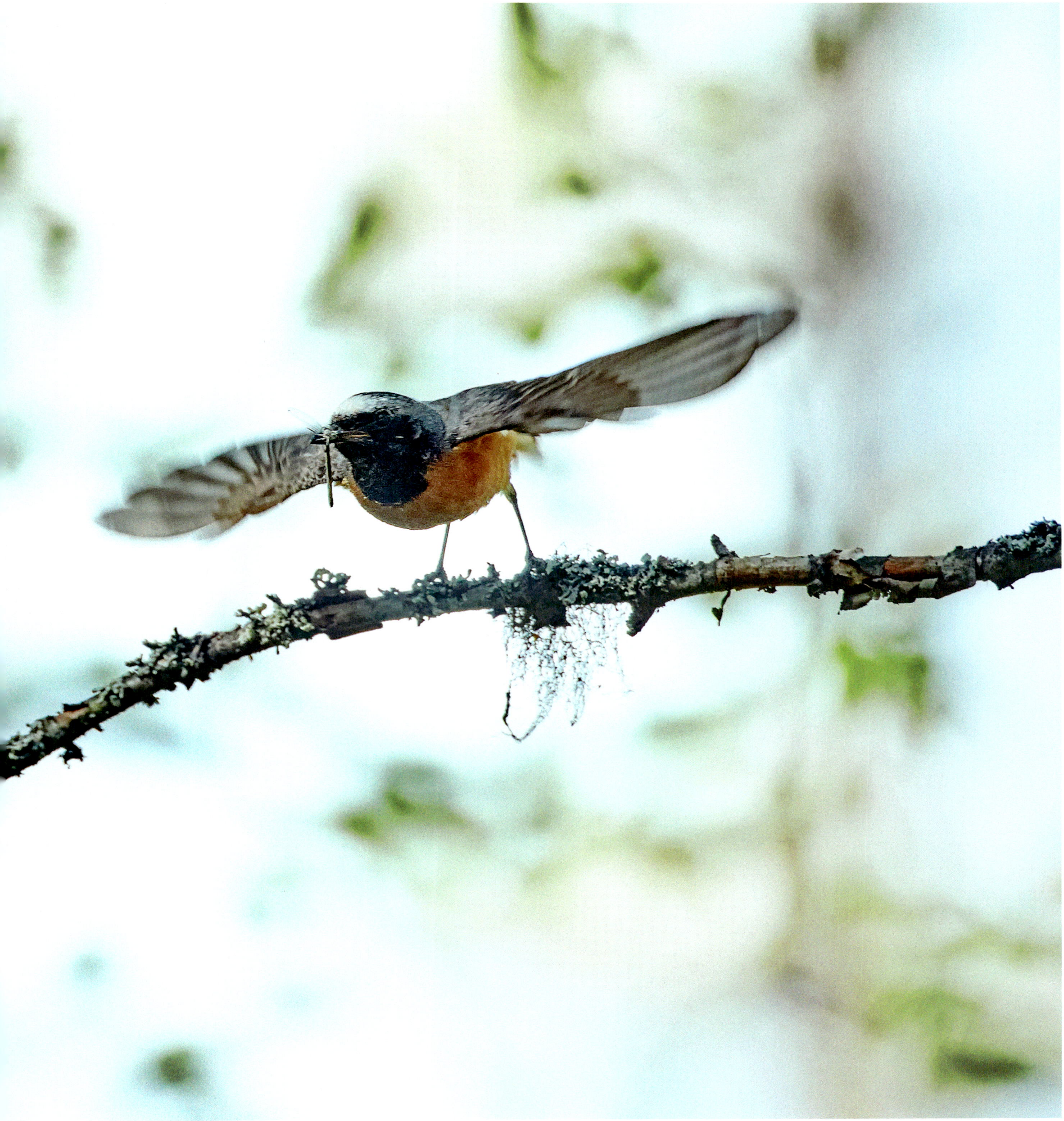

Bergfinken brüten in den Wäldern Skandinaviens und Nordosteuropas, verbringen den Winter aber in Mitteleuropa. Vor allem im Süden Deutschlands treten die bunten Wintergäste bisweilen in solchen Massen auf, dass ganze Äste unter dem Gewicht der dicht gedrängten Vogelscharen abbrechen.

Wie der Bergfink ist auch der Berghänfling in Deutschland nur Wintergast. Die Vögel überwintern bei uns meist an der Nord- oder Ostseeküste. Dort suchen sie oft gemeinschaftliche Schlafplätze an Gebäuden auf und bevorzugen bei der Wahl ihres Domizils erstaunlicherweise Gebäude mit hellen Fassaden.

Durch ihren spitzen Federbusch unterscheidet sich die Haubenmeise von allen anderen Meisenarten. Der Kopfschmuck hat ihr auch zu ihrem Namen verholfen. △
Die Singdrossel zählt zu den eindrucksvollen Sängerinnen der heimischen Vogelwelt. Ihr wohlklingendes Lied ertönt vor allem in den Abendstunden. ▷

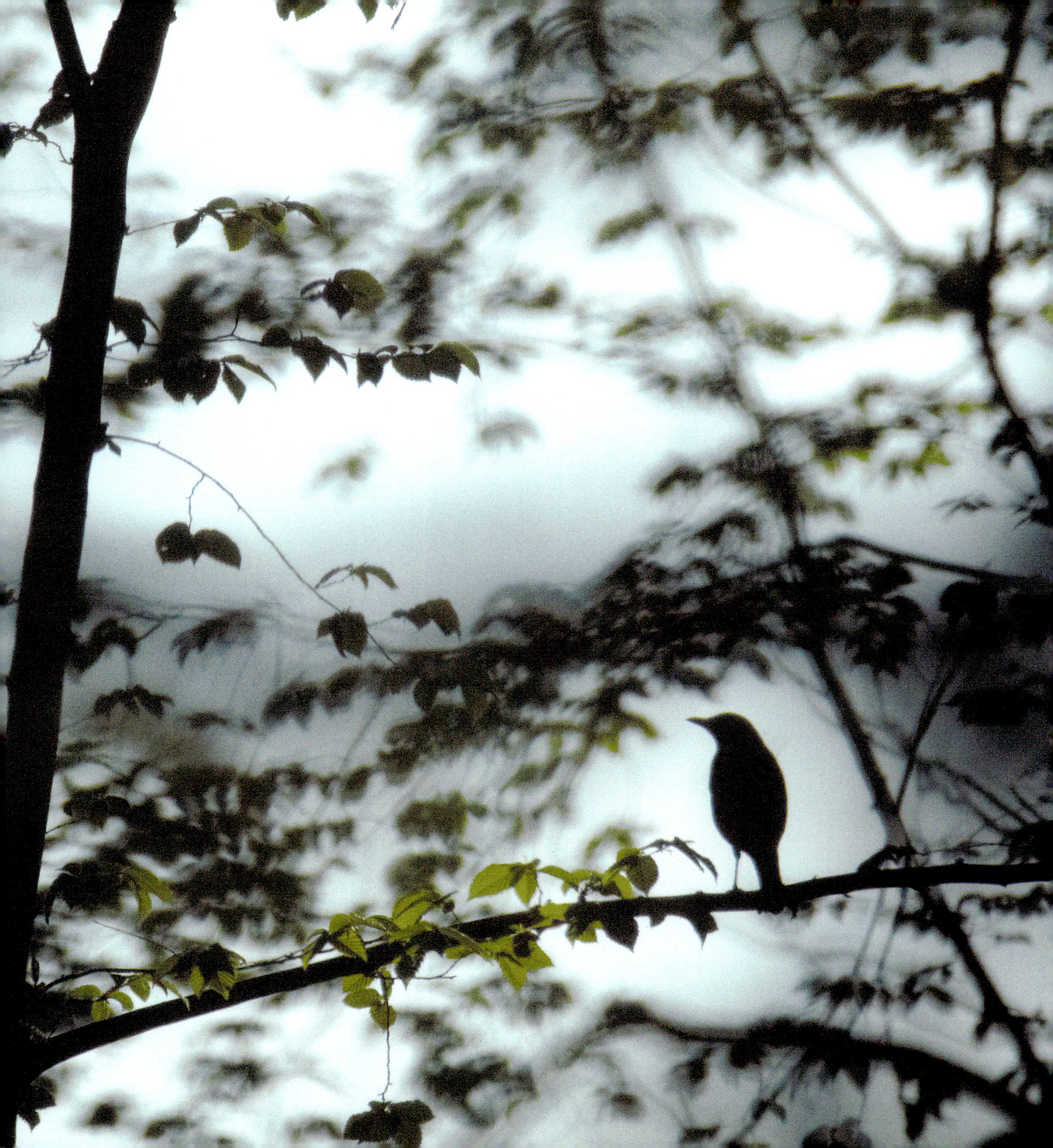

Die Amsel ist ursprünglich ein reiner Waldvogel, doch vor rund 150 Jahren begann sie als Kulturfolger über Parkanlagen und Gärten bis in die Zentren unserer Städte vorzudringen. Den kleinen Singvogel lockten dort das mildere Klima sowie das bessere und oft ganzjährige Nahrungsangebot an. Heute sind Amseln selbst aus Großstädten nicht mehr wegzudenken.

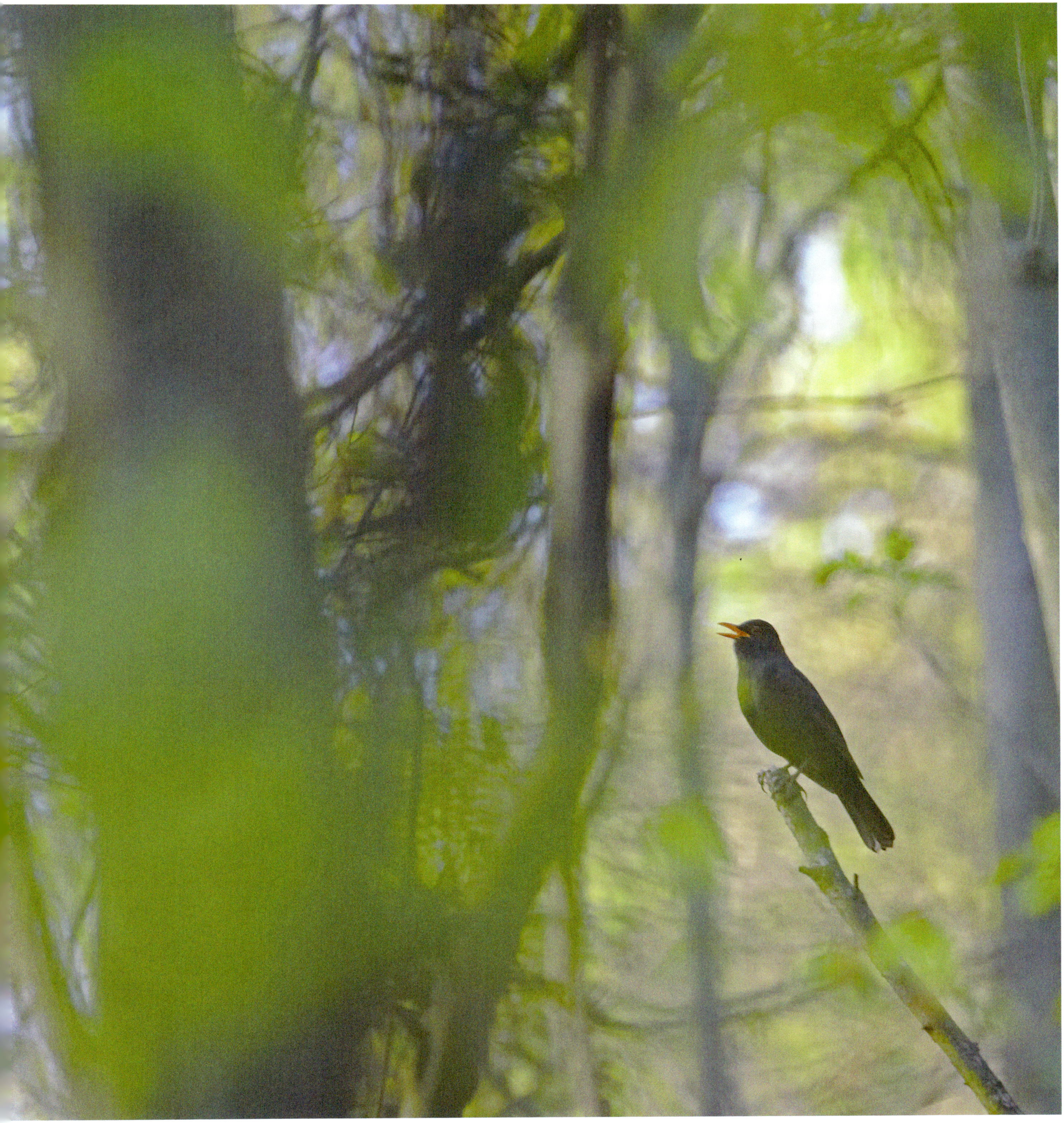

Rabenkrähenpaare bleiben meist ein Leben lang zusammen. Die Paare verteidigen ihr Revier energisch gegen Artgenossen. Nur die Jungtiere der vorangegangenen Jahre werden im Territorium der Elterntiere geduldet. Dafür helfen sie nicht nur bei der Aufzucht der jüngeren Geschwister, sondern leisten auch einen Beitrag bei der Revierverteidigung.

Während der Brutzeit lebt die Blässgans in Grönland und in der russischen Tundra, doch im Winter zieht sie an den Niederrhein. Dort überwintern ab Ende September bis Februar oder März jährlich bis zu 200 000 dieser geselligen Vögel. Blässgänse ernähren sich rein vegan und finden ihre Nahrung vornehmlich auf Wiesen und Weiden, aber auch auf Ackerflächen.

Der Seeadler ist das deutsche Wappentier und mit bis zu 2,60 Metern Flügelspannweite die größte europäische Greifvogelart. Der gewaltige Vogel wurde Jahrhunderte lang erbarmungslos gejagt und stand 1900 knapp vor der Ausrottung. Konsequent geschützt, haben sich seine Bestände wieder erholt. Schätzungen zufolge gibt es heute weltweit rund 12 000 Brutpaare.

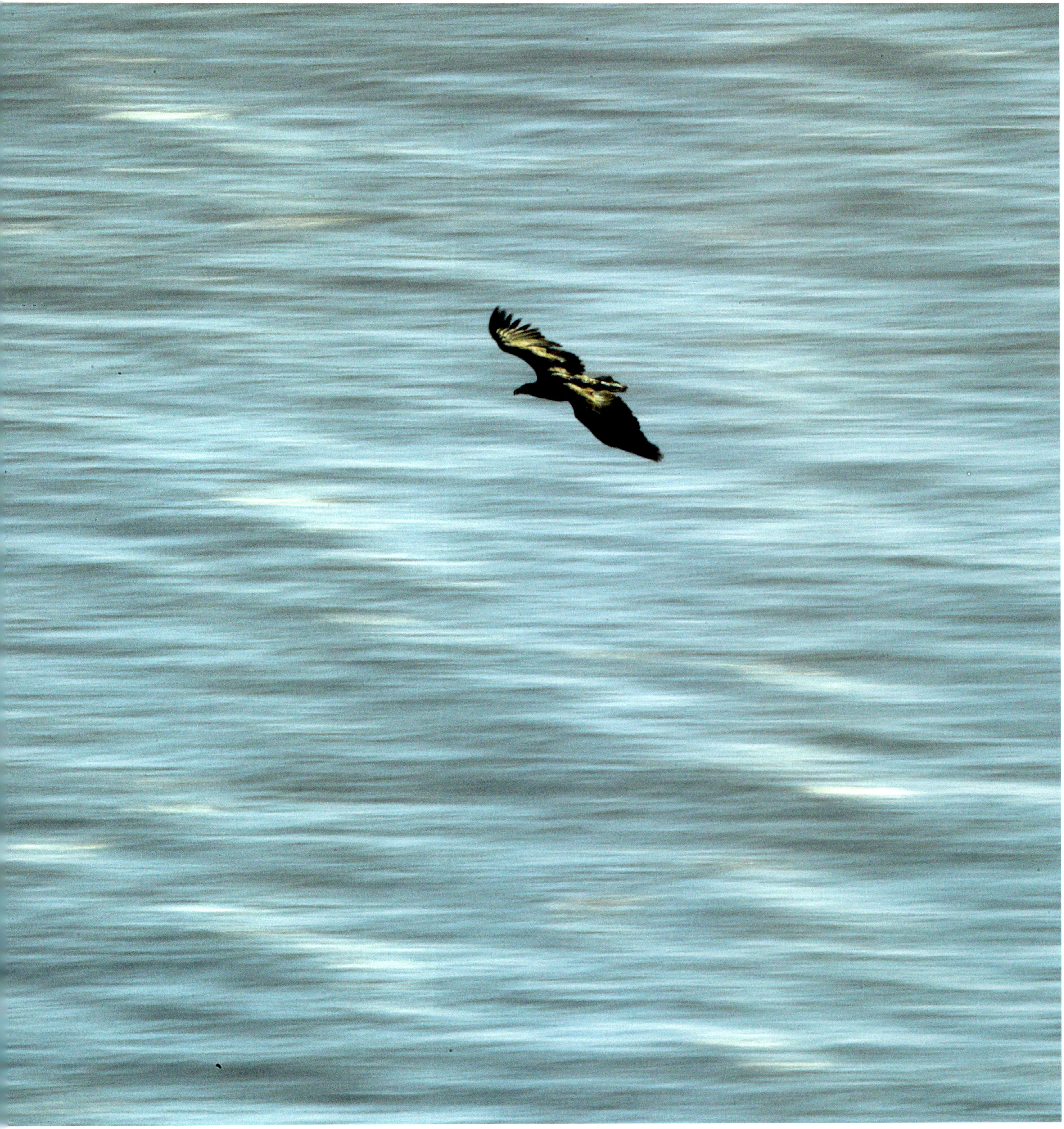

Nonnengänse sind sich ein Leben lang treu, verpaaren sich jedoch bei Verlust des Partners neu. Die auffällig gezeichneten Gänse brüten stets in kleinen Kolonien an hoch gelegenen und schwer zugänglichen Klippen und Felsen. Während der dreiwöchigen Brutzeit nehmen beide Elternteile kaum Nahrung zu sich und magern stark ab.

Als ausgezeichnete Flieger verbringen Sturmvögel außer in der Brutzeit ihr ganzes Leben auf hoher See. Dort können sie sich auch den schwierigsten Wetterbedingungen anpassen. Sturmvögel ernähren sich von kleinen Fischen und Tintenfischen, die sie von dicht unter der Wasseroberfläche erbeuten.

Der Tanz der Kraniche gehört zu den eindrucksvollsten Darbietungen, die die Vogelwelt während der Balz zu bieten hat. Mit aufgefächerten Flügeln springen die Partner umher, rennen abwechselnd im Kreis oder Zickzack und stoßen dabei verzückt charakteristische Laute aus, die irgendwo zwischen dem Gurren einer Taube und einem Trompetensolo liegen. ▽▽

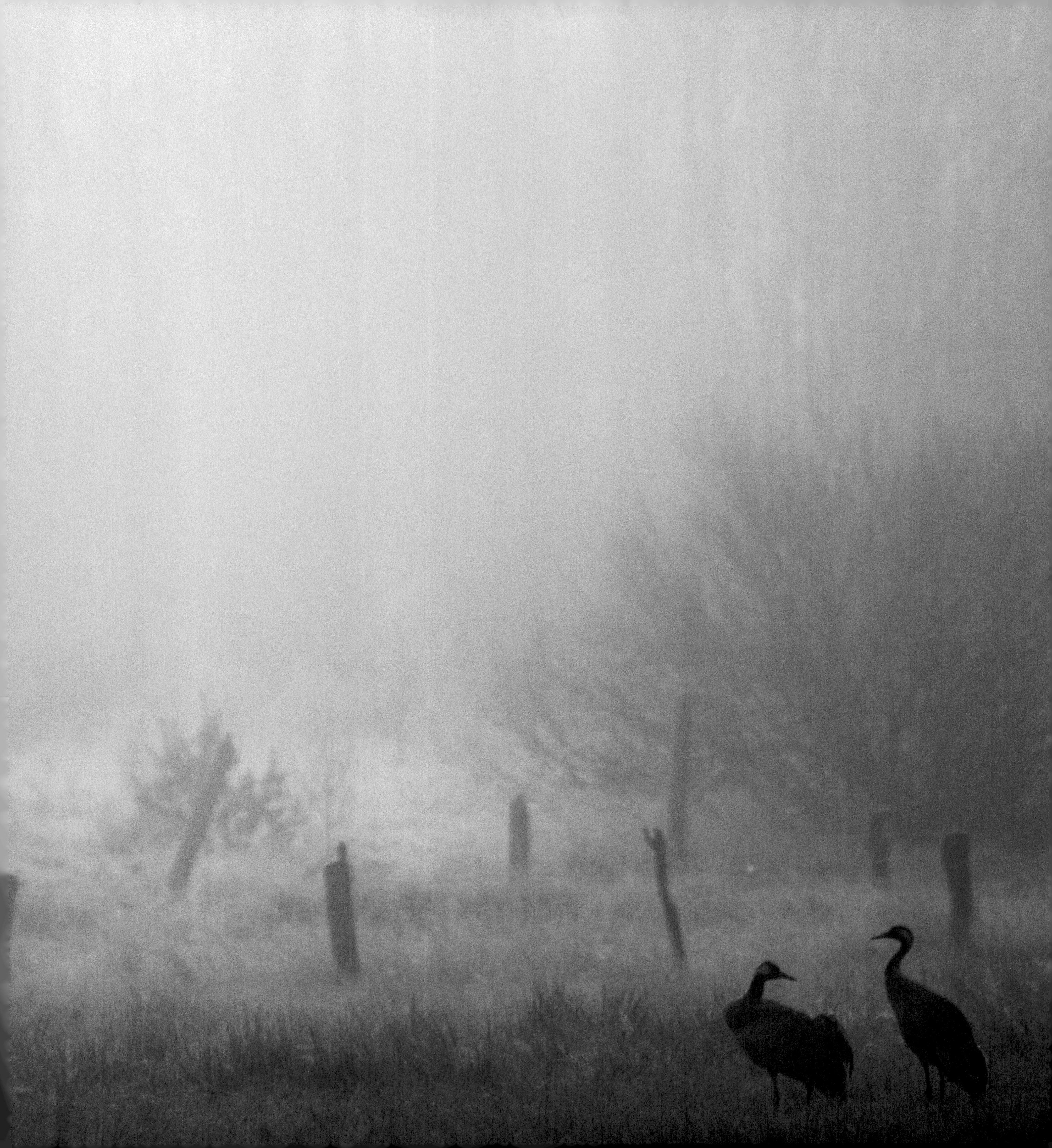

»Sieh jene Kraniche in großem Bogen!
Die Wolken, welche ihnen beigegeben.
Zogen mit ihnen schon, als sie entflogen.
Aus einem Leben in ein andres Leben.«

Bertolt Brecht

Kraniche können nonstop 2000 Kilometer mit einer Durchschnittsgeschwindigkeit von bis zu 65 Stundenkilometern zurücklegen. Wie andere Zugvögel auch fliegen sie in Keilformation. Dabei nutzen die Tiere den Windschatten ihres jeweiligen Vordermanns, um wertvolle Energie zu sparen. Damit jeder diesen Vorteil genießen kann, wechseln sich die Vögel an der Spitze ab.

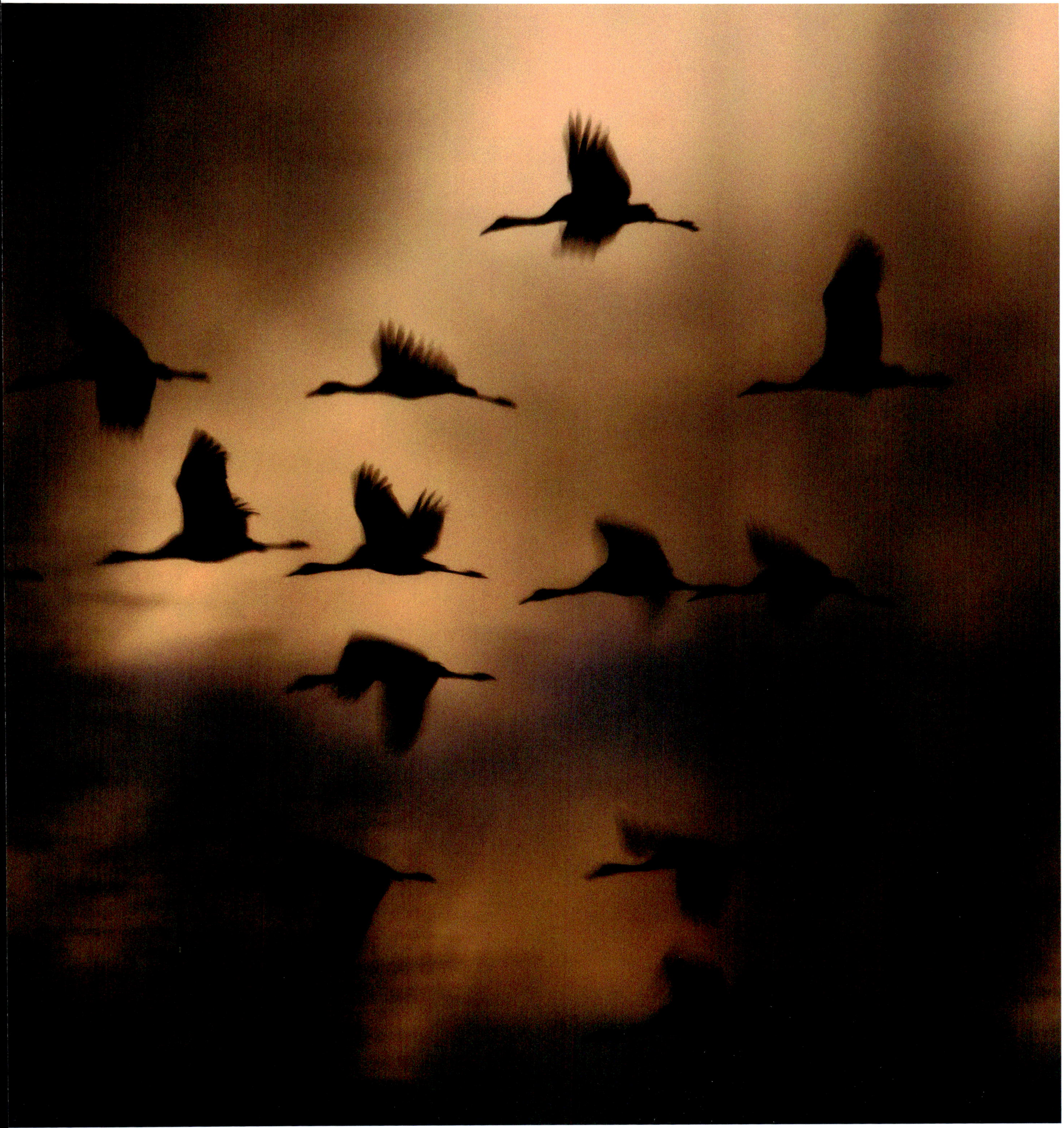

Der Gartenrotschwanz lebt nur im Sommerhalbjahr bei uns in Mitteleuropa. Den Winter verbringt der Insektenfresser im zentralen und südlichen Afrika. Damit gehört er zu den Langstreckenziehern, die auf ihrem bis zu 8000 Kilometer langen Zugweg die Alpen, das Mittelmeer und die Sahara überqueren müssen.

Der auffälligste und zugleich schönste Schmuck eines erwachsenen Kranichs ist seine »Schleppe«. Sie wird aus den verlängerten inneren Armschwingen sowie den Schulterfedern der Flügel gebildet und im Erregungszustand und während der Balz buschig aufgestellt. Der beeindruckende Vogel erscheint dadurch noch größer und majestätischer.

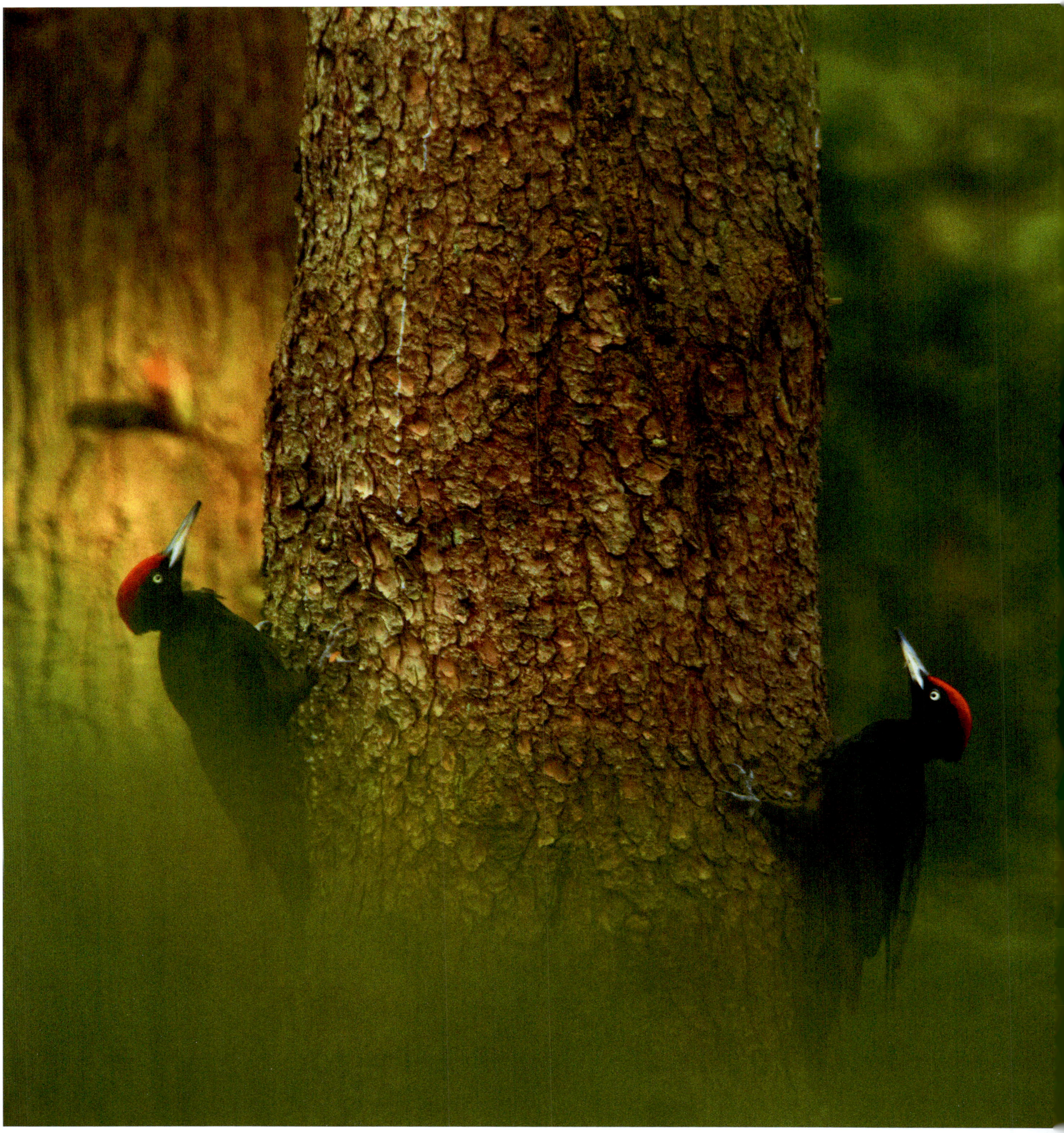

»Alte Bäume behämmert der Specht

am meisten.«

Wilhelm Busch

Der Schwarzspecht ist die größte europäische
Spechtart. In der Balzzeit und bis weit in die Brutzeit
hinein verteidigen die Pärchen ihre Reviere durch lautes
»Trommeln«. Mit ihren spitzen Schnäbeln trommeln
sie auf alles, was gute Resonanz verspricht – wie hohle
Bäume oder tote Äste. In der Sekunde bringen sie es
dabei auf 17 Schnabelhiebe.

Als Zimmermann des Waldes zimmert der Schwarzspecht mit seinem scharfen Schnabel in Buchen und anderen Bäumen die größten Nisthöhlen aller Spechte. Sie werden später gerne auch von anderen Tierarten wie Raufußkäuzen, Siebenschläfern oder Fledermäusen als Wohnhöhle aus zweiter Hand genutzt.

In Deutschland sind Haubenlerchen leider vom Aussterben bedroht. Die kleinen Vögel mit dem charakteristischen langen Schopf auf dem Kopf waren vor 100 Jahren noch in ganz Europa verbreitet. Mittlerweile haben sie durch die Intensivierung der Landwirtschaft vielerorts ihren natürlichen Lebensraum verloren.

Der Schwarzstorch ist wie der Weißstorch ein Zugvogel, der ab März aus seinem Winterquartier in Afrika zurückkehrt, um bei uns zu brüten. Ab Ende August verlassen die großen Vögel wieder ihre Brutreviere und ziehen zum Überwintern je nach Region als »Weststörche« über die Meerenge von Gibraltar nach Westafrika oder über den Bosporus nach Ostafrika.

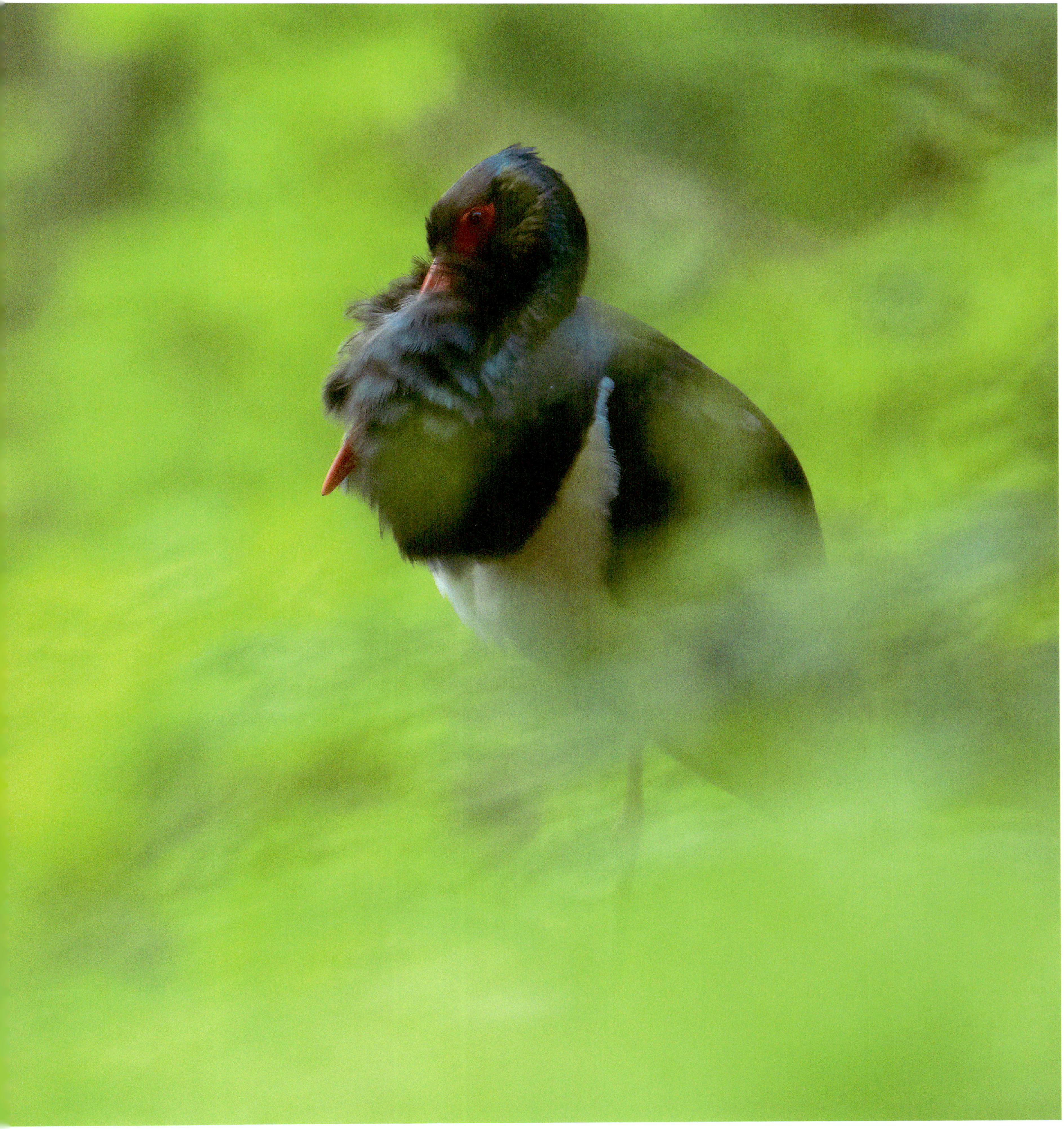

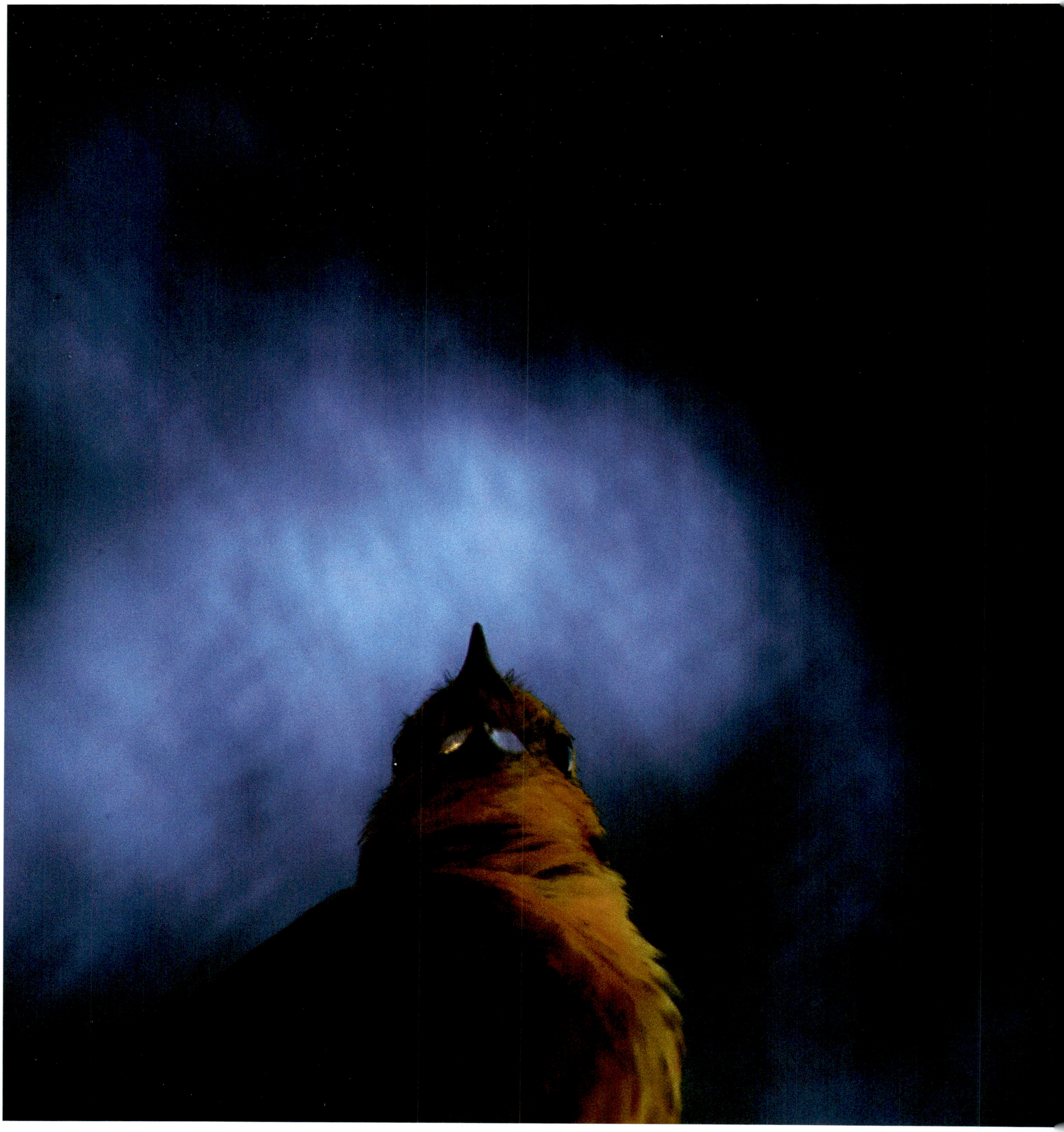

Kaum ein Vogel singt so lange wie die Goldammer. Von Februar bis tief in den Herbst hinein lässt das Männchen – meist von einer erhöhten »Sitzwarte« aus – seinen unverwechselbaren Gesang ertönen. Den herbeigelockten Weibchen präsentiert es Grashalme, die zum gemeinsamen Nestbau anregen sollen.

Ursprünglich stammt der Fasan aus Mittelasien, er wurde aber wahrscheinlich bereits von den Römern nach Mitteleuropa gebracht und dort als jagdbares und wohlschmeckendes Wildbret ausgesetzt – Voltaire nannte ihn die »Speise für die Götter«. Seinen Lebensraum hat er in den weiten Feldfluren gefunden, wo ihm Gehölze und Hecken Deckung bieten. ▽▽

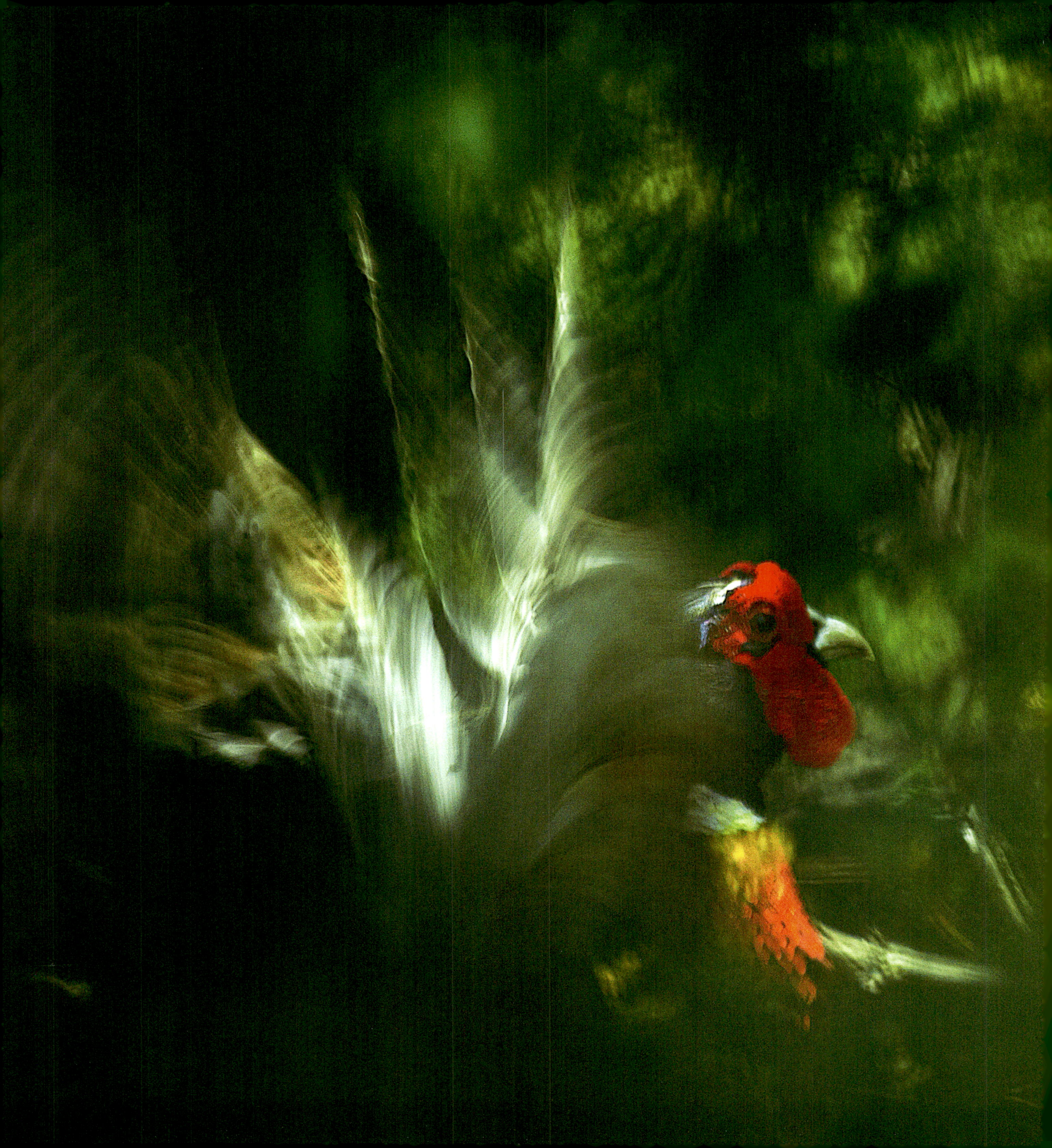

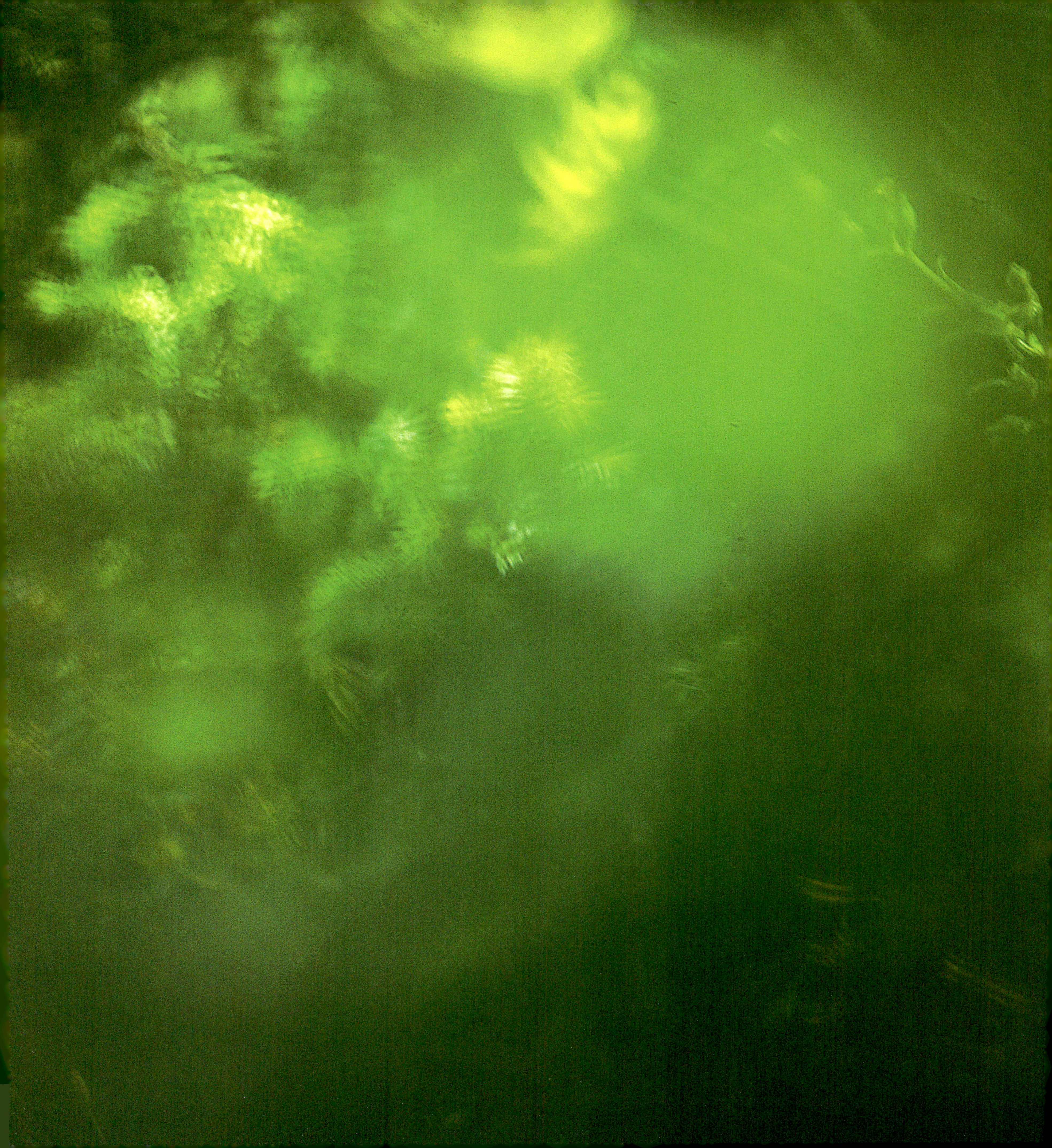

Das Rotkehlchen gehört zu unseren beliebtesten und häufigsten Gartenvögeln. Kennzeichnend ist die kräftig hellrote Färbung des Kehl- und Brustgefieders. △
Als echter Frühaufsteher lässt das Rotkehlchen bereits in der Morgendämmerung seinen von vielen als »wehmütig« empfundenen Gesang ertönen. ▷

Der Uhu ist die größte und bei Weitem auch mächtigste Eule unserer Region, wobei die Weibchen noch deutlich größer sind als die Männchen. Kennzeichnend sind der dicke Kopf und die langen Federohren. ▽ ▽

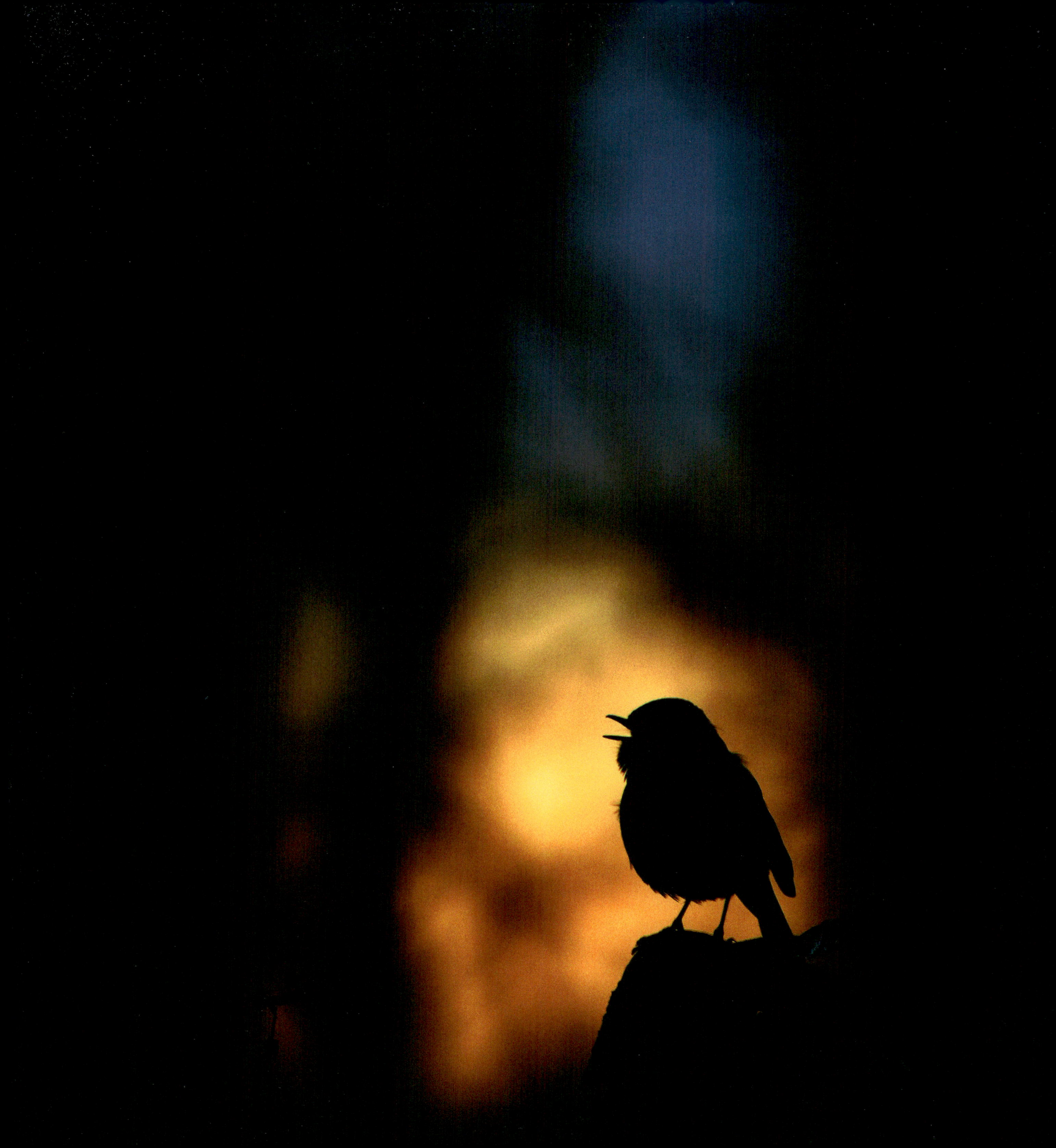

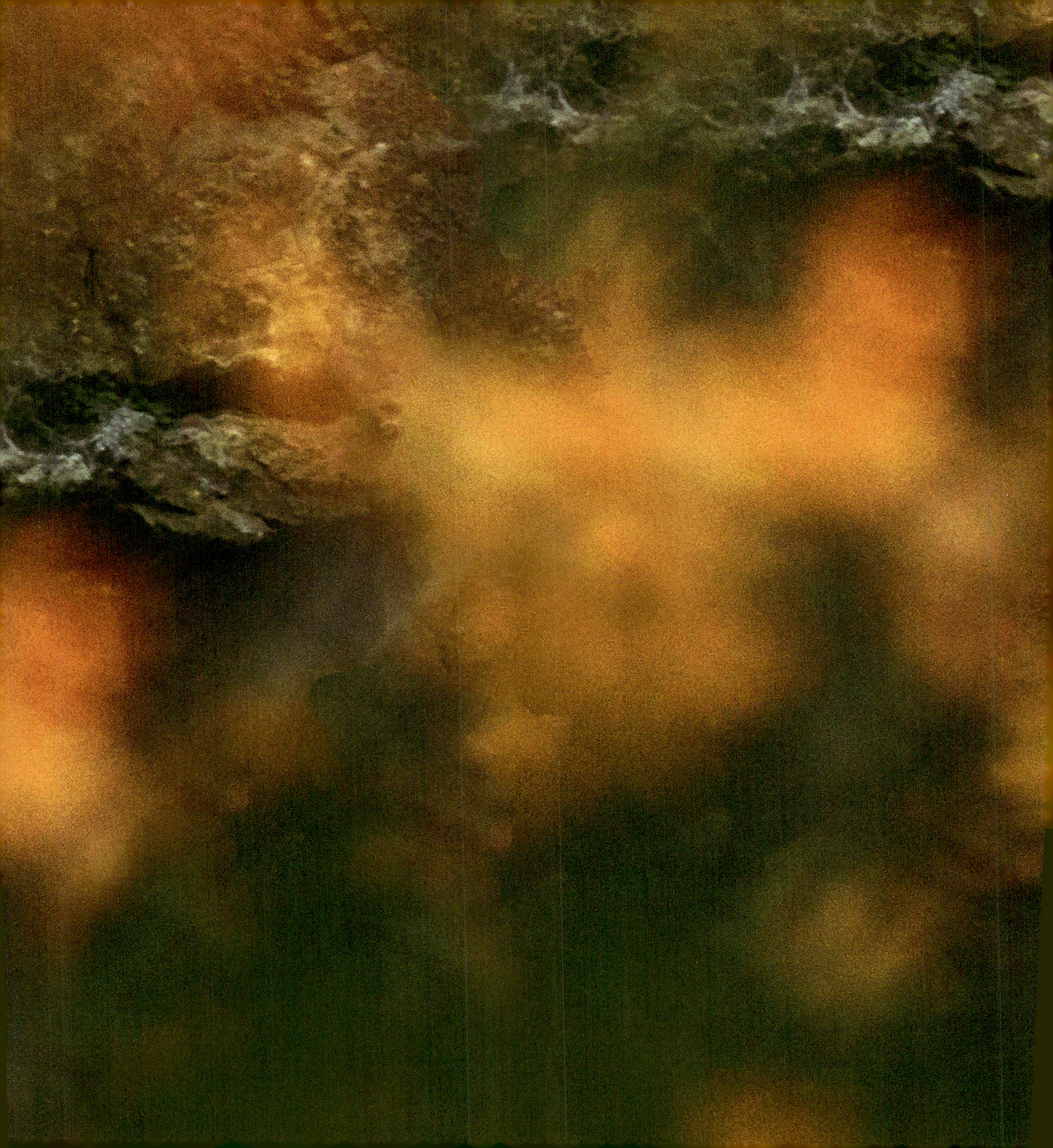

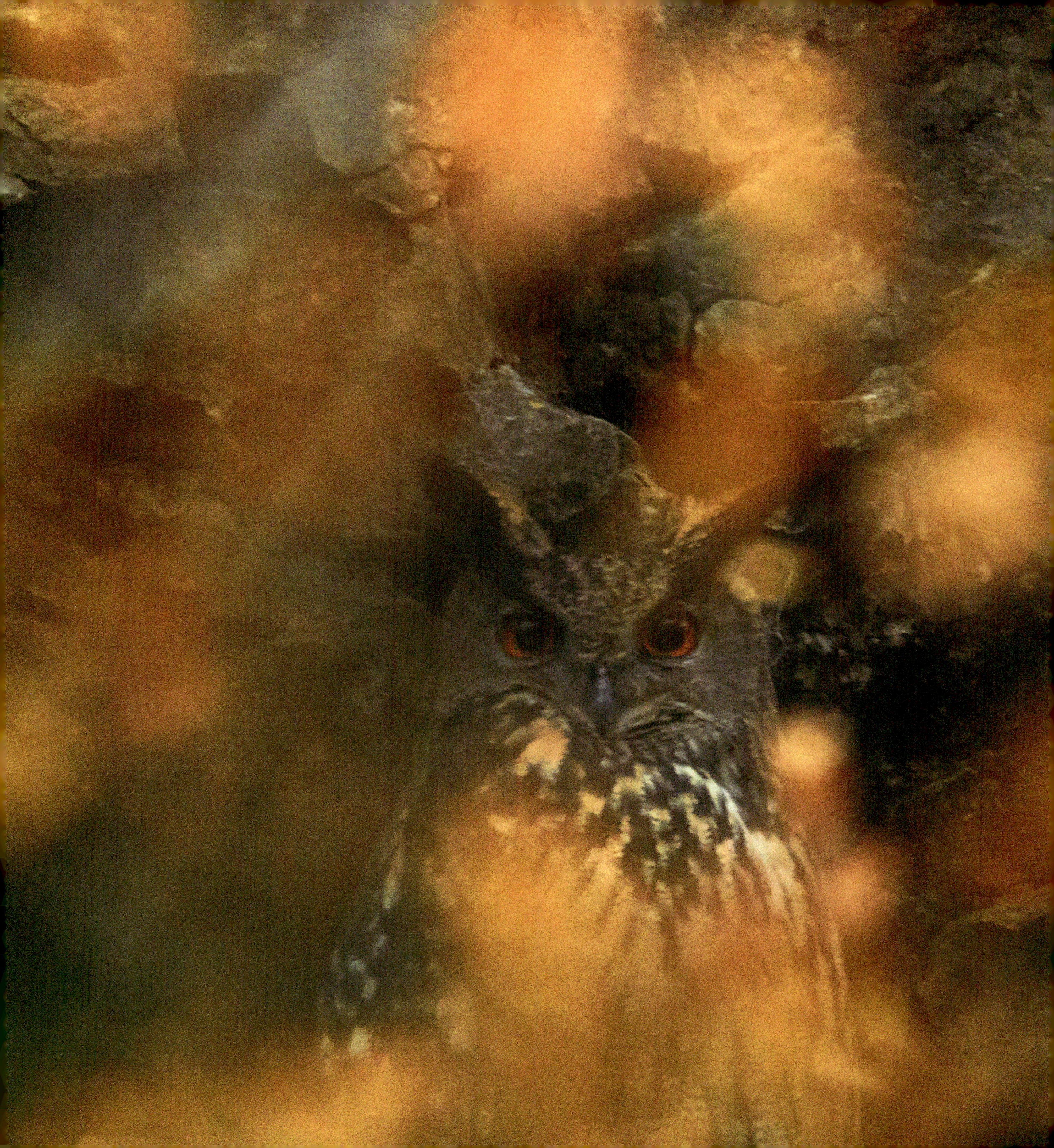

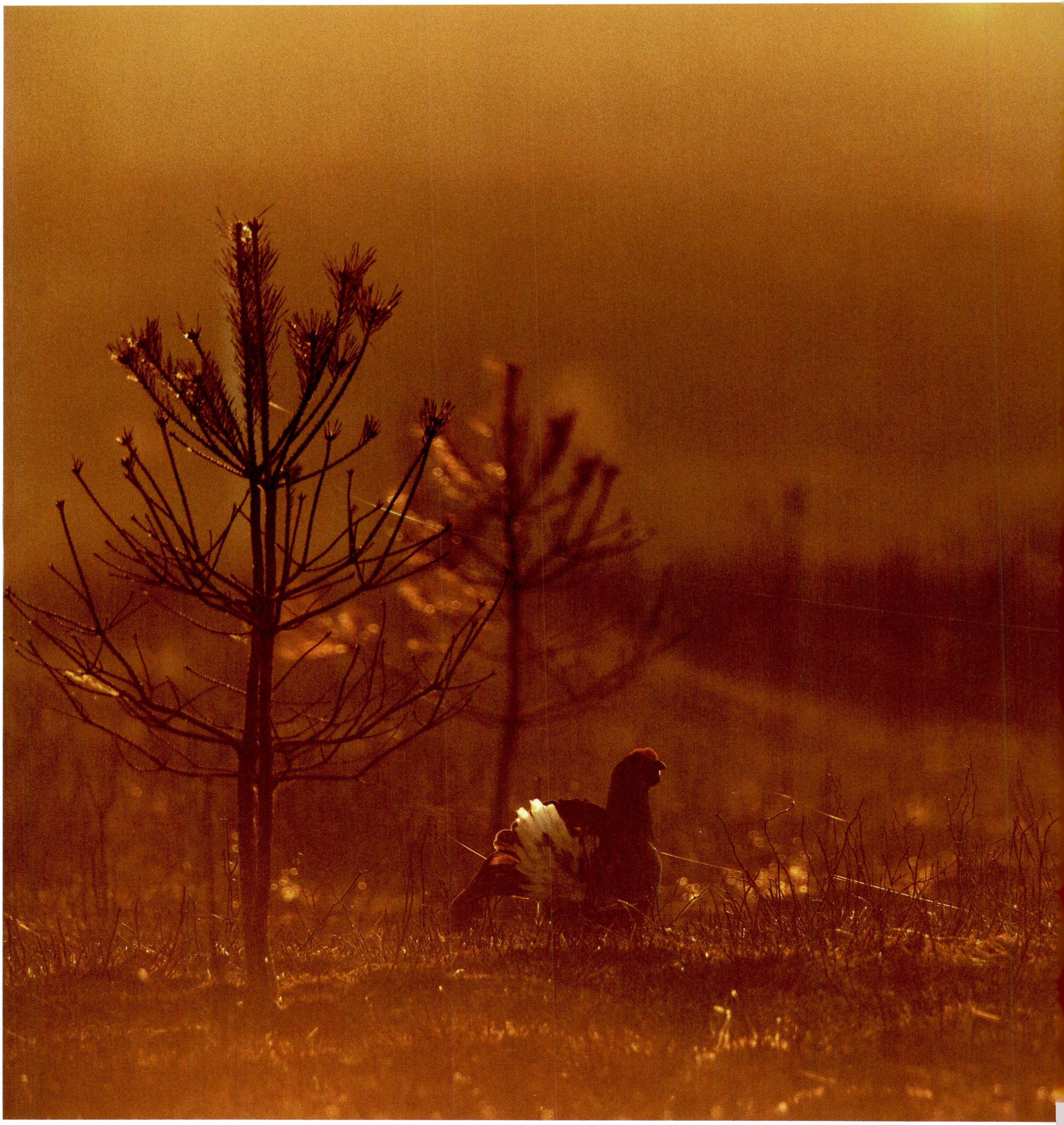

Ein spektakuläres Naturschauspiel ist die »Gruppenbalz« der Birkhähne. In der Morgendämmerung versammeln sich die Hähne an den Balzplätzen, um sich der interessierten Damenwelt tanzenderweise von ihrer besten Seite zu zeigen. Und natürlich hat der Birkhahn, der den größten Eindruck schindet, auch die größten Chancen, als Partner erwählt zu werden.

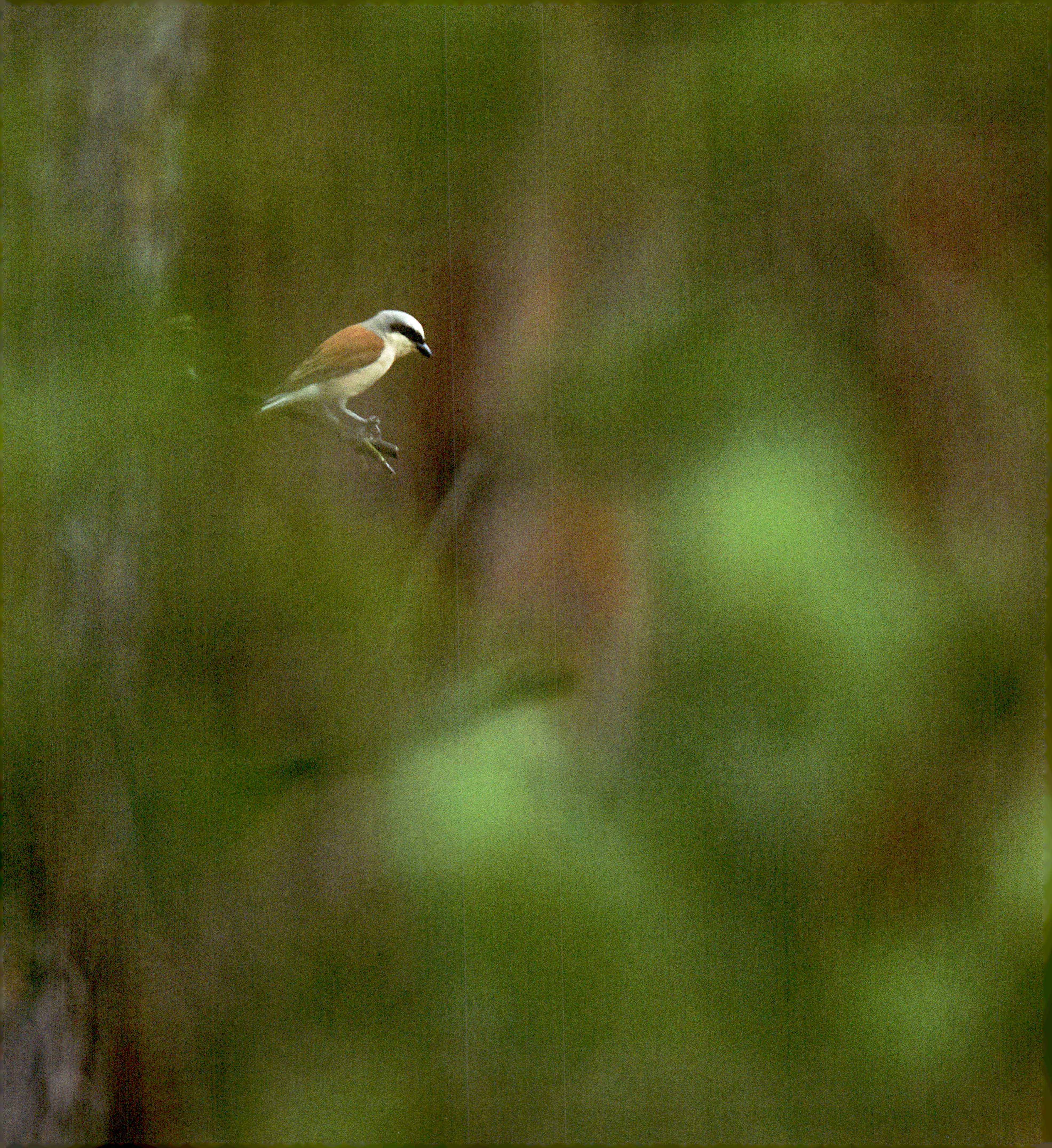

Die Waldschnepfe ist ein äußerst scheuer Vogel. Im zeitigen Frühjahr bekommt man diesen in unseren Wäldern sehr versteckt lebenden Vogel am ehesten zu sehen. △
Um den Neuntöter rankt sich eine alte Legende: Danach frisst der Vogel erst, wenn er »neunerley todt gemachet«, also neunmal Beute gemacht hat. ◁

Kormorane leben in Kolonien, die mehrere hundert Tiere stark sein können. Sie brüten meist auf hohen Bäumen, vorwiegend entlang der Meeresküsten oder im Uferbereich von großen Binnengewässern. ▽ ▽

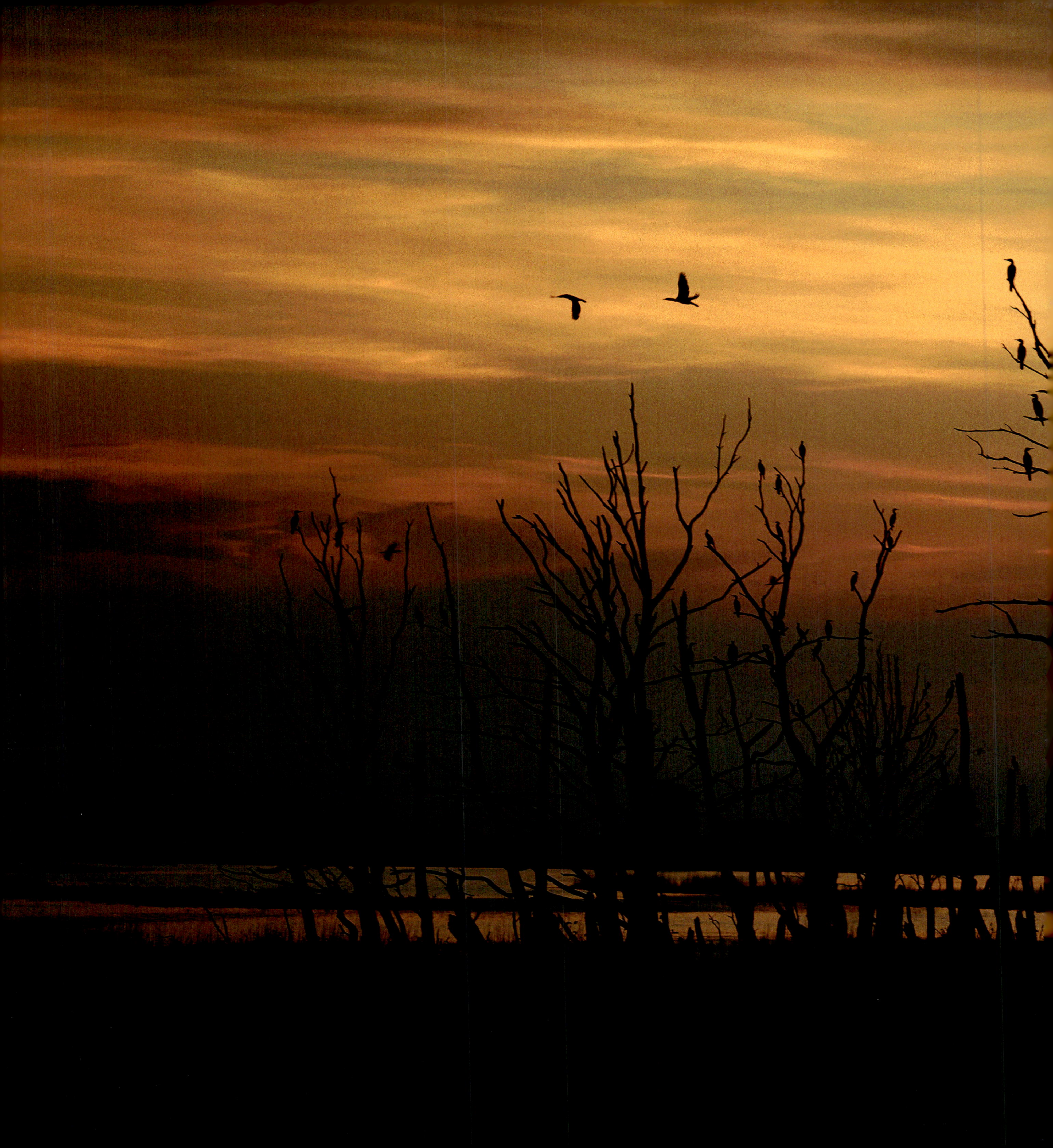

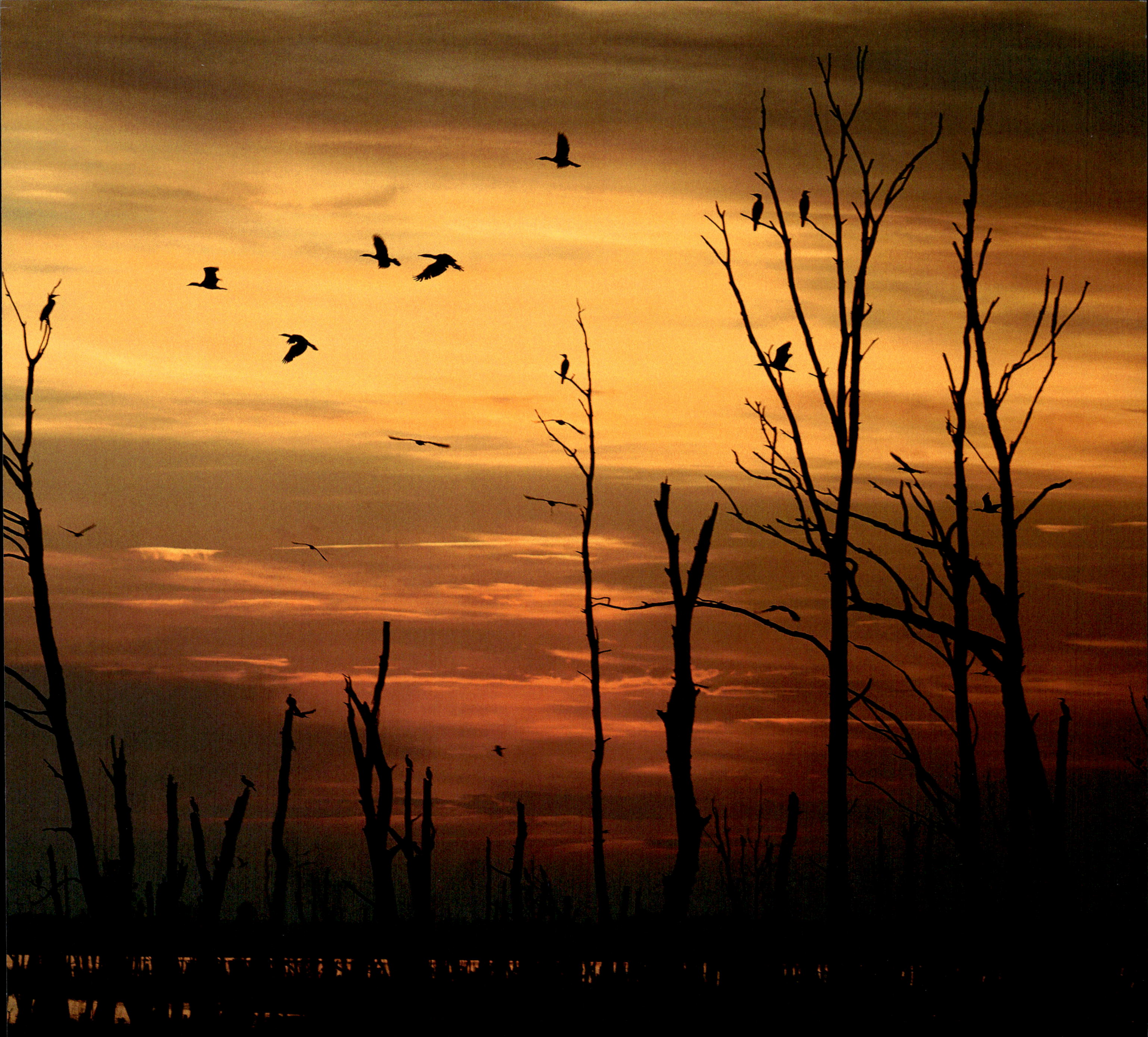

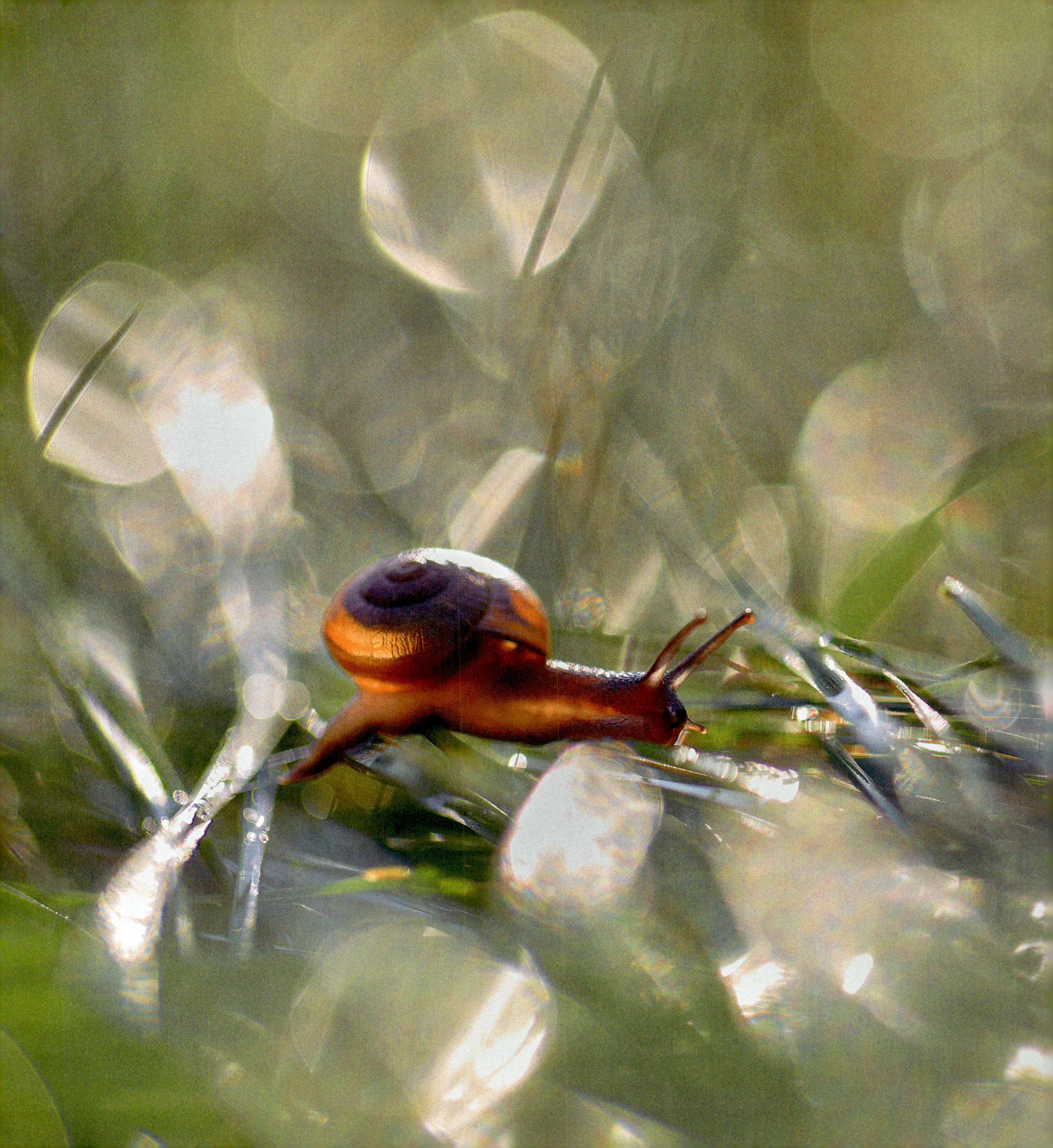

SMALL IS BEAUTIFUL

Fast an einen Miniatur-Diskus erinnert das flache Gehäuse der Heideschnecken. Die kleinen Schnecken sind oft in trockener Umgebung wie an Straßenrändern und Bahndämmen anzutreffen.

IM REICH DER KLEINEN

In der Regel sind sie ziemlich klein. Sie leben schon seit über 400 Millionen Jahren auf der Erde, besiedelten als erste das Land und eroberten als erste die Lüfte. Die Rede ist natürlich von Insekten, die heute nicht nur von vielen Wissenschaftlern als die heimlichen Herrscher der Welt gesehen werden. Und das keineswegs, weil es so viele unterschiedliche Arten gibt. Allein in Deutschland sind 33 000 beschrieben worden, weltweit besiedeln mehr als eine Million verschiedene Insektenarten alle Lebensräume und sind ein extrem wichtiger Baustein unseres Naturhaushaltes.

Phänomenale Fähigkeiten

Ameisen leisten in Sachen Kraft zum Beispiel geradezu Übermenschliches. Eine Ameise, die selbst nur 10 Milligramm wiegt, kann Blätter, die bis zu 50 Mal so schwer sind wie sie selbst, geradezu mühelos mithilfe ihrer starken Kiefer ins heimische Nest tragen. Wollte ein Mensch Vergleichbares leisten, müsste er einen Kleinbus schultern.

Was das Fliegen angeht, ist die atemberaubende Akrobatik der Libellen unübertroffen. Libellen können dank ihrer speziellen Flügelbeschaffenheit und starken Flugmuskulatur nicht nur die gewagtesten Manöver ausführen, sondern auch auf der Stelle und sogar rückwärts fliegen. Und auch die Sinnesleistungen von Insekten sind bemerkenswert: Unter anderem verfügen Schmetterlinge über einen Geruchssinn, von dem die als echte Spürnasen bekannten Hunde nur träumen können. Diese Reihe der fantastischen Rekorde ließe sich beliebig fortsetzen.

Eine heile Welt gibt es für Insekten allerdings schon lange nicht mehr. Die Experten schlagen Alarm, denn zurzeit erlebt die Welt rund um den Globus ein Insektensterben, das gewaltige Ausmaße angenommen hat. Vor allem der Einsatz von hochgiftigen Pflanzenschutzmitteln ist dafür verantwortlich, dass es den Tieren an den Kragen geht. Die Folgen können dramatisch sein: Wenn Fliegen, Mücken und Käfer verschwinden, wovon sollen sich bestimmte Vogelarten noch ernähren? Bereits jetzt gehen die Bestände etlicher Vogelarten durch das Insektensterben und damit durch die Vernichtung ihrer Nahrungsgrundlage stark zurück, weil sie auch ihren Nachwuchs nicht mehr ausreichend versorgen können. Wenn Bienen und Schmetterlinge ausgerottet sind, wer bestäubt dann unsere Kulturpflanzen? Allein die wirtschaftlichen Schäden in der Landwirtschaft, so Experten, würden dann in die Milliarden gehen. Von der ökologischen Katastrophe ganz zu schweigen.

In puncto Geschwindigkeit können Weinberg- und andere Gehäuseschnecken mit Insekten natürlich bei Weitem nicht mithalten. Ein Experiment hat es deutlich belegt, dass Schnecken tatsächlich nicht schneller sind als ihr Ruf. Auf einer Versuchsstrecke kamen Weinbergschnecken in einer Stunde nur fünf Meter voran. Hoch-

Der Hochmoorgelbling ist in den Hochmooren beheimatet. Die gelben Falter sind bei uns selten geworden. Verantwortlich für den Rückgang ist vor allem die Zerstörung seines Lebensraums durch die großflächigen Abtorfungen früherer Jahre.

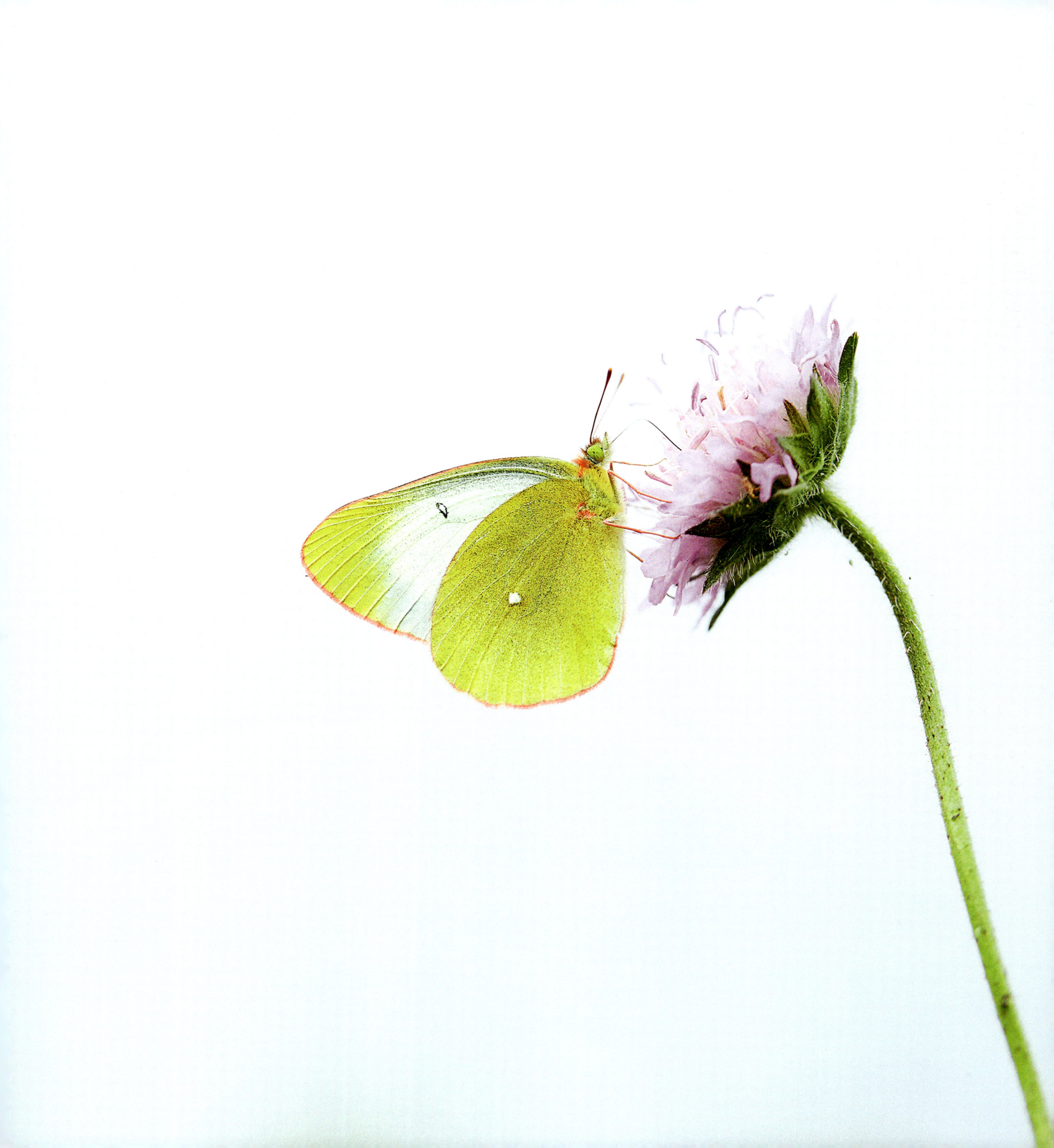

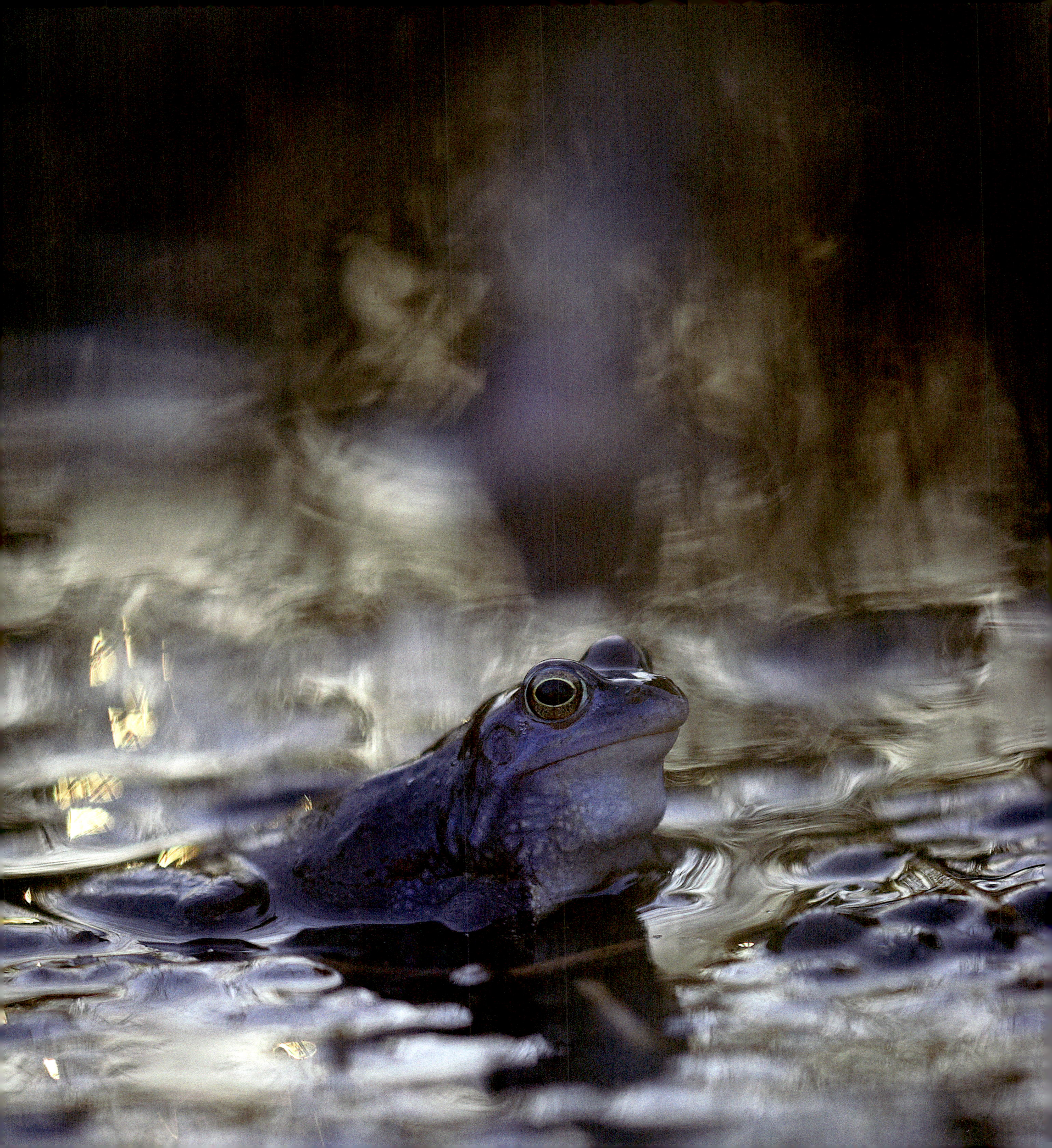

> »›Leben ist nicht genug‹, sprach der Schmetterling.
> ›Sonnenschein, Freiheit und ein kleines Blümchen muss man haben!‹«
>
> Hans Christian Andersen

gerechnet bedeutet dies: Mit der ermittelten Geschwindigkeit von 0,005 Stundenkilometern würde eine Schnecke mehr als acht ganze Tage benötigen, um einen Kilometer zurückzulegen.

Aber dafür können die Weichtiere mit einem kleinen Wunderwerk der Natur aufwarten: ihrem Gehäuse. Gehäuseschnecken sind die Baumeister ihres eigenen Hauses, das sie zuverlässig vor Feinden und Austrocknung schützt. Schon die frisch aus dem Ei geschlüpften kleinen Weinbergschnecken kommen mit Häuschen auf die Welt und sorgen später stets dafür, dass es auch mit ihnen mitwächst. Als Baumaterial dient Kalk, den die Schnecken über die Nahrung aufnehmen. Wenn sie ausgewachsen sind, wird auch ihr Haus nicht mehr größer. Doch treten einmal kleinere Schäden am Gehäuse auf, ist eine Schnecke in der Lage, ihn zu reparieren, indem sie dort gezielt Kalk absondert. Das Gehäuse einer Weinbergschnecke ist zwar ziemlich hart, aber auch ultraleicht. Und das ist auch gut so – schließlich muss sie es ja ihr ganzes Leben mit sich rumschleppen. Und sogar leere Schneckenhäuser erfüllen in der Natur eine wichtige Funktion. Sie werden von den Wildbienen im Frühjahr als Kinderstube benutzt.

Verwandlungskünstler
Nicht zuletzt dürfen in der Rubrik »small ist beautiful« die Amphibien nicht fehlen, zu denen unsere Frösche, Kröten, Molche und Salamander gehören. Die Bezeichnung »Amphibien« gründet auf dem griechischen Wort *amphibios*, das »doppellebig« bedeutet und sich auf die charakteristische Entwicklung von Amphibien bezieht. Sie vollziehen im Lauf ihres Lebens einen auffälligen Gestaltwandel von einem Wasserlebewesen mit Kiemen zu einem Lungenatmer, der an Land leben kann. Besonders gut lässt sich diese sogenannte Metamorphose bei einer unserer häufigsten Froscharten nachvollziehen, dem Grasfrosch. Aus dessen Laich entwickeln sich zunächst Kaulquappen, die sich im Wasser tummeln. Diese wiederum verwandeln sich in mehreren Schritten in einen Frosch, der in Grünland, Wäldern und Mooren anzutreffen ist.

Gerade in der Balz putzen sich die Männchen einiger Amphibienarten prächtig heraus, um bei den Weibchen Eindruck zu schinden. Zu diesem Zweck nehmen die Männchen der Moorfrösche – nur sieben Zentimeter groß, gehören sie zu den kleinsten Froscharten in Deutschland – in der Laichzeit im März und April für einige Tage eine intensive Blaufärbung an. Dabei gilt offensichtlich: Je intensiver das Blau, desto größer sind die Chancen bei den Weibchen. Auch bei den wunderschön gezeichneten Bergmolchen setzen die Männchen ganz auf die Imponierfarbe Blau.

Eigentlich ist der Moorfrosch eine eher unauffällige Froschart. Doch während der Paarungszeit färbt sich die Haut der Männchen leuchtend blau, wodurch sie für die Weibchen ungemein attraktiv werden.

Der Magerrasen-Perlmutterfalter bildet gleich zwei Generationen im Jahr aus. Die erste fliegt von Ende April bis Mitte Juni, die zweite von Mitte Juli bis Mitte August. Die Raupen des kleinen Falters ernähren sich hauptsächlich von verschiedenen Veilchenarten, ab und an aber auch von Himbeeren oder Brombeeren.

Der bunte Admiral gehört zu den Wanderfaltern. Er wandert aus dem Süden ein und legt seine Eier bei uns an Brennnesseln ab, dann stirbt er. Die neue Generation wächst hier heran, verpuppt sich und schlüpft im Herbst. Dann fliegen die Falter über die Alpen nach Süden zurück, nicht alle kommen an … ▽▽

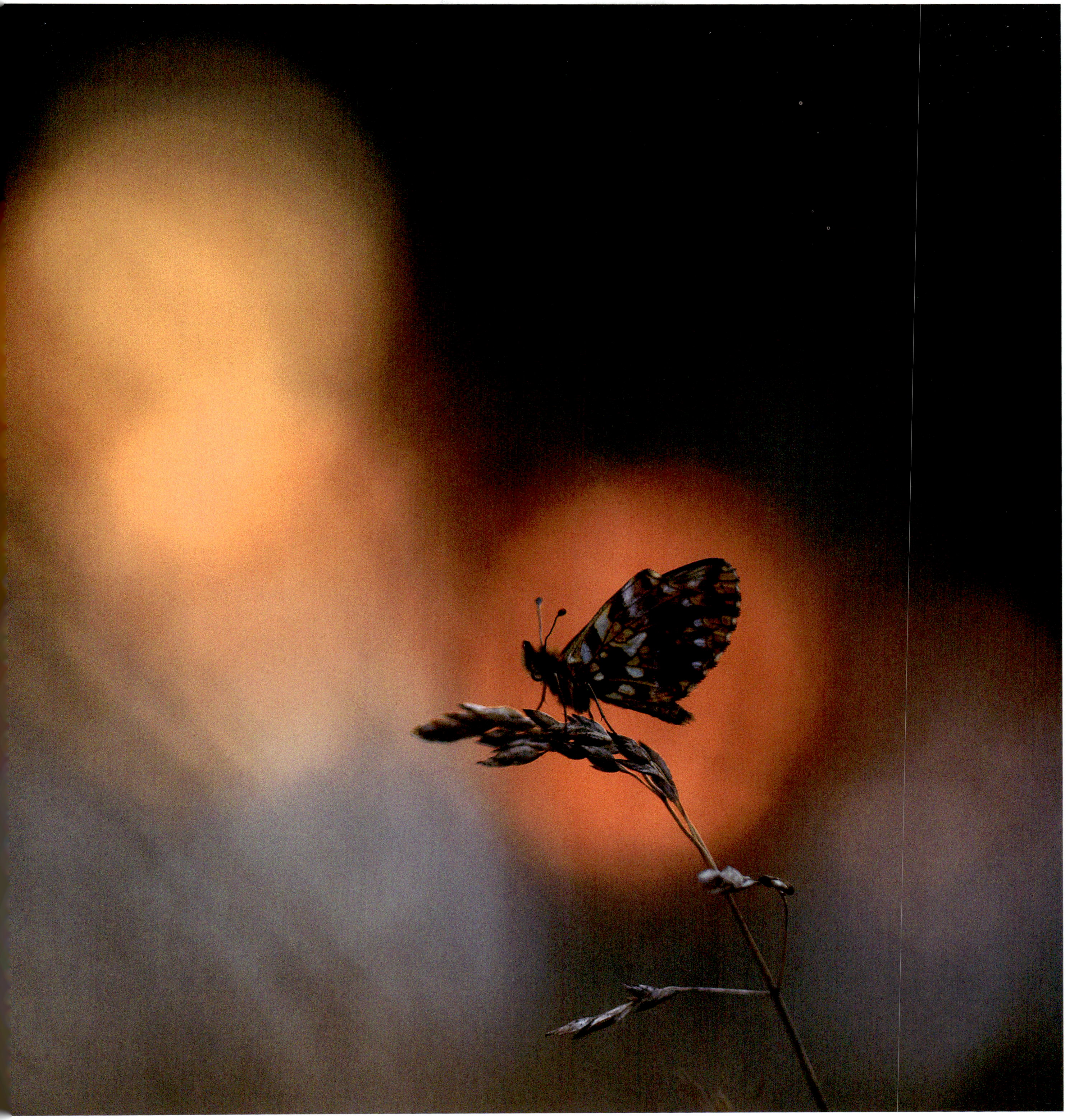

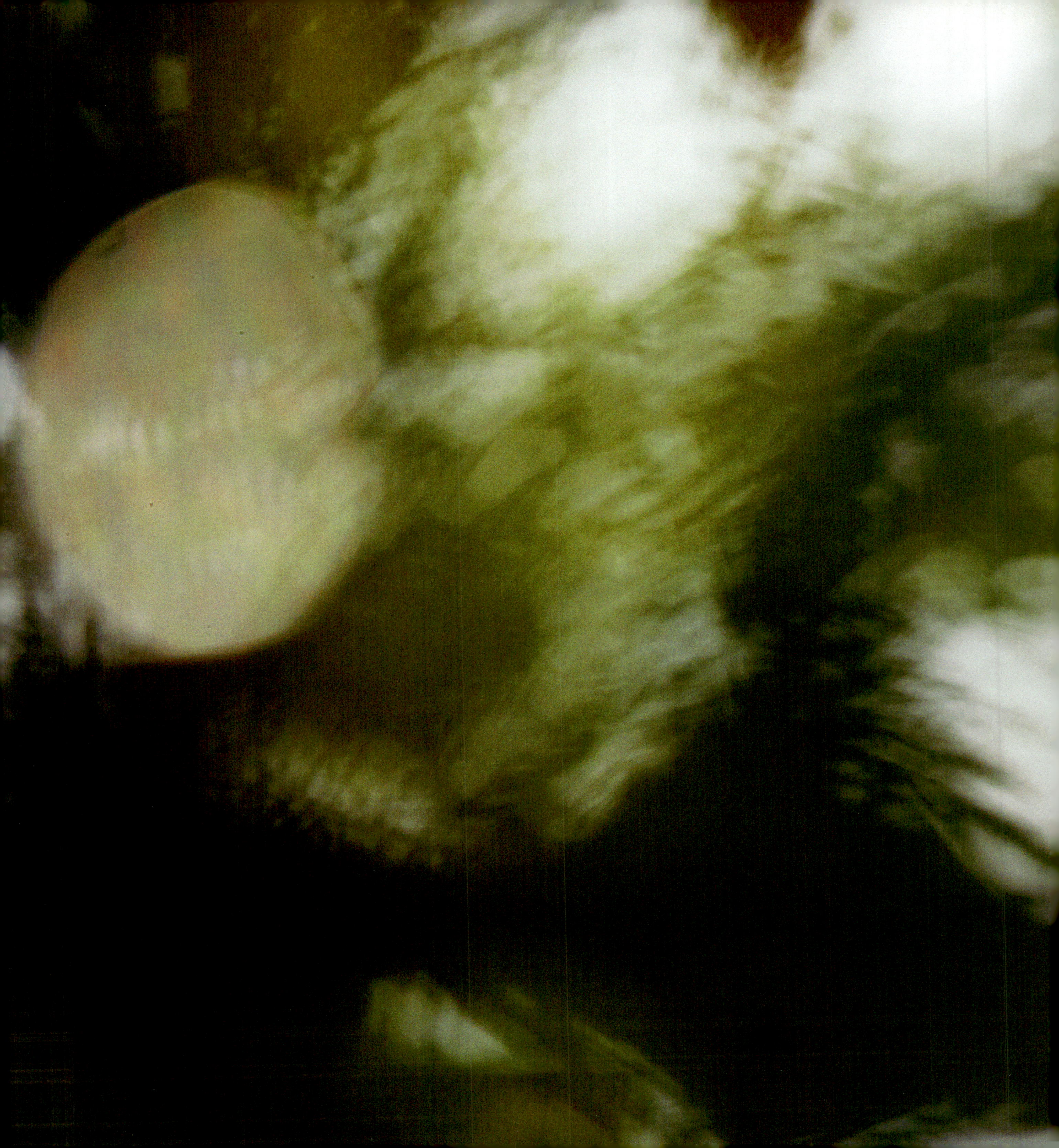

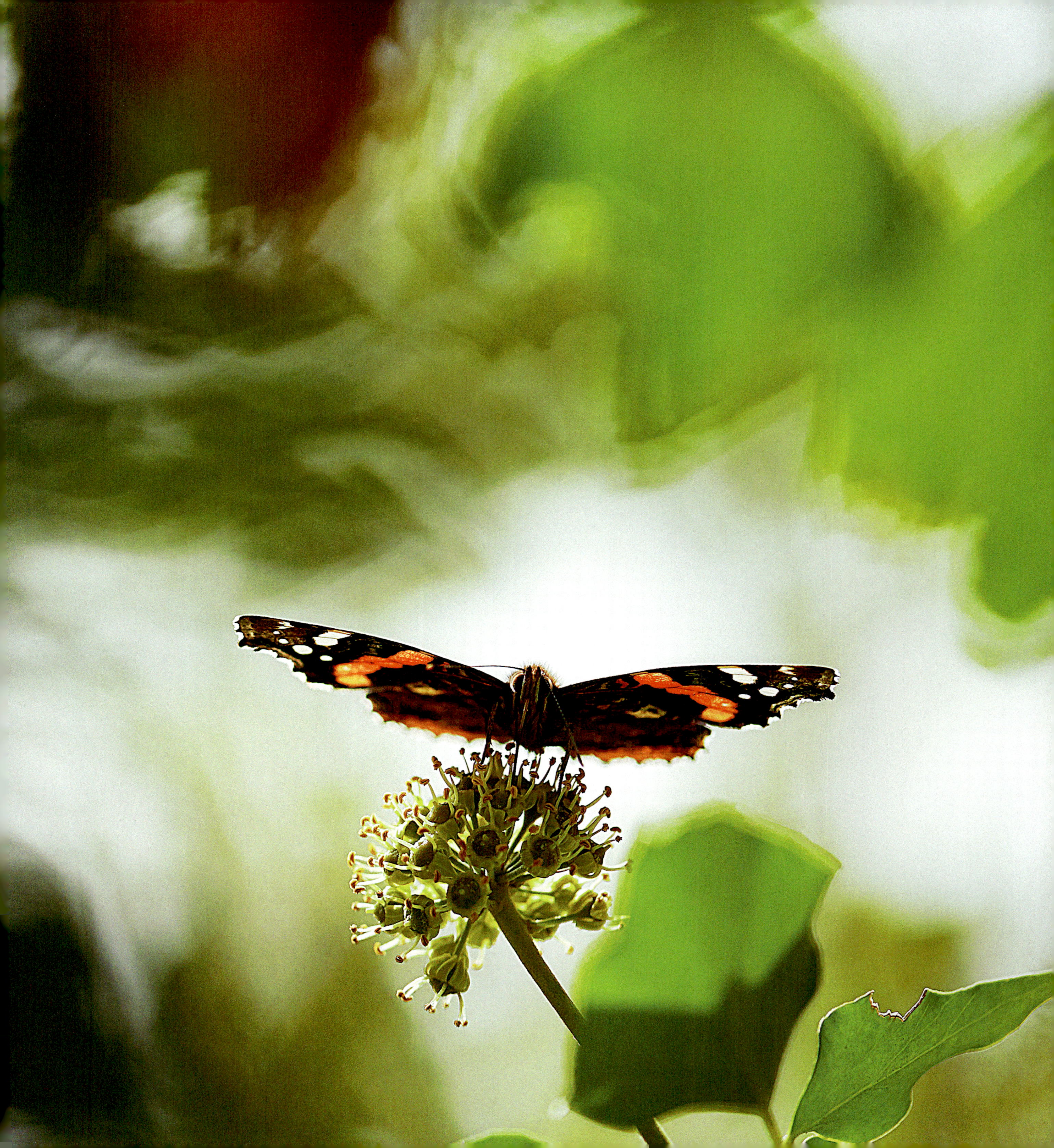

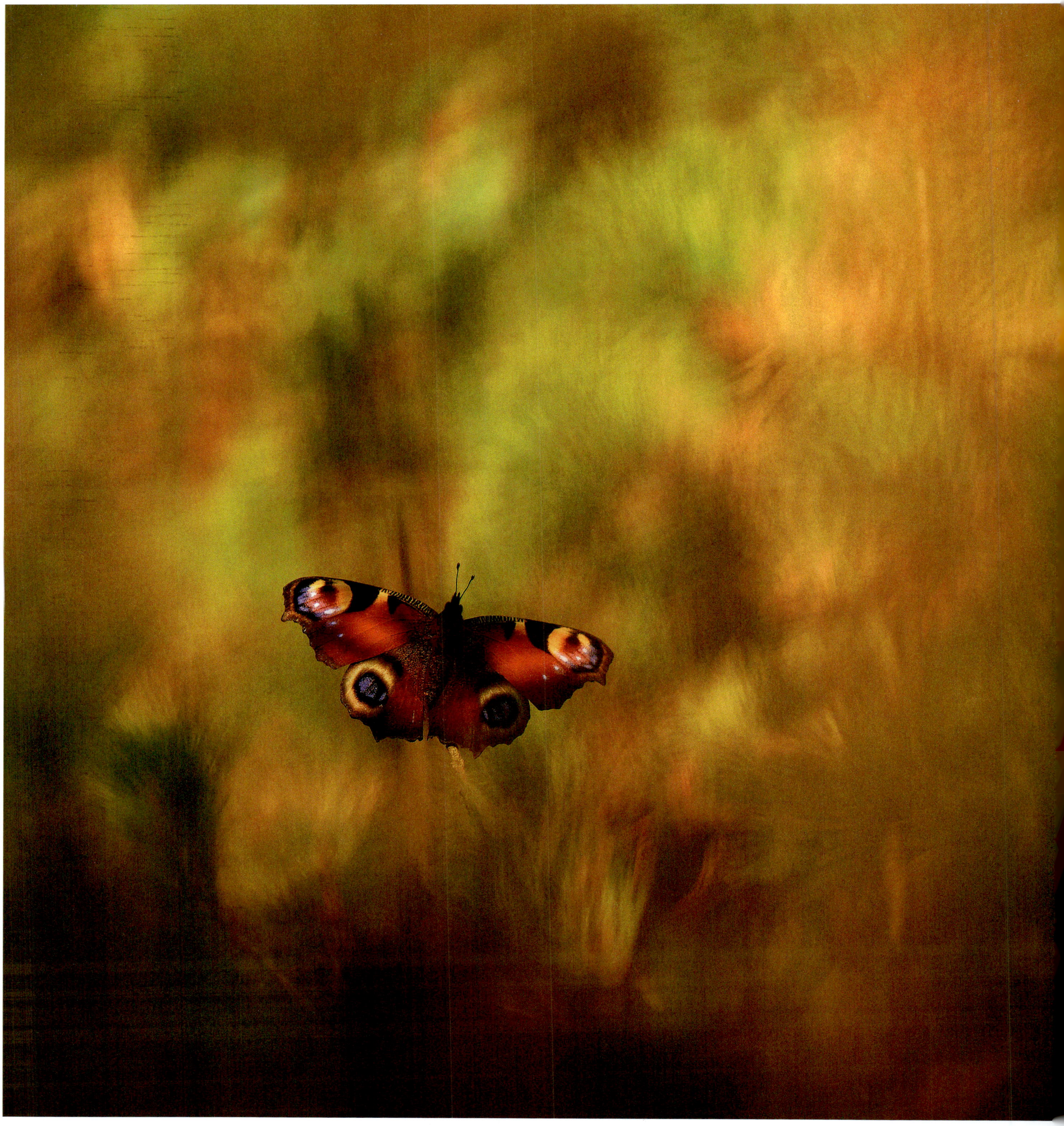

Das prächtige Tagpfauenauge ist einer der häufigsten Tagschmetterlinge in Deutschland. Die großen »Augen«, die sich auf jedem Flügel befinden und dem Edelfalter seinen Namen gegeben haben, dienen der Abschreckung von potenziellen Fressfeinden. Viele Tagpfauenaugen überwintern in menschlichen Behausungen, wo sie einen frostfreien Unterschlupf finden.

Der gelb-rot gefärbte Ampfer-Purpurfalter bildet sowohl eine Frühjahrs- als auch eine Sommergeneration aus, die sich deutlich in der Größe unterscheiden. Die Frühjahrsgeneration ist wesentlich kleiner. ▽▽

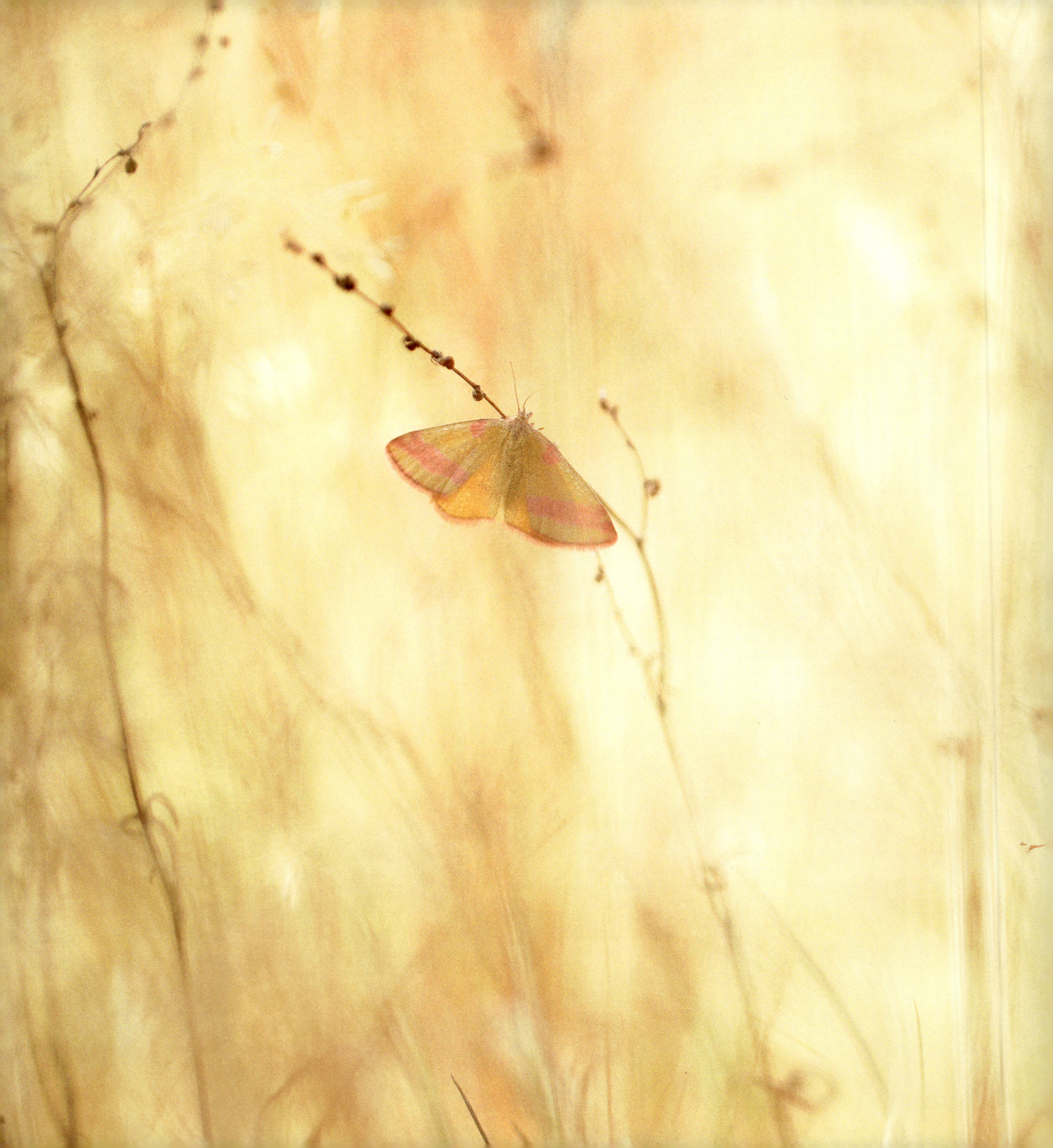

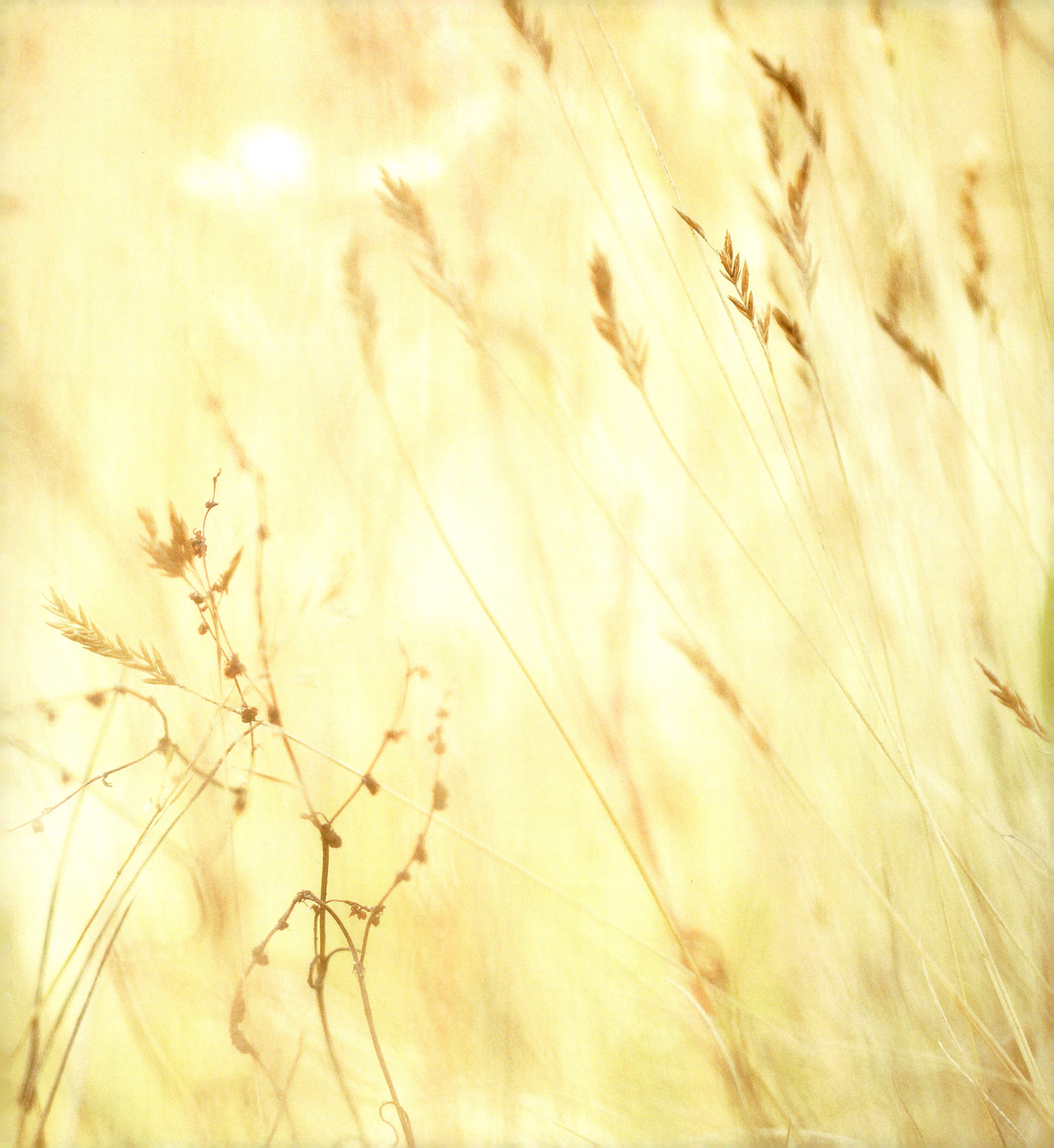

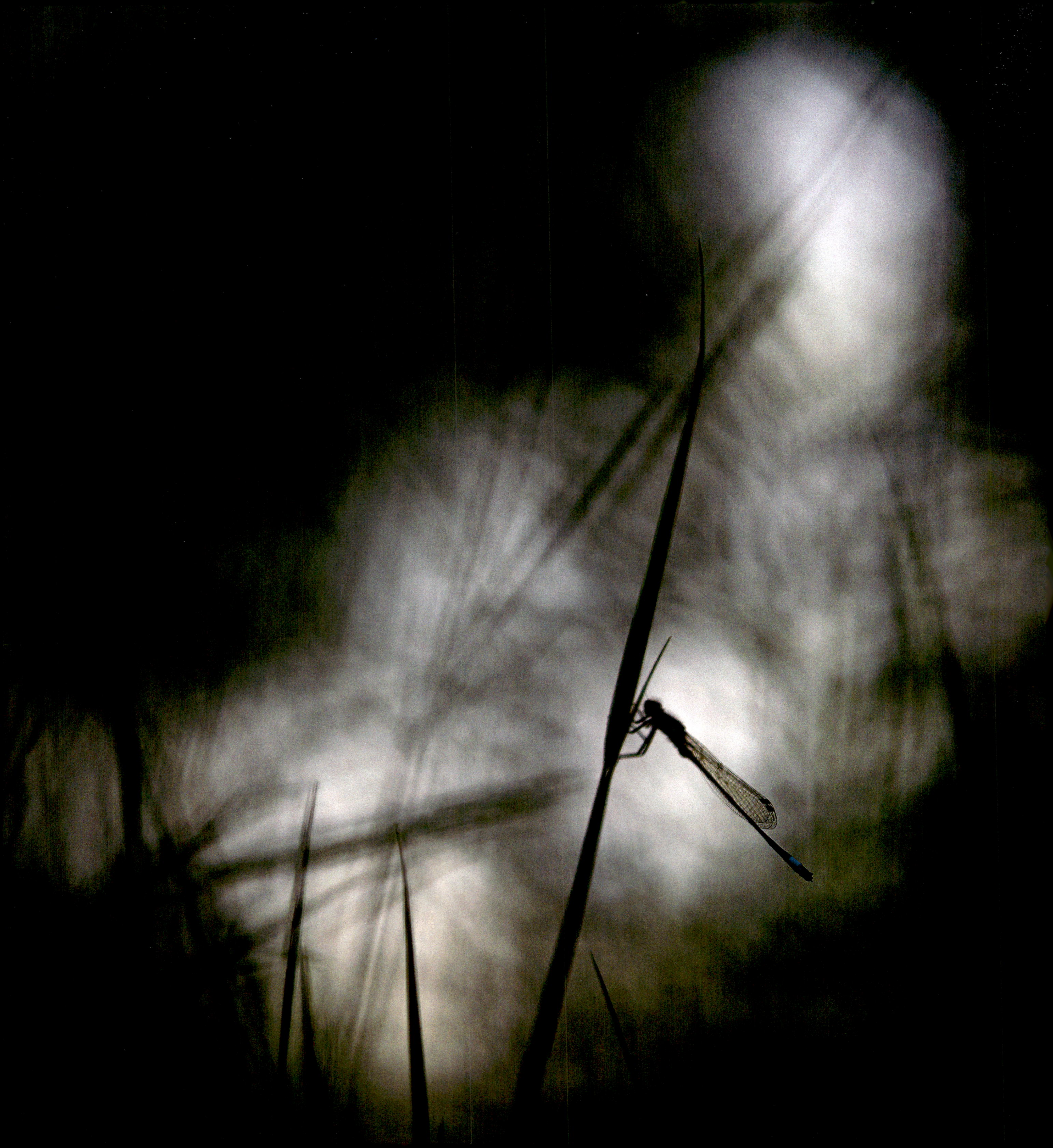

Das Kleine Waldvögelchen gehört zu der Familie der Edelfalter und ist im offenen Grasland, aber auch an Waldrändern, Straßenböschungen und in Sand- oder Kiesgruben zu finden. △

Die Große Pechlibelle trifft man häufig an kleinen stehenden Gewässern oder langsam fließenden Bächen an. ◁

Der Rapsweißling gehört zu den häufigsten Tagfalterarten. Der mittelgroße Falter verfügt über ein breites Spektrum an Lebensräumen und saugt an den verschiedensten Blütenpflanzen – von der Distel bis zum Wasserdost. ▽▽

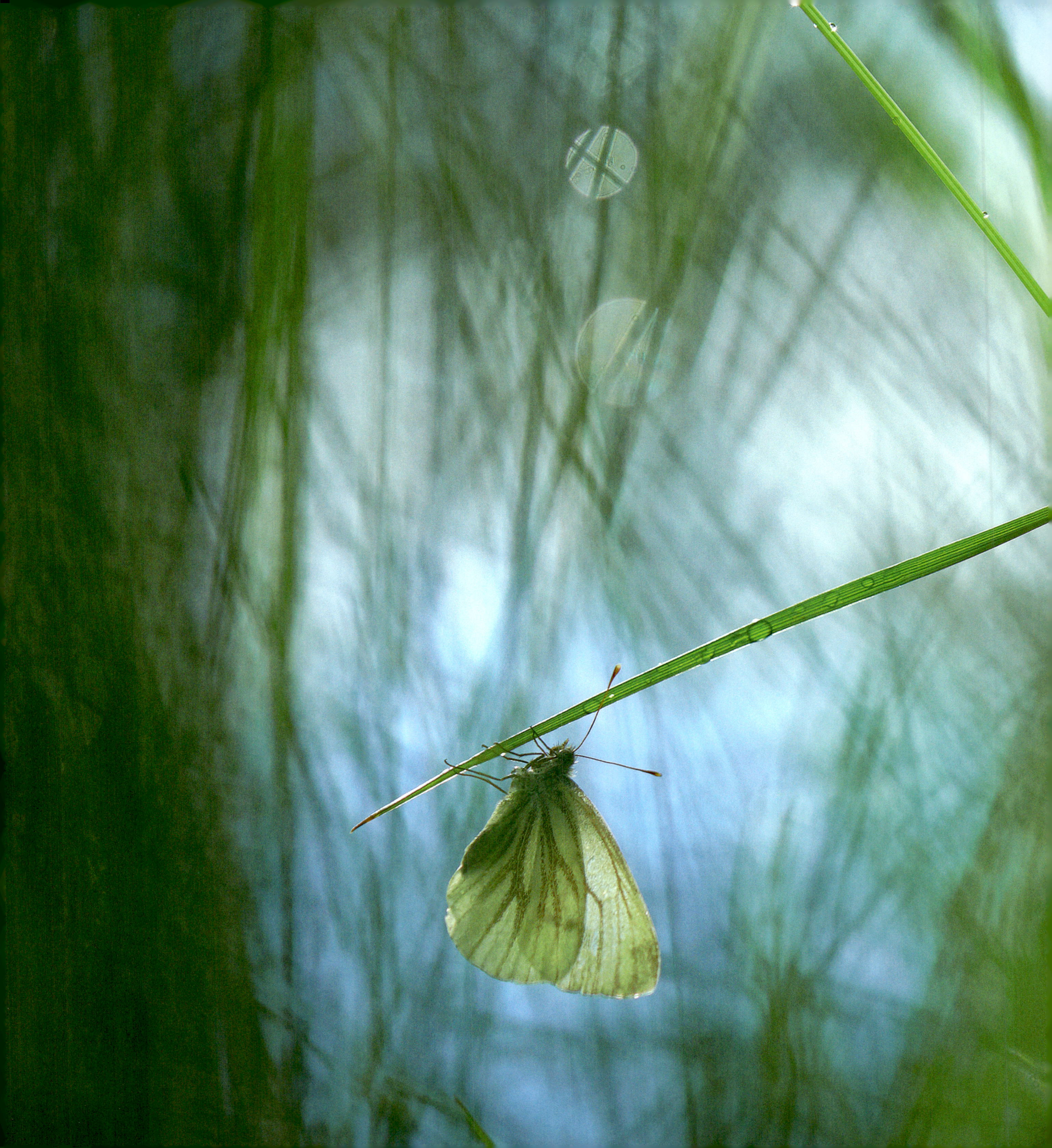

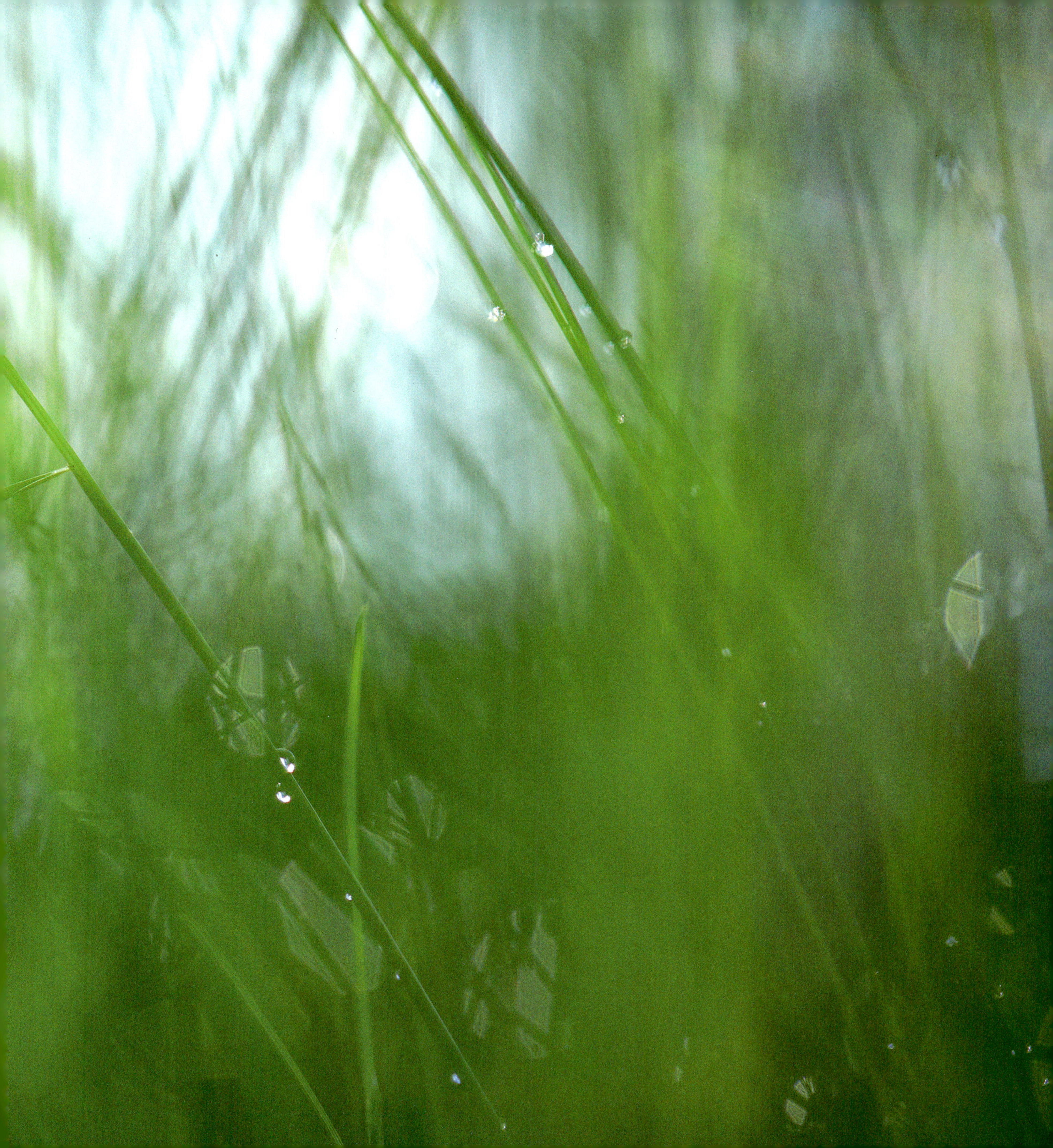

»Es tanzt die schöne Libelle
Wohl auf des Baches Welle;
Sie tanzt daher, sie tanzt dahin,
Die schimmernde, flimmernde Gauklerin.«

Heinrich Heine

Die Männchen der Blauflügel-Prachtlibelle sind leicht an der metallisch blauen Farbe von Körper und Flügeln zu erkennen. Die Weibchen sind bronze- bis kupferfarben, wobei die Farbe bei älteren Tieren verblasst. Die Blauflügel-Prachtlibelle lebt vor allem an kleinen bis mittelgroßen Bachläufen und anderen Fließgewässern.

Schmetterlinge riechen mit den Fühlern. Auf diesen sind Riechzellen verteilt, über die die Reizaufnahme erfolgt. Durch »gekämmte« Fühler wird die Oberfläche stark vergrößert, was den Geruchssinn deutlich verbessert. ▽▽

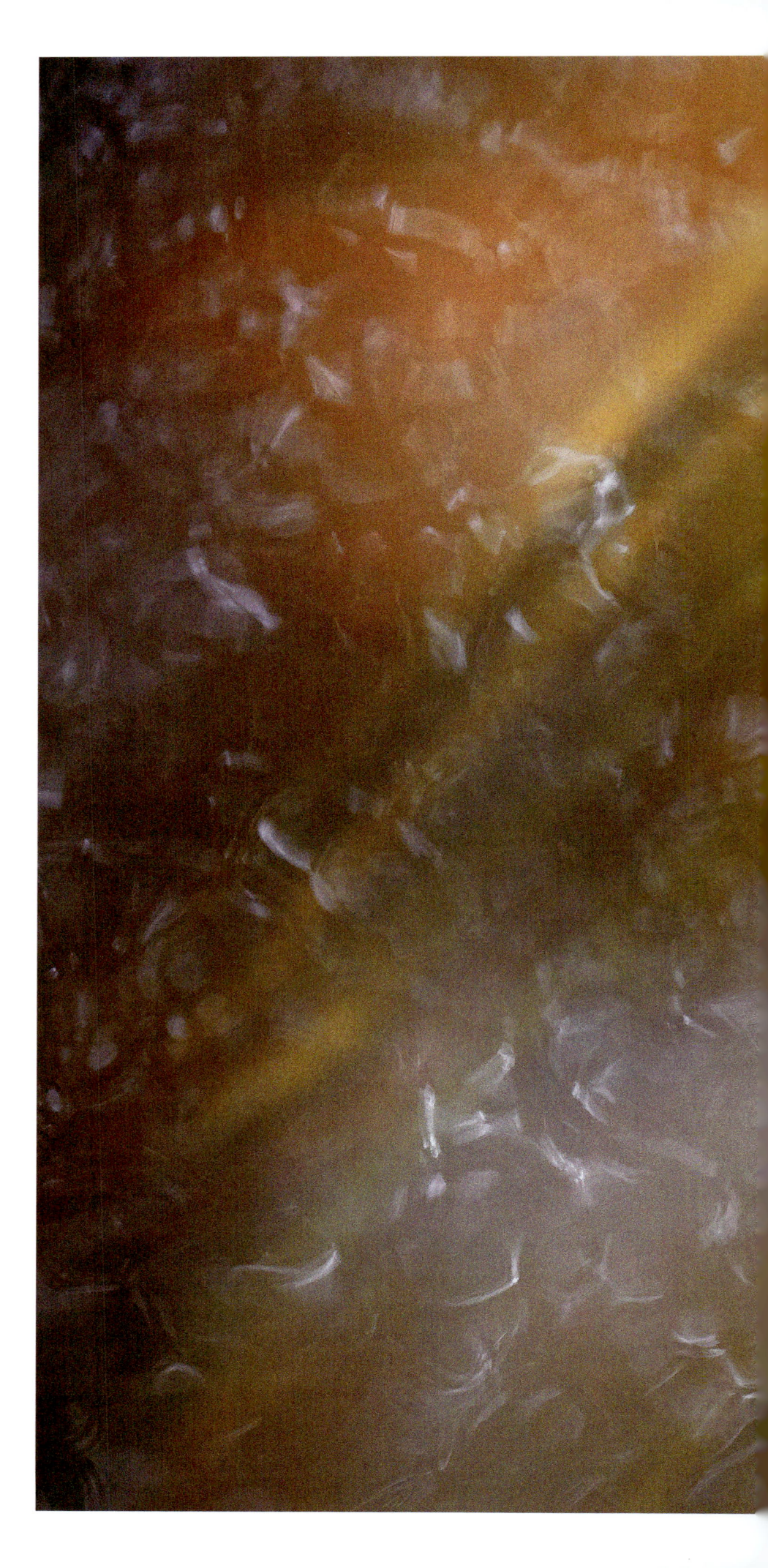

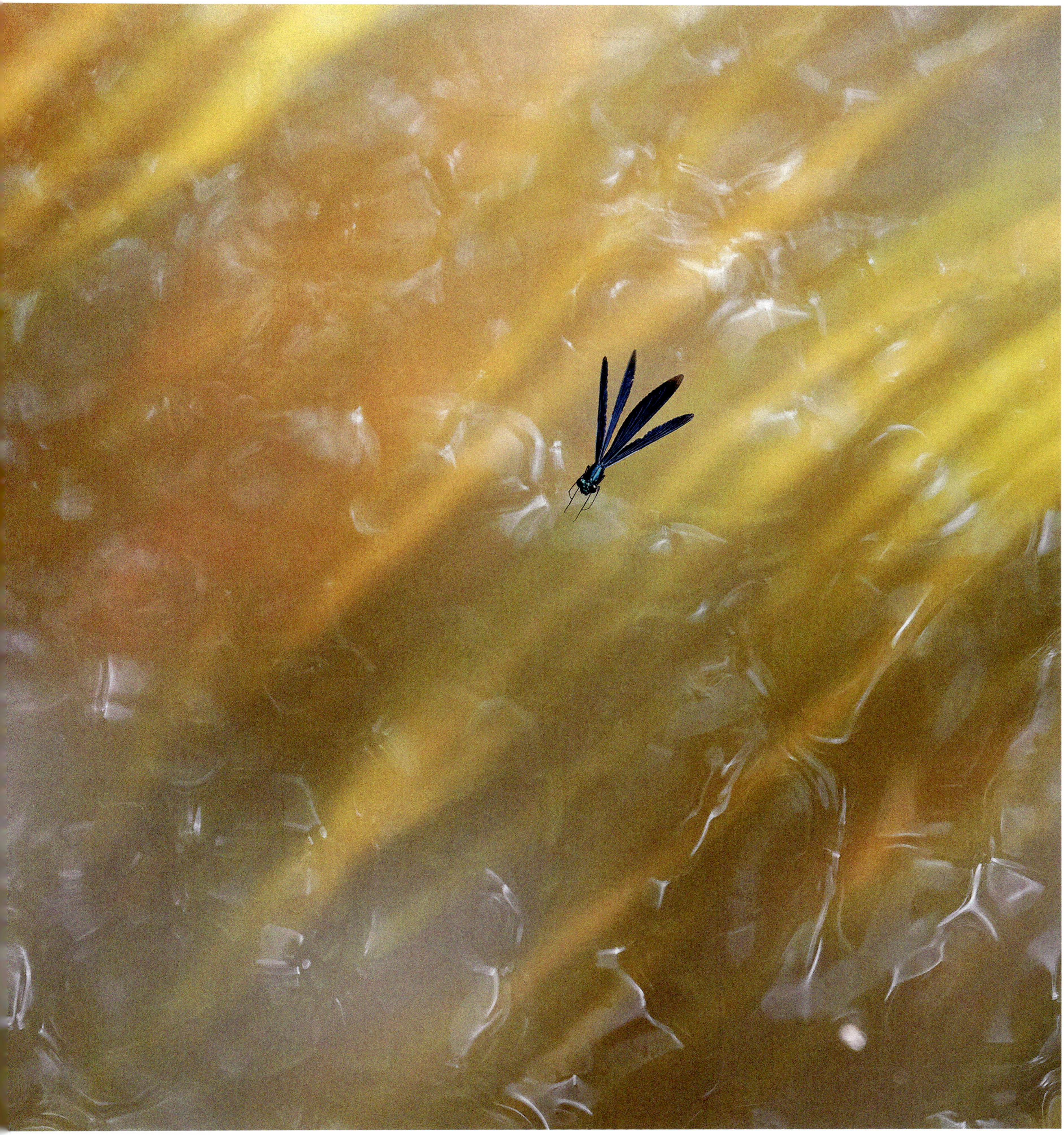

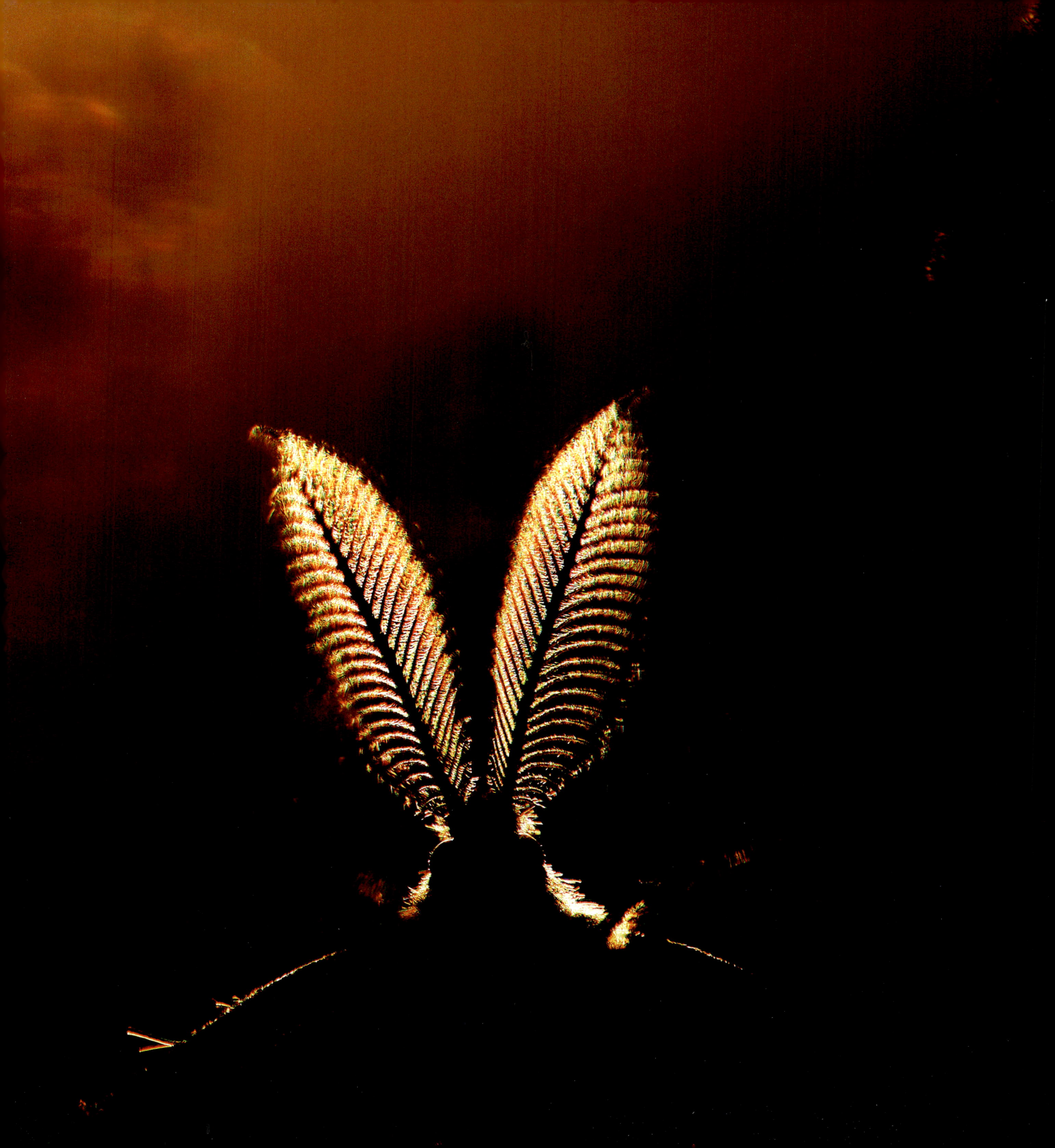

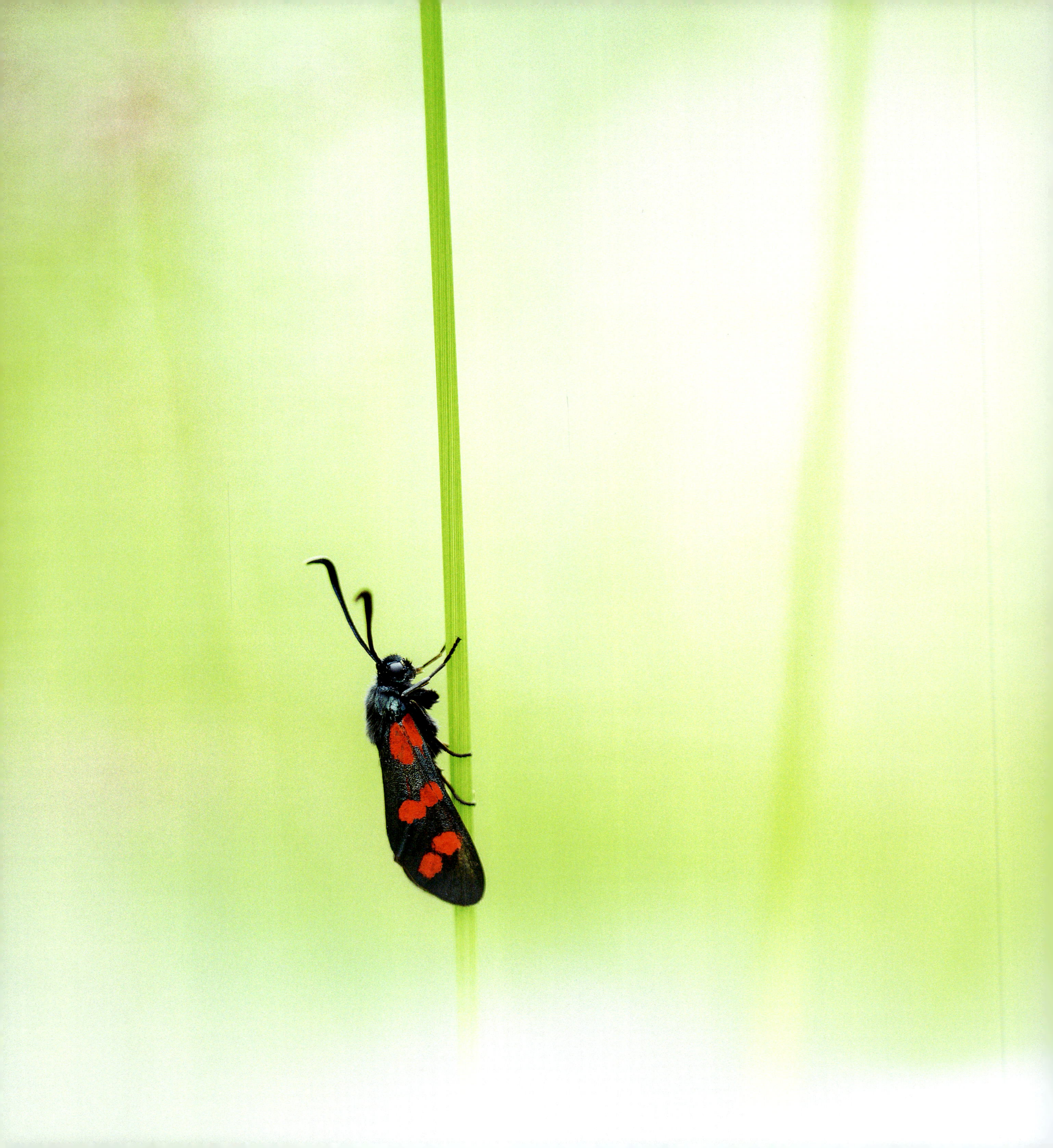

Der Körper der Weichkäfer ist nur schwach gepanzert. Trotzdem ist diese Käferfamilie weltweit verbreitet. △

Rote Punkte auf den Vorderflügeln sind das Markenzeichen der Falter aus der Familie der Widderchen. Deshalb werden sie auch »Blutströpfchen« genannt. ◁

»Nun gilt's, dass einen Blick man werfe
Auf die Insekten oder Kerfe.
Wenn auch darunter viele sind,
Die glaubt zu kennen jedes Kind –
Maikäfer, Schmetterlinge, Bienen –,
So sind doch manche unter ihnen,
Die selbst der hohen Wissenschaft
Noch neu sind oder rätselhaft.«

Eugen Roth

Ausgesprochen grazil wirken die Fadenhafte aus der Ordnung der Netzflügler. Ihre sehr schmalen – fadenförmigen –, in die Länge gezogenen Hinterflügel sind bei manchen Arten am Ende löffelförmig verbreitert. Die Fadenhafte bevorzugen die trockenen Gebiete der Erde und kommen auch in Wüsten vor.

Bei den Wintermücken ist der Name Programm. Die zarten Insekten sind weitestgehend unempfindlich gegen Kälte und daher auch in den Wintermonaten aktiv. Für Kälteschutz sorgt eine glyzerinähnliche Substanz in ihrem Blut.

Trotz ihres Namens sind Wiesenschnaken völlig harmlose Tiere, die es nicht wie ihre Namensvettern auf unser Blut abgesehen haben. Allerdings gelten die Insekten mit den langen Beinen als Schädlinge, da ihre Larven gerne die Wurzeln und auch oberirdisch an den Pflanzen fressen und diese bei massenhaftem Befall auch schwer schädigen können.

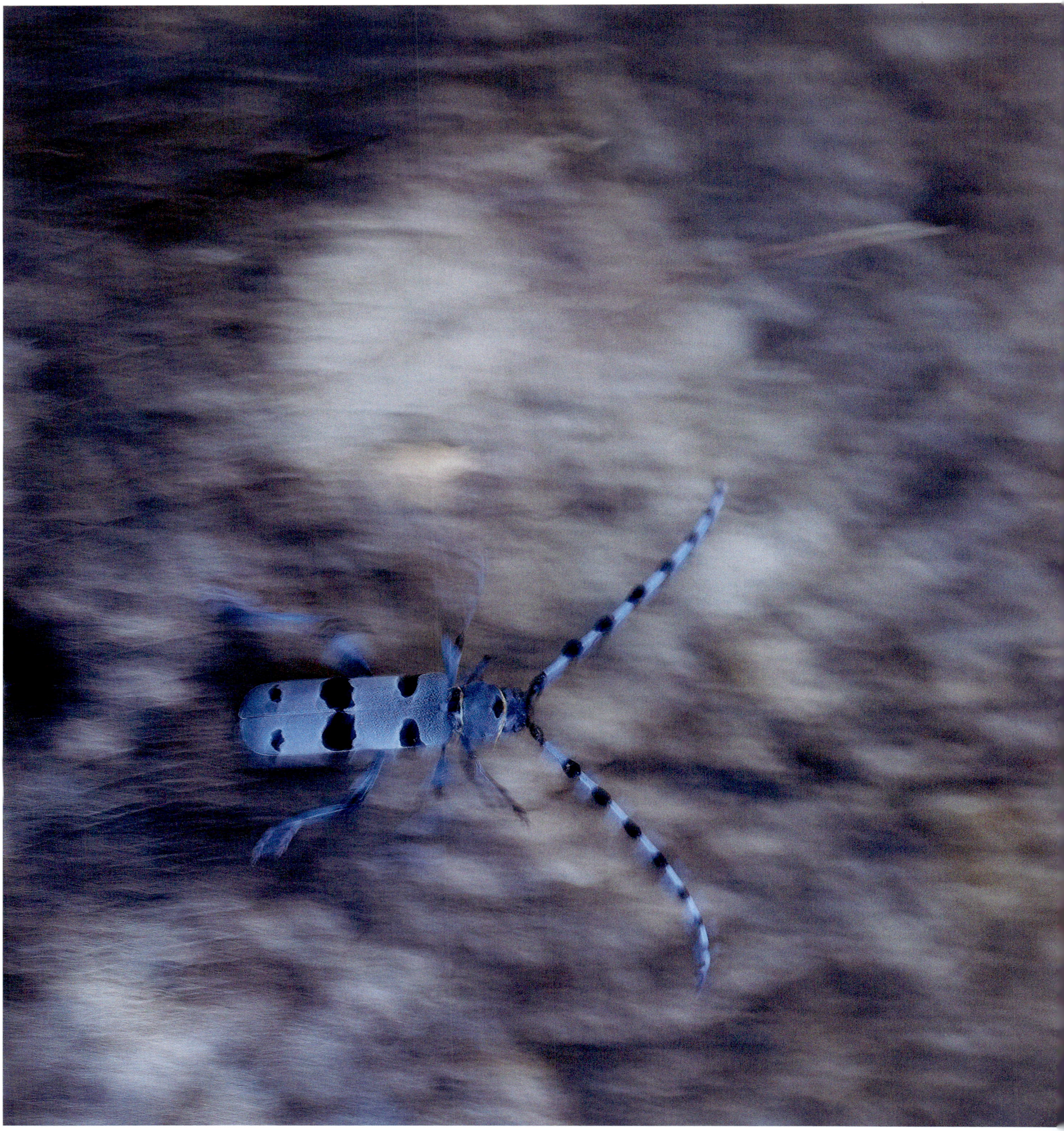

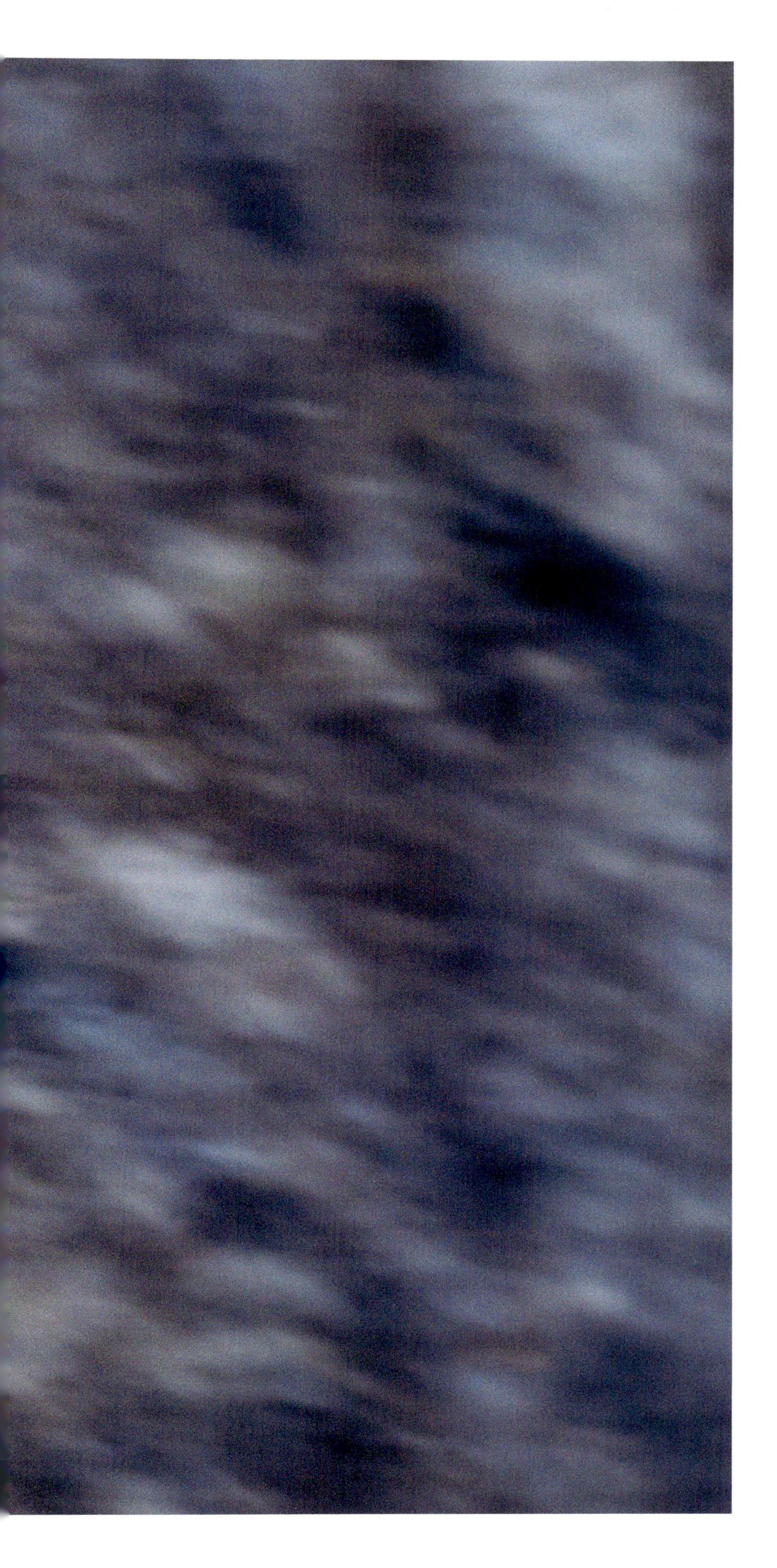

Der auffällig blau-schwarz gezeichnete Alpenbock gehört zu den größten, schönsten und seltensten Käfern Mitteleuropas. Verantwortlich für seinen starken Rückgang ist die intensive Bewirtschaftung der Buchenwälder. Die Weibchen bevorzugen zur Eiablage frisch gefällte Stämme. Werden diese jedoch umgehend abtransportiert, kann sich der Käfer nicht entwickeln.

Schmetterlingshafte sind sehr scheu. Mit etwas Glück kann man sie jedoch im Frühling an warmen Orten in Süddeutschland umherschwirren sehen. △
Das Leben von Eintagsfliegen ist tatsächlich sehr kurz. Die meisten Arten leben nur einen Tag, manche gar nur Stunden, einige sogar nur Minuten. ◁

Schneckenhäuser sind überaus bemerkenswerte körpereigene Bauwerke. Sie sind nicht nur hübsch anzuschauen, sondern, trotz größter Leichtigkeit, auch von höchster Stabilität. Die Gehäuse dienen als Schutz vor Feinden, aber auch vor Sturzverletzungen. ▽▽

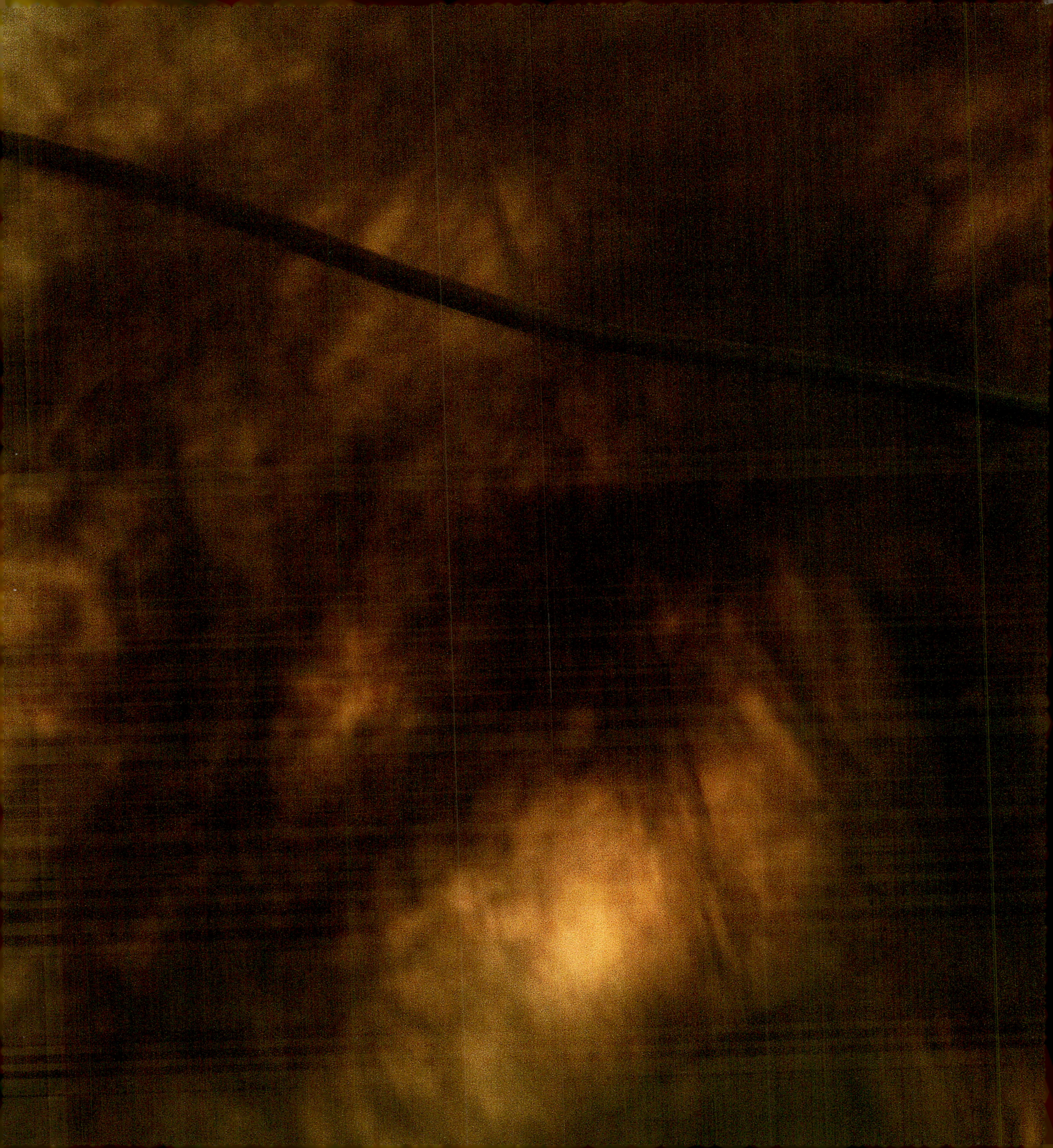

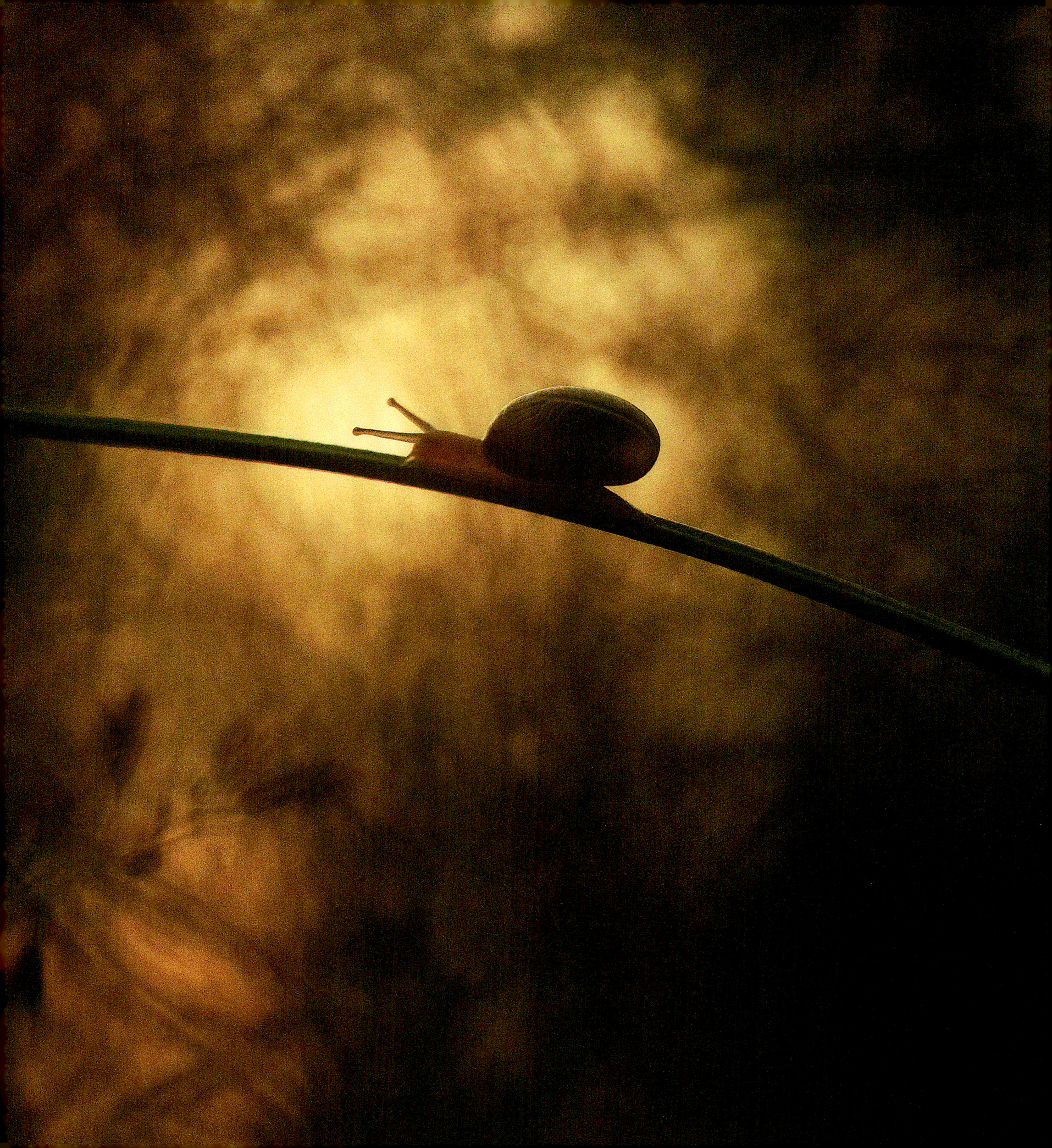

Der Warzenbeißer ist eine räuberische Laubheuschreckenart, die sich hauptsächlich von Insekten ernährt. Früher ließ man diese großen Heuschrecken gezielt in Warzen beißen, da man hoffte, ihre starken Verdauungssäfte würden die Warzen wegätzen – daher der Name. Der Warzenbeißer lebt bevorzugt auf mageren, sonnigen Wiesen.

Langhornbienen verdanken ihren Namen ihren außerordentlich langen Antennen. Verwundbar macht die Insekten mit dem dichten Pelz ihre strenge Spezialisierung auf Schmetterlingsblütler. Wo diese zu früh gemäht werden, sterben die fleißigen Blütenbesucherinnen lokal aus. ▽▽

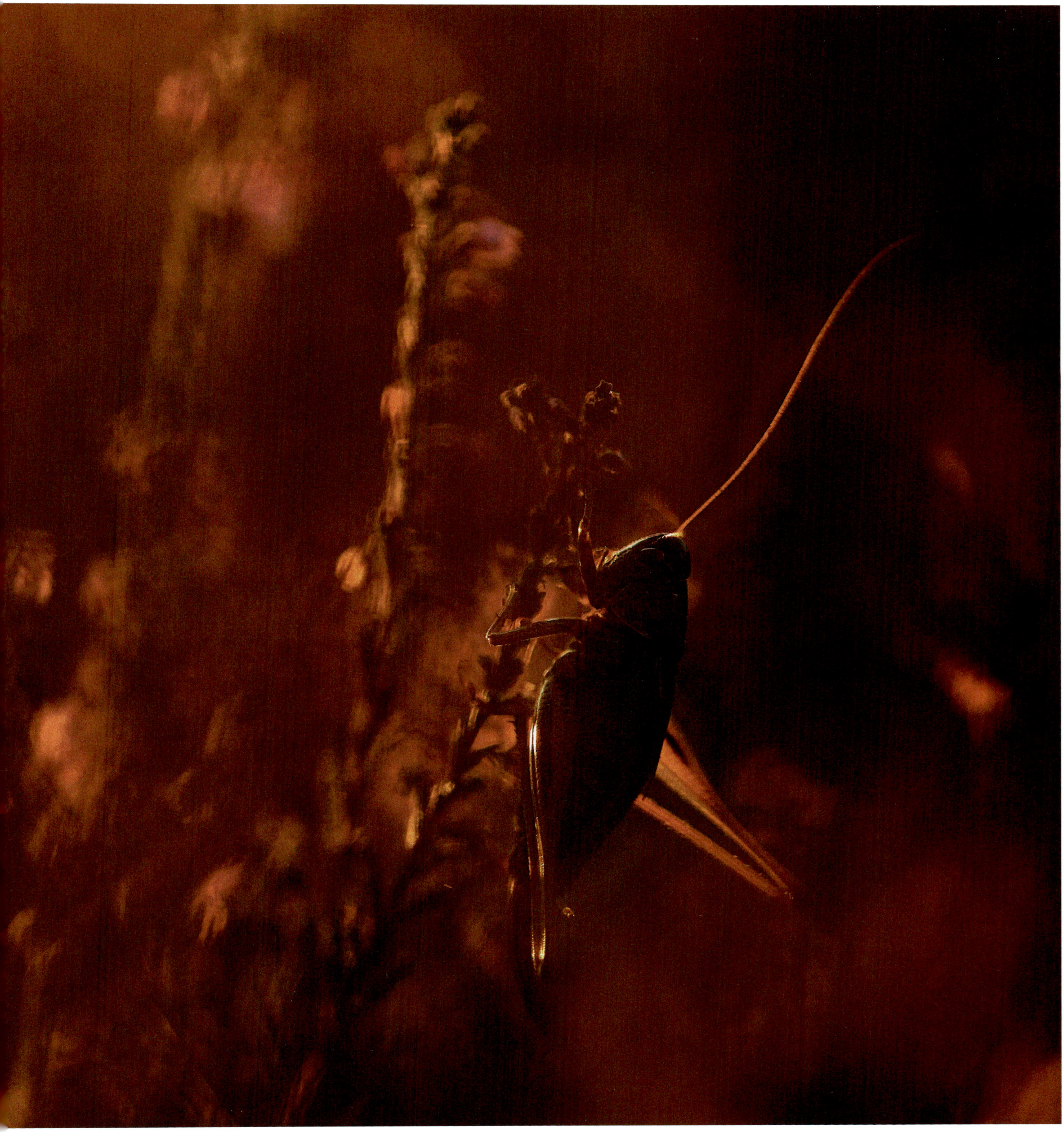

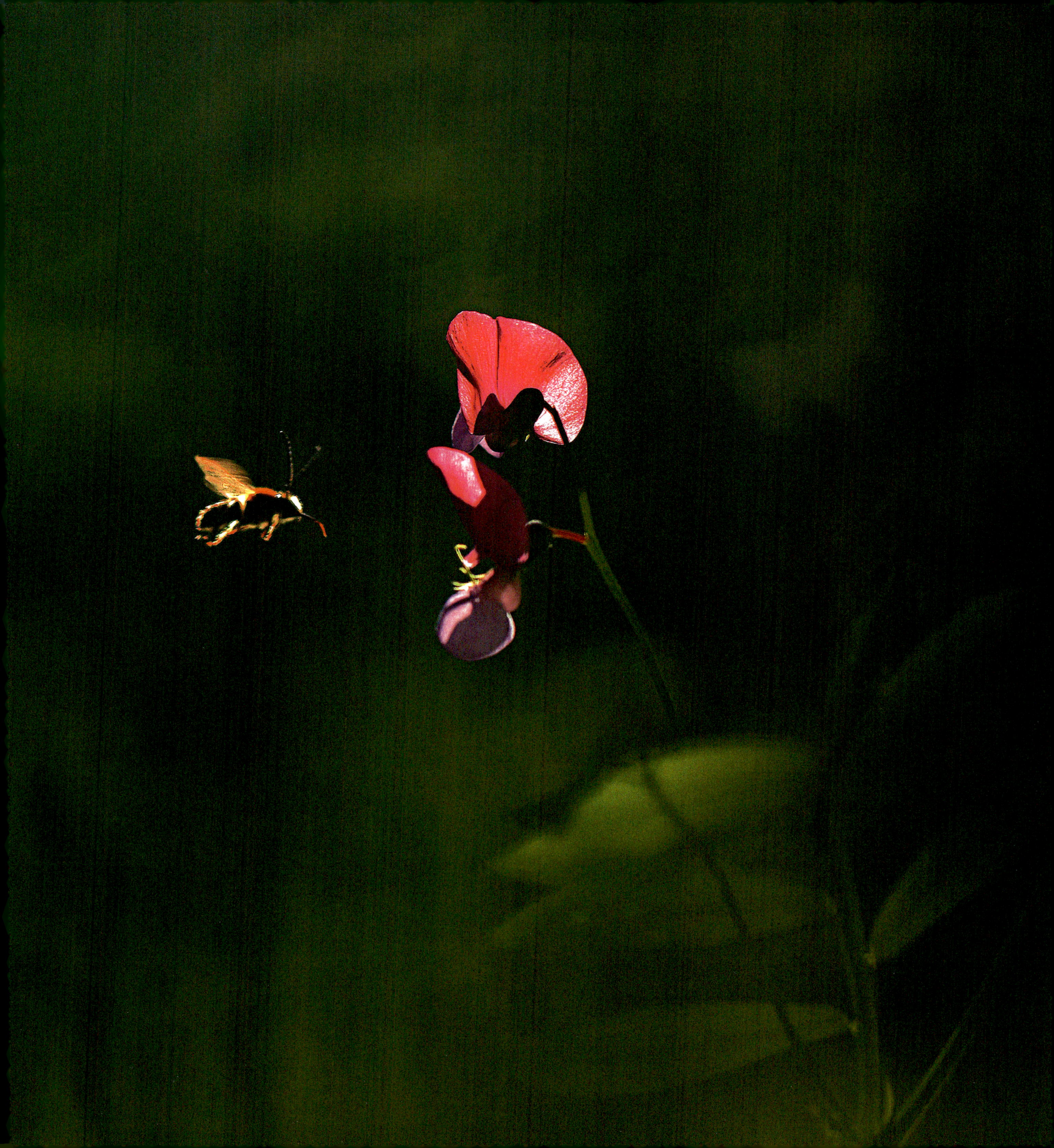

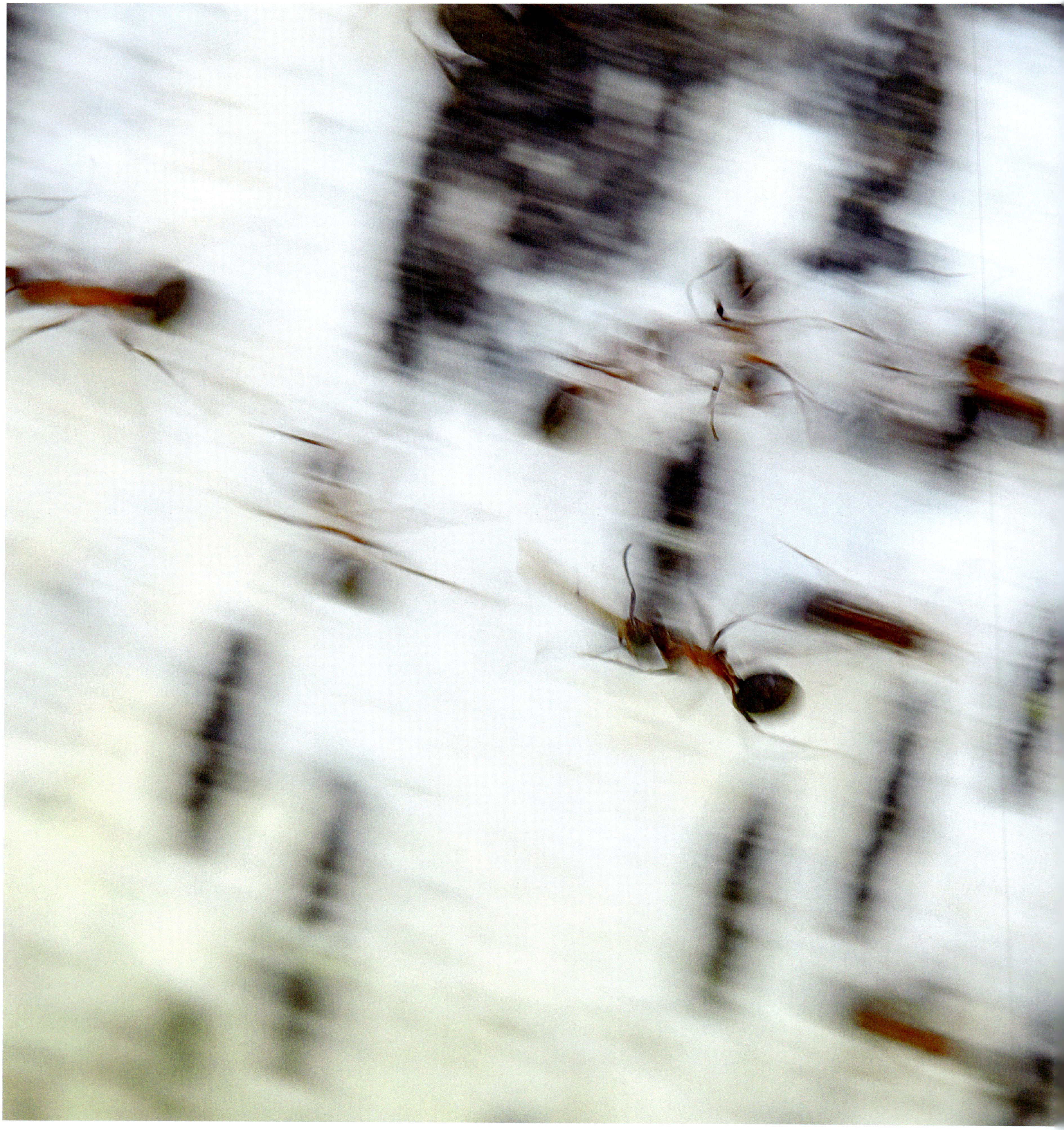

Im straff durchorganisierten Ameisenstaat hat jede Ameise eine bestimmte Aufgabe zu erfüllen. So kann man deutlich zwischen »Innendienstlerinnen«, die ihre Aufgaben innerhalb des Baus erledigen, und »Außendienstlerinnen« unterscheiden, die ihrer jeweiligen Tätigkeit im Umfeld nachgehen. Ihr Aufgabenbereich ist bei den Tieren jeweils genetisch fixiert.

»Als ich einmal eine Spinne erschlagen,
dacht ich, ob ich das gesollt?
Hat Gott ihr doch wie mir gewollt
einen Anteil an diesen Tagen!«

Johann Wolfgang von Goethe

Eine der größten heimischen Spinnen ist die Gerandete Jagdspinne mit dem typischen gelblich-weißen Längsband an den Seiten ihres Vorder- und Hinterkörpers. Sie lebt bevorzugt an den Ufern von Gewässern, mag aber auch Feuchtwiesen und Moore. Sie ernährt sich von Wasserinsekten, Kaulquappen, kleinen Fröschen und Fischen, die sie mit ihrem Giftbiss tötet.

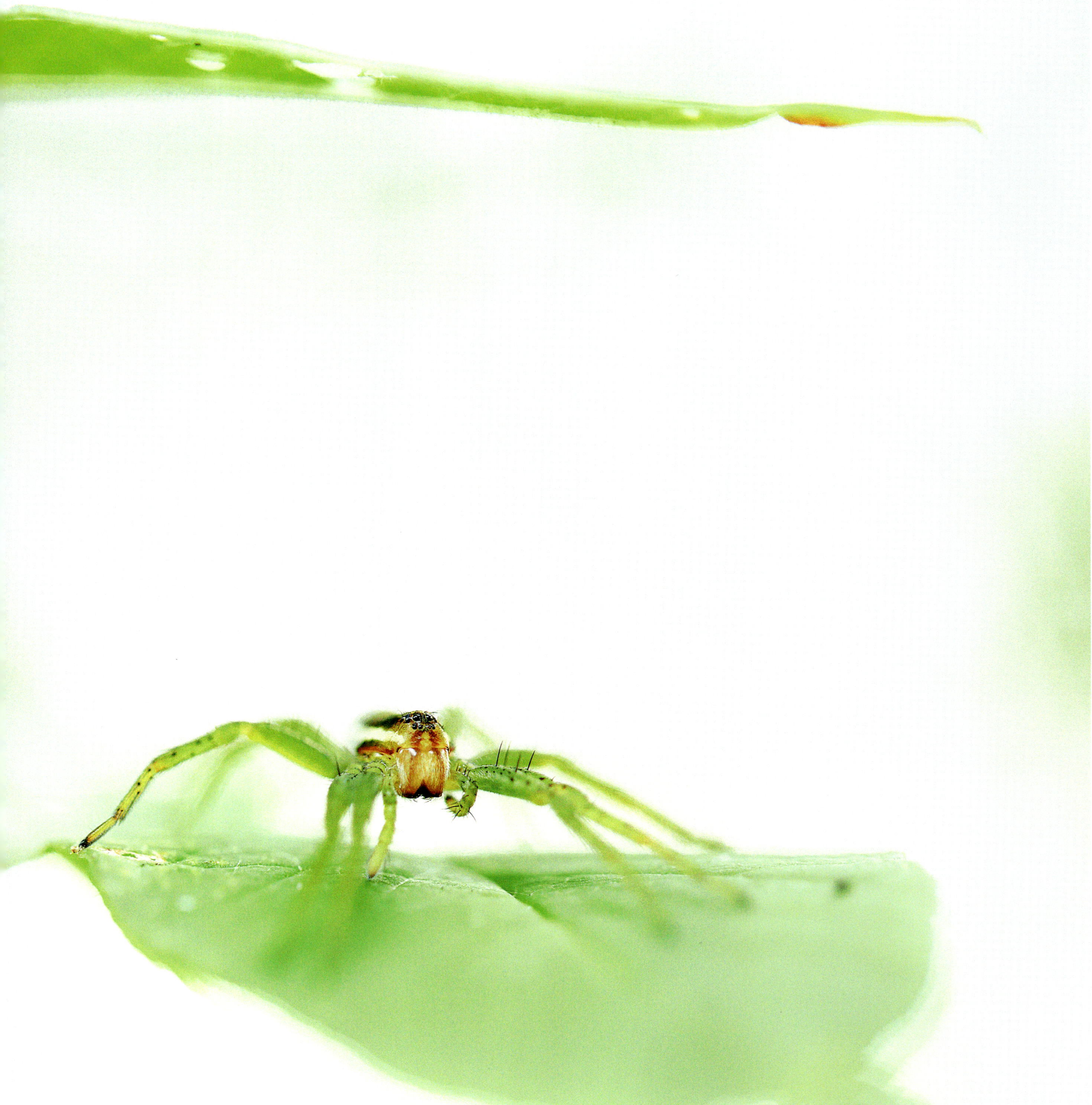

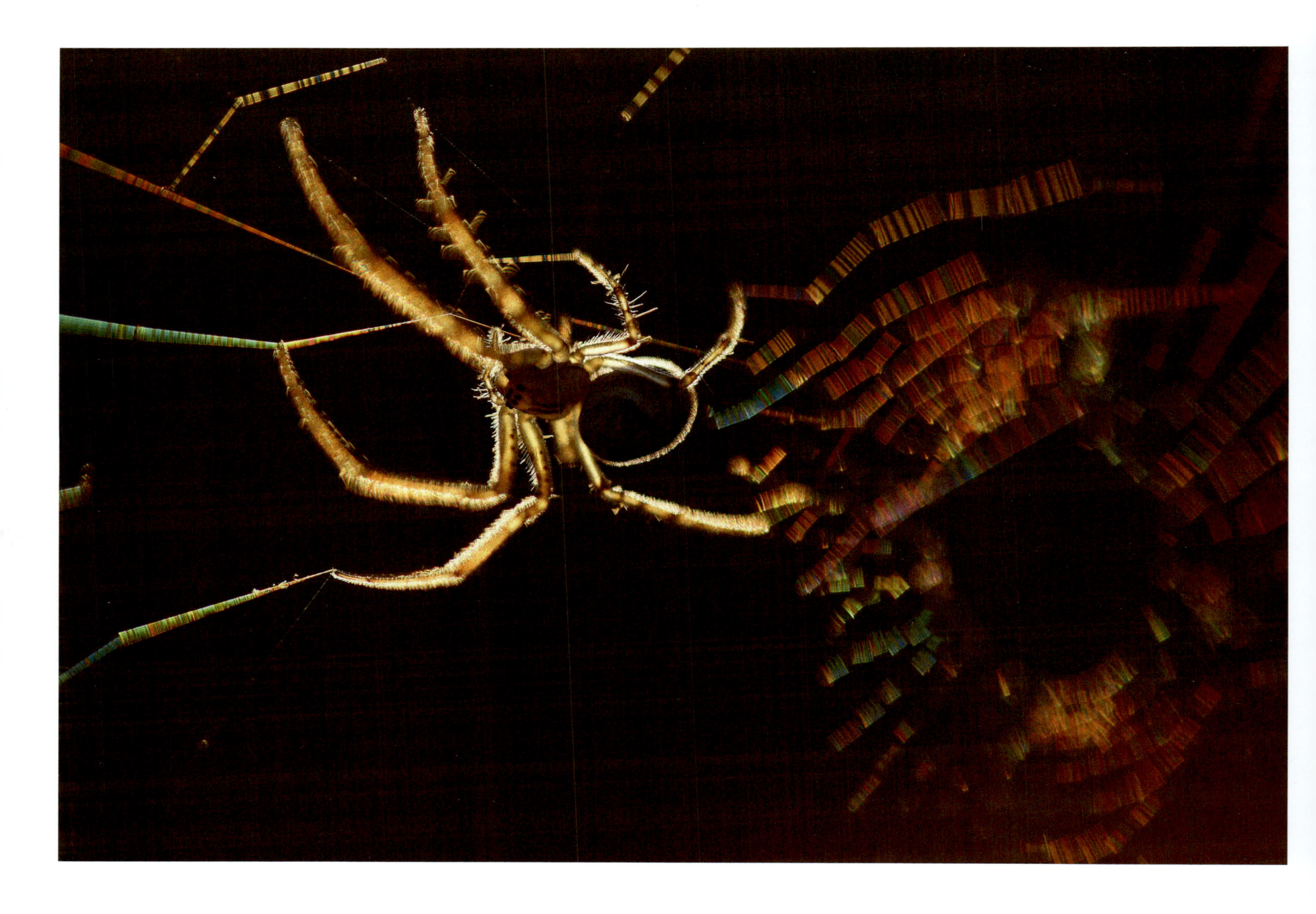

Die Herbstspinne wartet als Lauerjägerin in der Mitte ihres Netzes auf Beute, in der Regel kleinere Insekten. Beutetiere, die sich im Netz verfangen haben, werden wie Vorratspakete in der näheren Umgebung zwischengelagert. Nach jedem Beutefang wird das Netz von den kleinen Spinnen wieder sorgsam repariert.

Die Wespen- oder Zebraspinne unterscheidet sich – nomen est omen – durch ihre auffällige schwarz-gelbe Zeichnung von allen anderen heimischen Spinnenarten. Die wärmeliebende Spinne hat sich in den letzten drei Jahrzehnten dank des Klimawandels in vielen Gebieten Deutschlands immer weiter ausgebreitet.

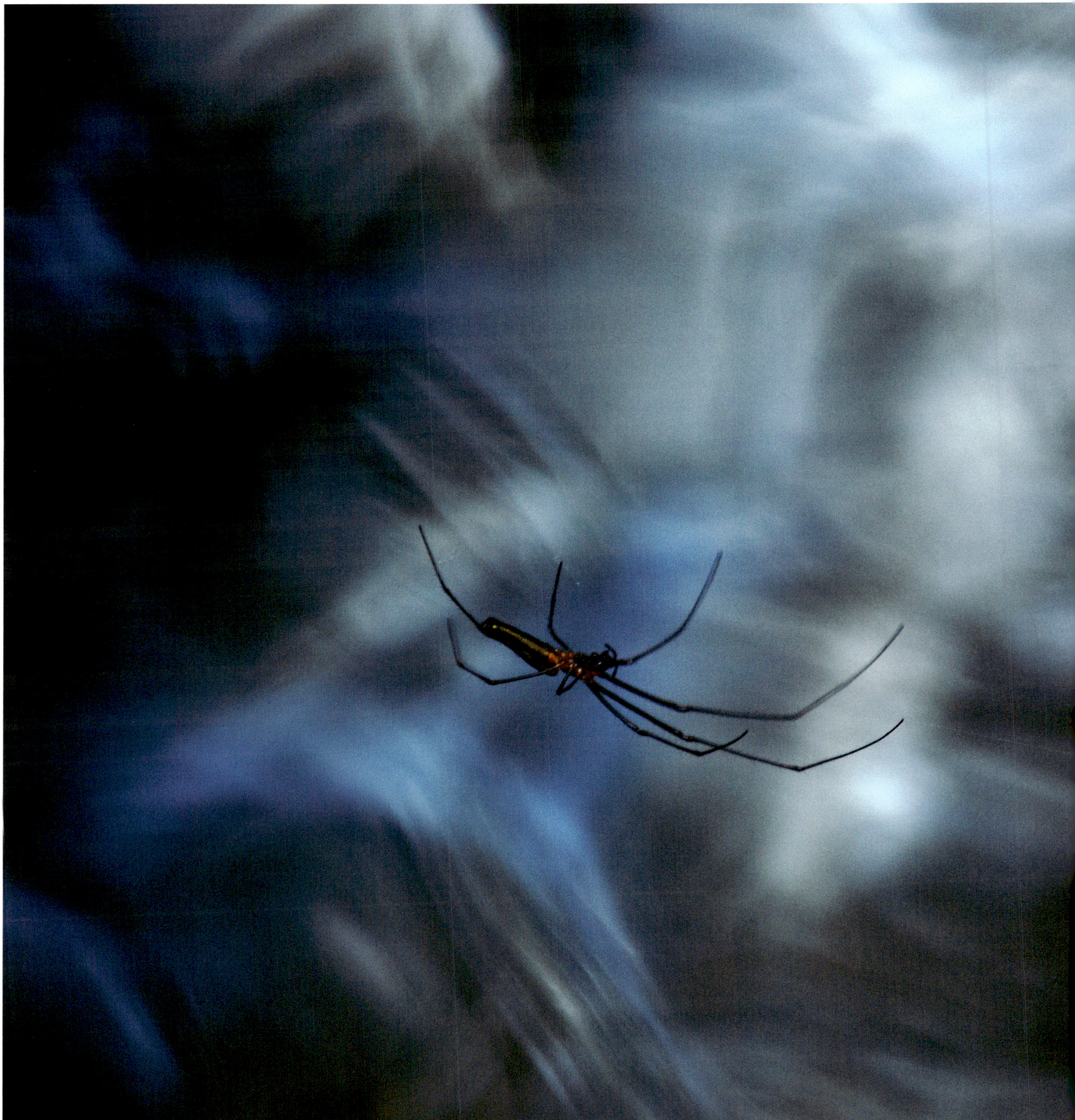

Die Streckerspinne tarnt sich, indem sie ihre beiden vorderen und hinteren Beinpaare eng aneinanderlegt und entlang der Körperachse ausstreckt. In dieser Position kann die rund ein Zentimeter große Spinne von Fressfeinden leicht für ein Ästchen oder ein anderes Holzstückchen gehalten werden. Sie lebt meist an den Ufern von Flüssen, Seen und Tümpeln.

Die Gerandete Jagdspinne gehört zu den wenigen Spinnenarten, die auf dem Wasser laufen können. Mit zahllosen wasserabweisenden Härchen besetzt, sinken ihre Füße nicht unter die Wasseroberfläche ein. Sie kann zudem schwimmen und sogar tauchen. Unter Wasser bildet die am Körper anhaftende Luft eine schützende Blase um die Tiere.

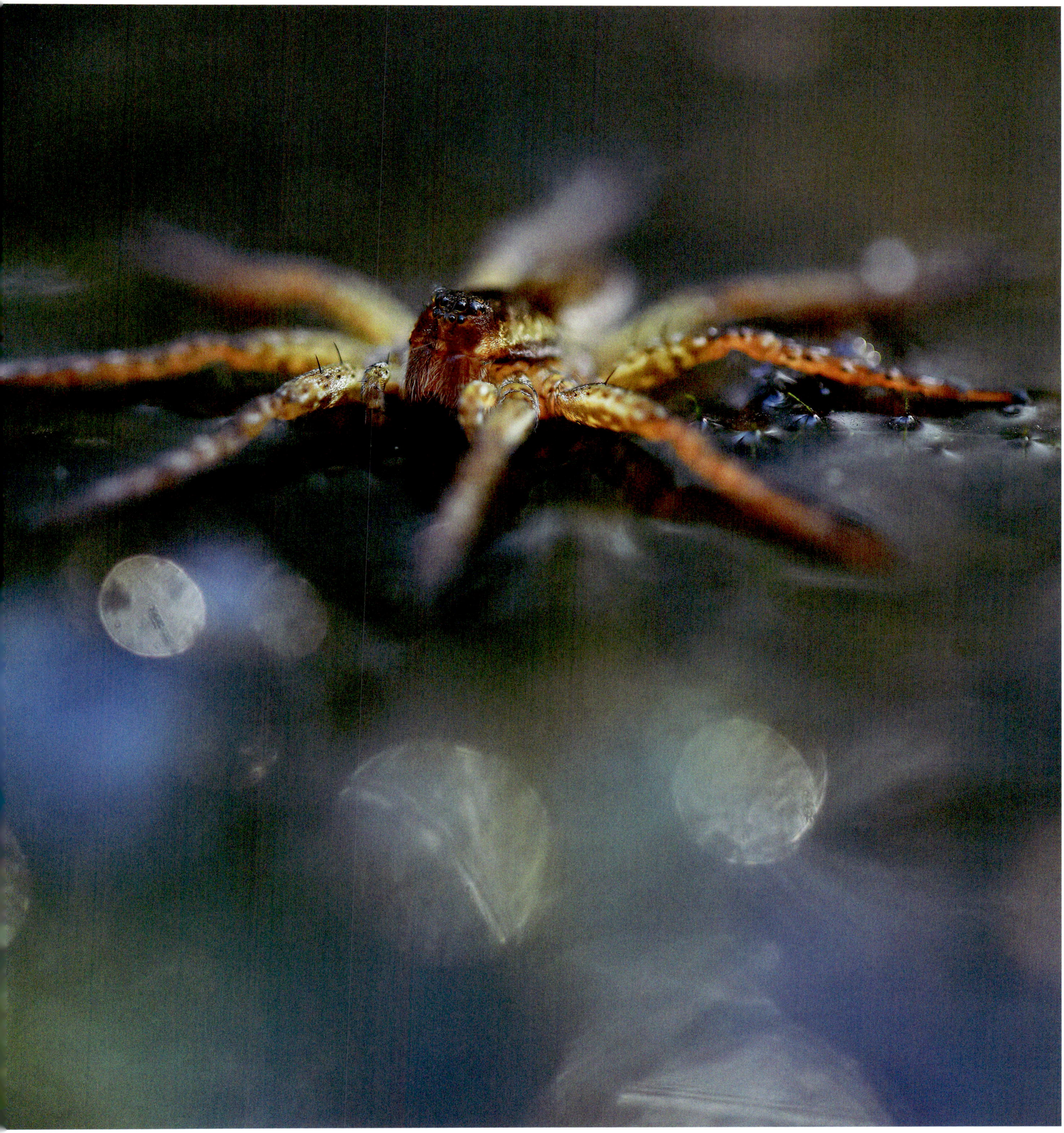

Zu den »Pionieren« gehört die Gelbbauchunke. Ein neues Gewässer besiedelt sie relativ rasch, aber bei schlechten Umweltbedingungen verschwindet sie auch genauso schnell wieder. Wird die Gelbbauchunke bedroht, fällt sie ins Hohlkreuz und präsentiert dem Gegner ihren Bauch mit der gelben Warnfärbung.

Der Biss der Kreuzotter, die in nahezu ganz Deutschland vorkommt, ist für einen erwachsenen Menschen schmerzhaft, aber nicht lebensgefährlich. Ihr Gift ist zwar stärker als das einer Diamantklapperschlange, jedoch gibt sie bei einem Verteidigungsbiss nur eine ganz geringe Menge davon ab.

Die Krötenwanderung im Frühling gehört zu den faszinierendsten Phänomenen unserer Natur. Die Tiere suchen dann zur Fortpflanzung genau das Gewässer auf, in dem sie einst selbst aus dem Ei geschlüpft sind. ▽ ▽

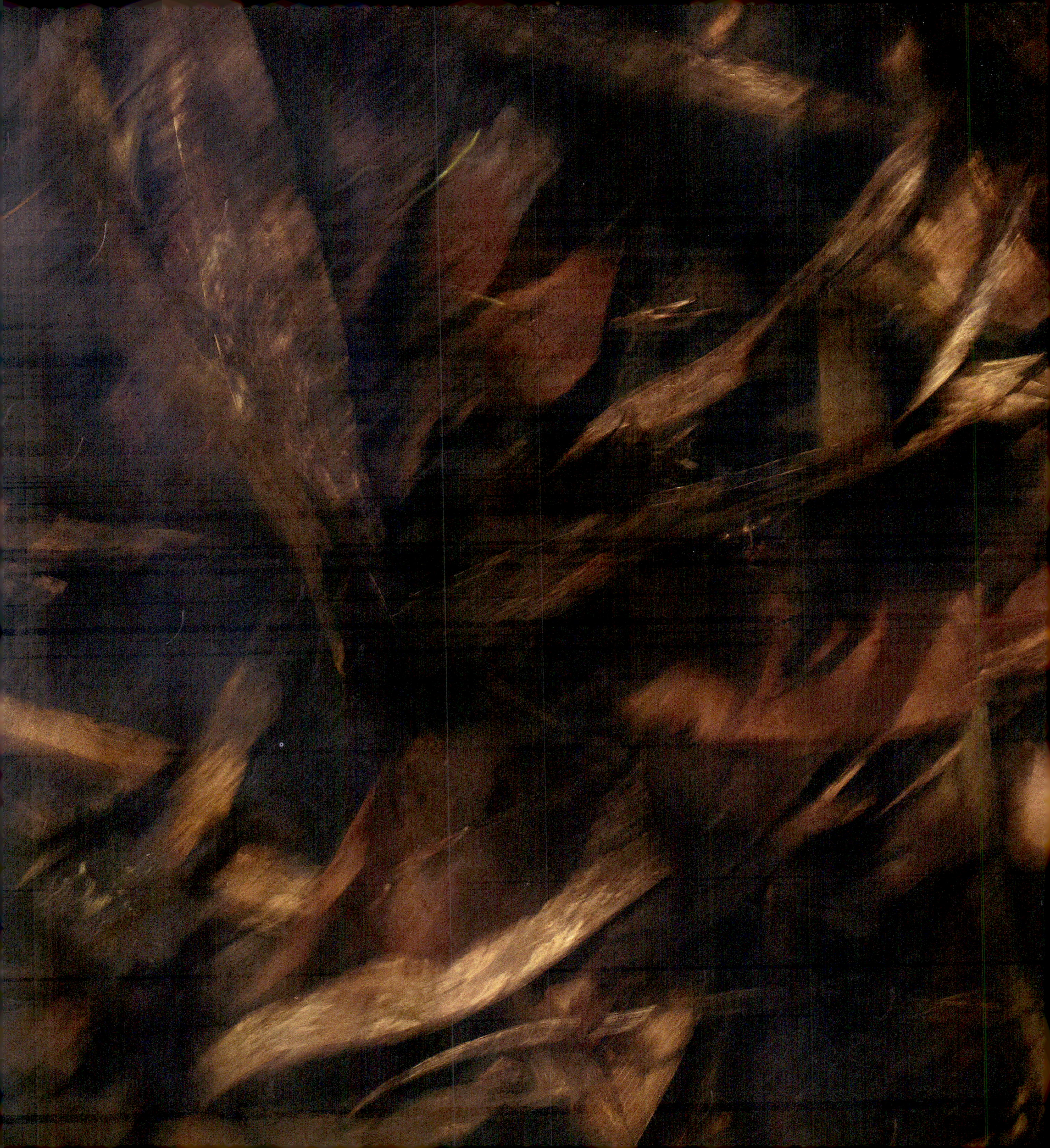

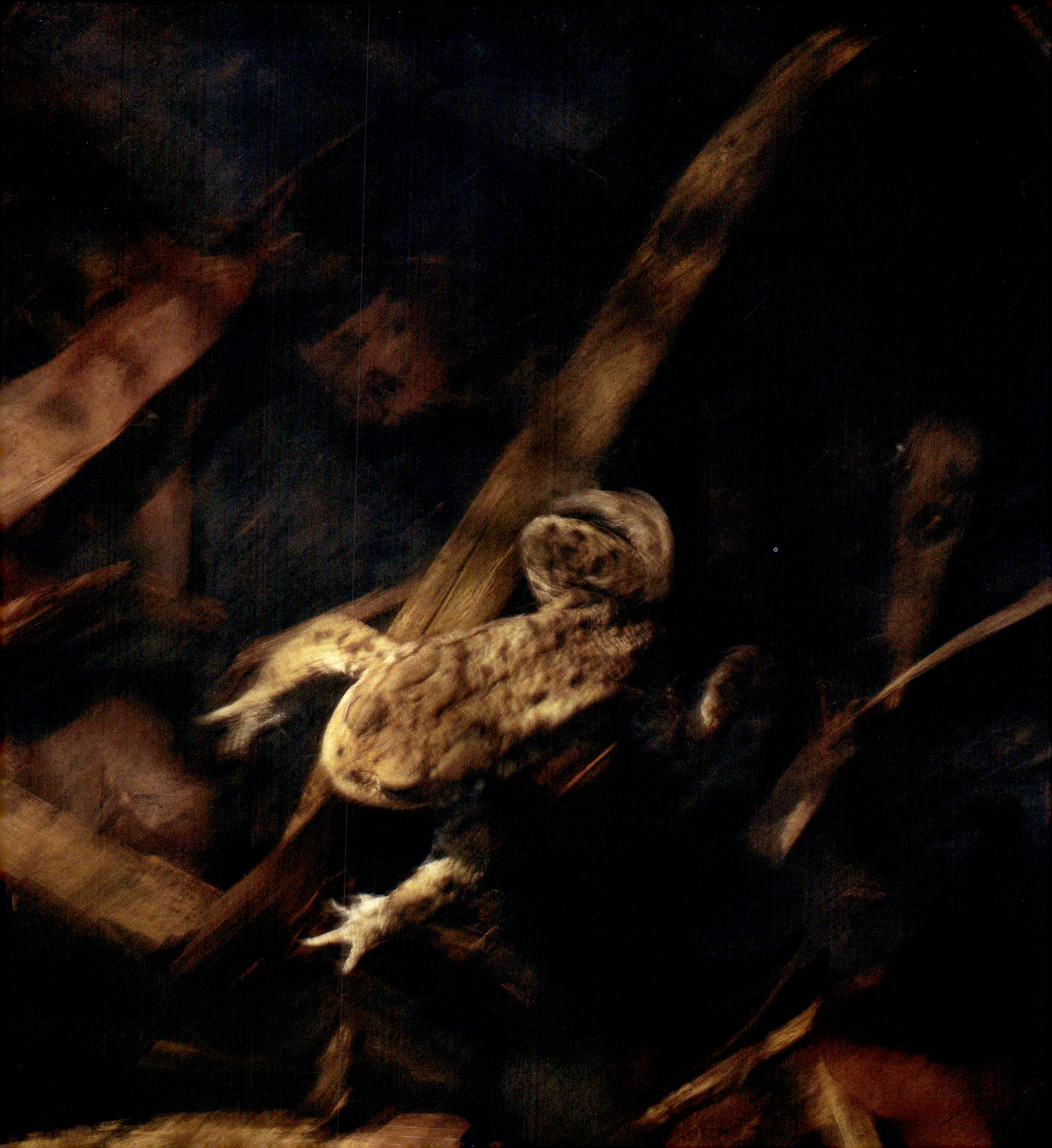

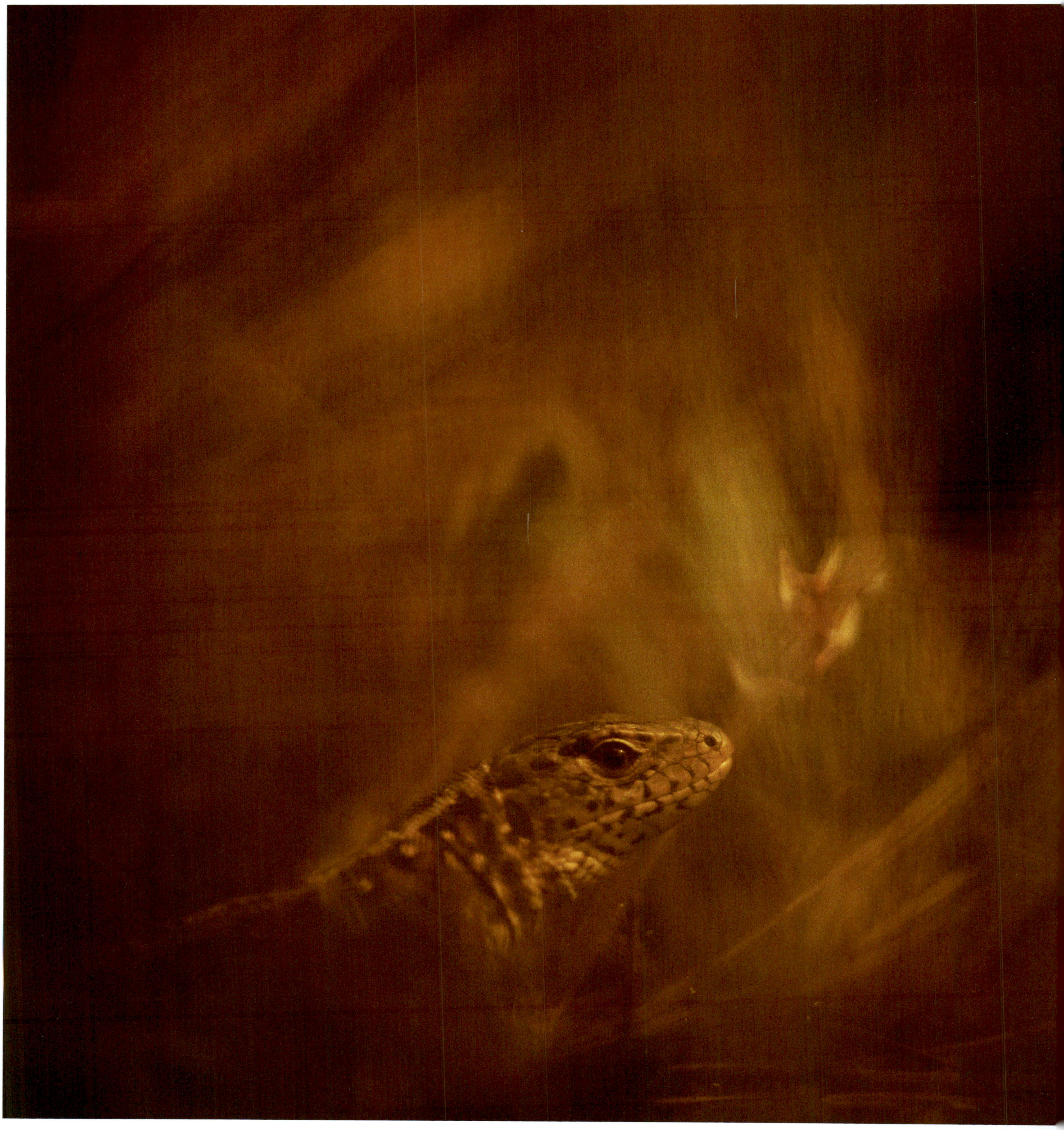

»Das Wenigste gerade, das Leiseste,
Leichteste, einer Eidechse Rascheln,
ein Hauch, ein Husch, ein Augen-Blick —
Wenig macht die Art des besten Glücks.«

Friedrich Wilhelm Nietzsche

Da sie ein hohes Wärmebedürfnis hat, mag es die Zauneidechse gerne trocken und sonnig. Frühmorgens setzt sie sich den ersten Sonnenstrahlen aus, um ihren von der Nacht kalten und steifen Körper auf Hochtouren zu bringen. Am späten Vormittag ist sie besonders aktiv. Der Lebensraum des ortstreuen Reptils sind Waldränder, Bahndämme, Steinbrüche und naturnahe Gärten.

Die Geburtshelferkröte ist die einzige heimische Amphibienart, die so etwas wie Brutpflege betreibt. Die Männchen der in Deutschland selten gewordenen Krötenart wickeln sich nach der Paarung die von den Weibchen ausgeschiedenen Laichschnüre um die Hinterbeine und tragen sie bis zum Schlüpfen der Larven. Sie können innerhalb weniger Tage bis zu drei Laichschnüre von verschiedenen Weibchen aufnehmen und mit sich umhertragen.

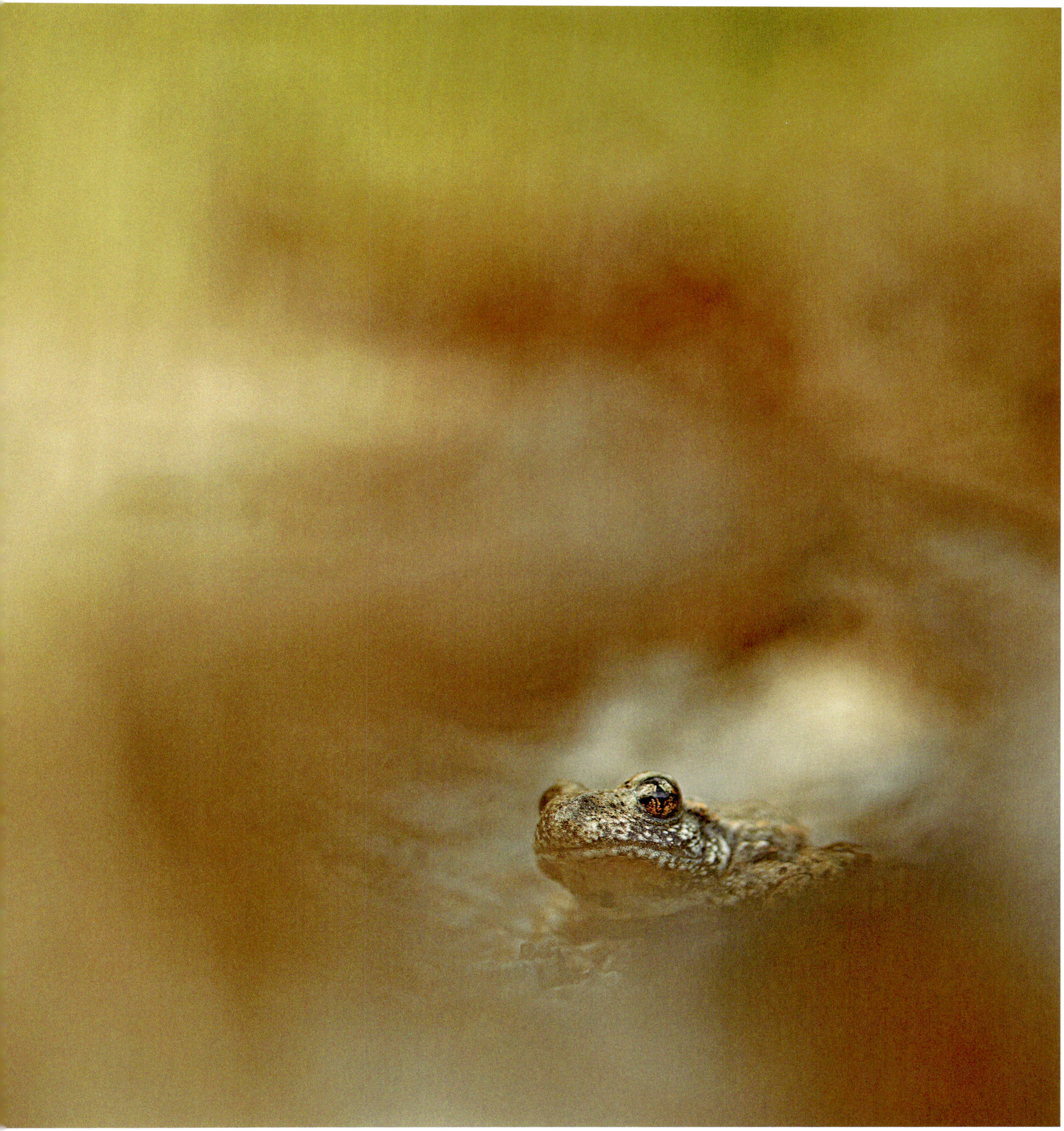

Zart und zerbrechlich wirkt der Bergmolch, der vom Köpfchen bis zur Schwanzspitze nur knapp 10 Zentimeter misst. Dabei ist er widerstandsfähiger, als man denkt. Zwar lebt er bevorzugt an Quellen, Bächen und Teichen waldreicher Mittelgebirge, doch ist er ziemlich anpassungsfähig und hält in feuchten Verstecken auch längere Trockenphasen aus. Zur Paarungszeit im Frühjahr färbt sich seine Oberseite bläulich. In Deutschland gilt der Bergmolch zwar nicht als gefährdet, ist aber »besonders geschützt«.

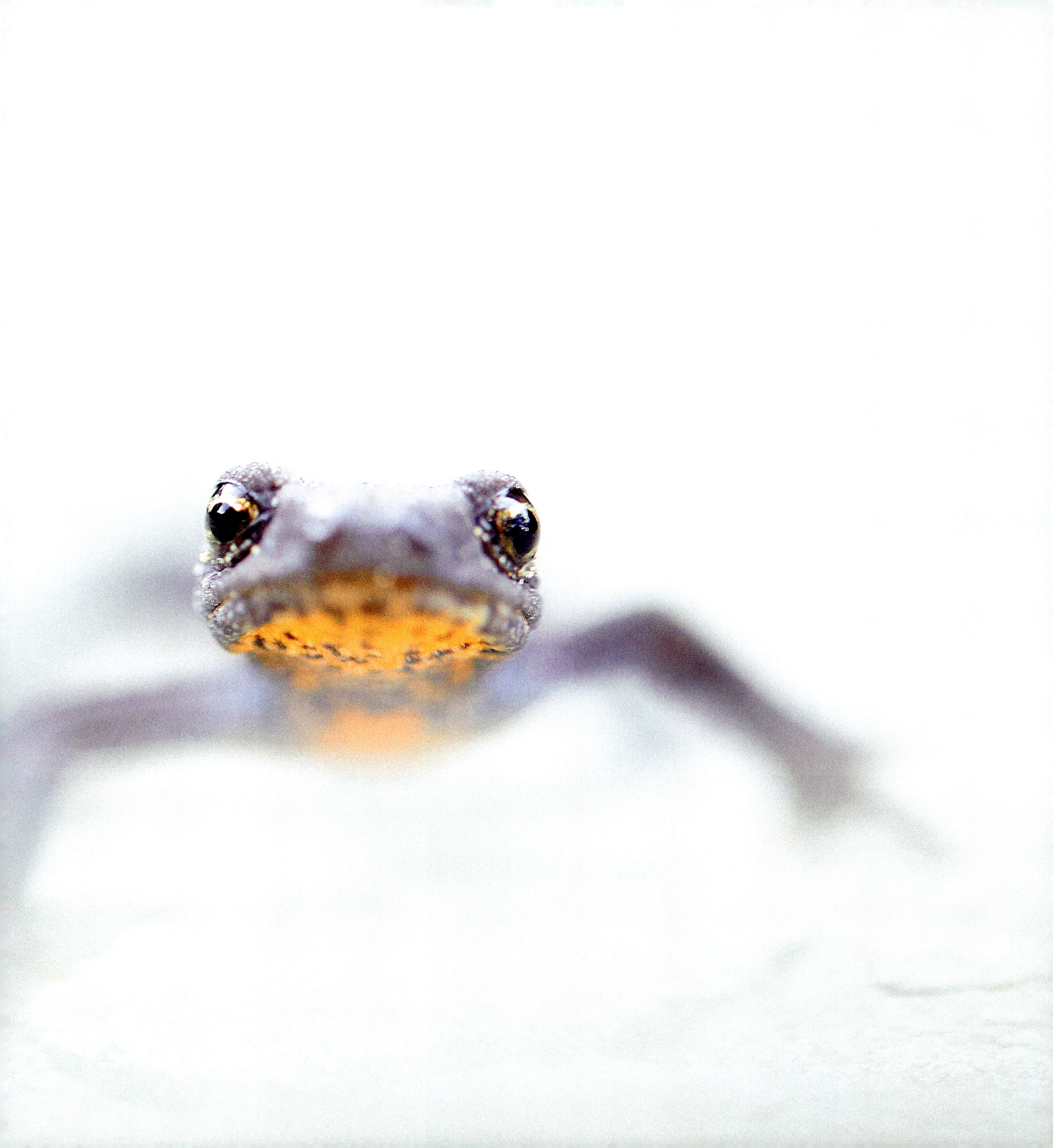

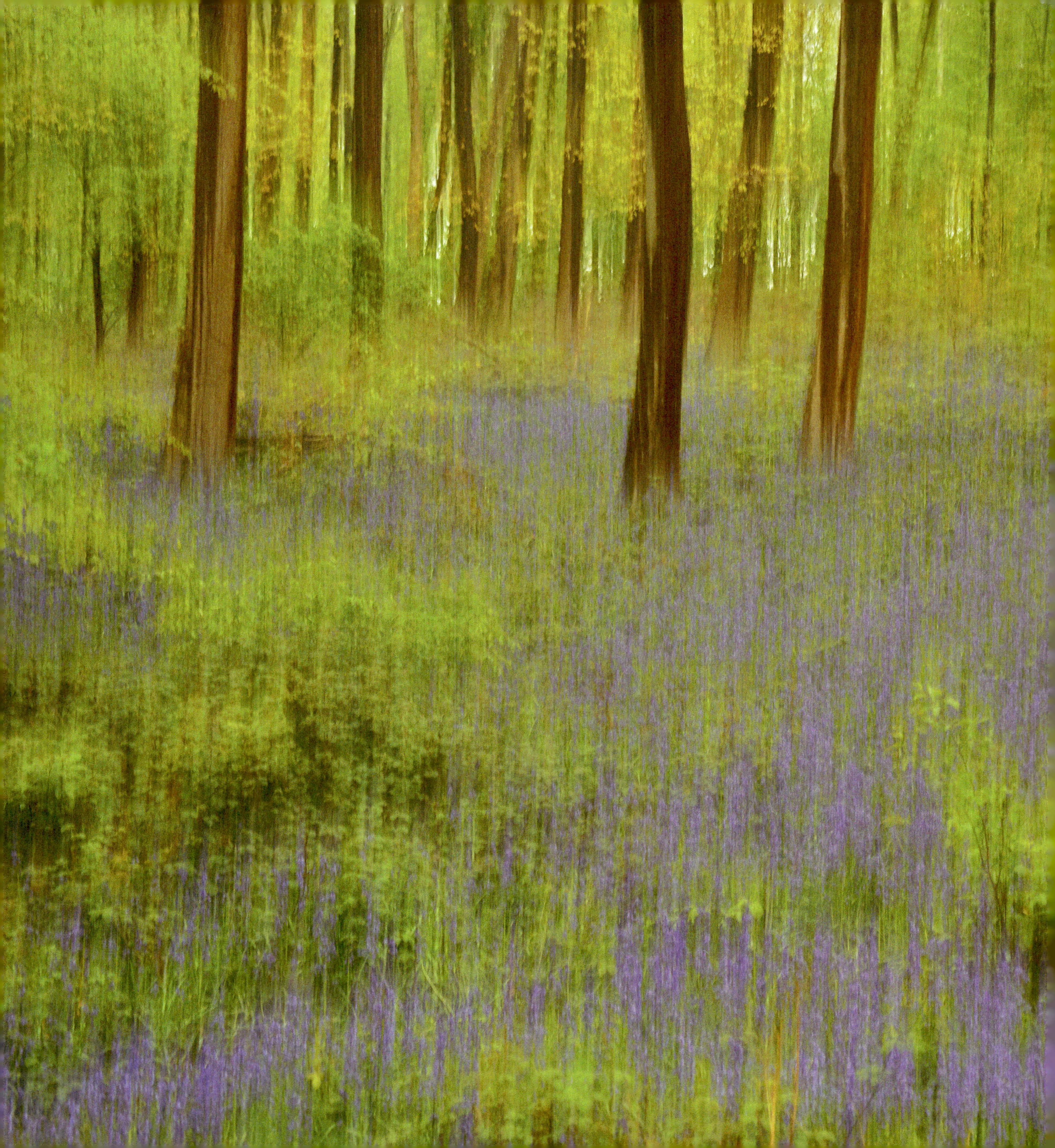

PFLANZEN-
ZAUBER

Bereits früh im Jahr zeigen die Hasenglöckchen ihre blauen Blüten. Die zarten Pflänzchen lieben lichte Laubwälder, wie etwa Buchen- oder Birkenwälder, deren Laub im Frühjahr noch genügend Sonne für ihre Entwicklung durchlässt.

EIN GRÜNES HAUS MIT MEHREREN ETAGEN

Ein Wald ist weit mehr als magische Wildnis und auch weit mehr als die Summe seiner Bäume. Er ist ein vielfältiger Lebensraum, in dem auch Sträucher, Blumen, Pilze, Moose und Flechten gedeihen. Und natürlich sind dort ganz viele Tiere zu Hause. Allein eine einzige Eiche bietet unzähligen Tierarten Lebensraum und Nahrung, und jeder dieser starken Bäume ist ein Eldorado für Insekten: Direkt oder indirekt leben von ihm rund 400 Schmetterlings-, über 100 Käfer- und dazu noch Dutzende diverser Zweiflügler- und Hautflüglerarten.

Wunderbares Zusammenspiel
Fast die Hälfte der Fläche Deutschlands besteht aus Wald, der wiederum auf der Liebesskala der Deutschen ganz weit oben steht. »Das Herz der Deutschen schlägt im Wald«, brachte es der ehemalige Reichspräsidenten Friedrich Ebert (1871–1925) auf den Punkt. Wälder sind wunderbar und rätselhaft. Wälder verströmen eine eigene Magie und mit ihren gewaltigen Bäumen lehren sie uns stets auch ein bisschen Ehrfurcht. »In den Wäldern sind Dinge, über die nachzudenken man jahrelang im Moos liegen könnte«, beschrieb es der große Schriftsteller Franz Kafka.

Der Aufbau eines Waldes gleicht einem Haus mit mehreren Stockwerken. Das Erdgeschoss entspricht der Bodenschicht, die unter anderem von Moosen und Pilzen gebildet wird. Hier leben Tausendfüßler, Asseln und andere Klein- und Kleinstlebewesen. Im ersten Stock, der Krautschicht, finden sich Kräuter, Gräser, Farne und Blütenpflanzen, wie das Buschwindröschen oder diverse Schlüsselblumenarten. Sie bieten Nahrung und Lebensraum für viele Schmetterlings-, Bienen- und Käferarten. Im zweiten Stock, der Strauchschicht, gedeihen – der Name sagt es schon – Hasel, Holunder, Weißdorn und viele andere Straucharten sowie junge Bäume, die sich erst noch in Richtung Licht nach oben kämpfen müssen. Die Strauchschicht ist stets ein kleines Vogelparadies und bietet zudem kleinen Säugetieren wie der Haselmaus Unterschlupf.

Den Abschluss bzw. das Dach des Waldhauses bildet die Baumschicht, der Lebensraum der Eichhörnchen, Baummarder und vieler Vogelarten. Eulen und andere Greifvögel nutzen die Wipfel der Bäume als Nist- und Brutplätze, aber auch gerne als Spähposten. Dort oben halten sie Ausschau nach Mäusen und anderen Kleinsäugern, die sie erbeuten möchten.

Im Rhythmus der Jahreszeiten
Der Kreislauf der Jahreszeiten lässt sich besonders intensiv im Wald erleben: Kaum sind die letzten Schneereste weggetaut und treffen die ersten Strahlen der wärmenden Frühlingssonne auf den Boden, beginnen auch schon die ersten Pflanzen neugierig ihre Köpfe aus dem Boden zu strecken. Zuerst bilden Buschwindröschen und Märzenbecher weiße Blütenteppiche, wenig später bringen Schlüssel-

Veilchen gehören zu den klassischen Frühlingsboten. Die ausgesprochen wohlriechenden, fast betörend duftenden Blümchen verheißen im Volksglauben Jugend und Hoffnung und gelten als Symbol für die Liebe.

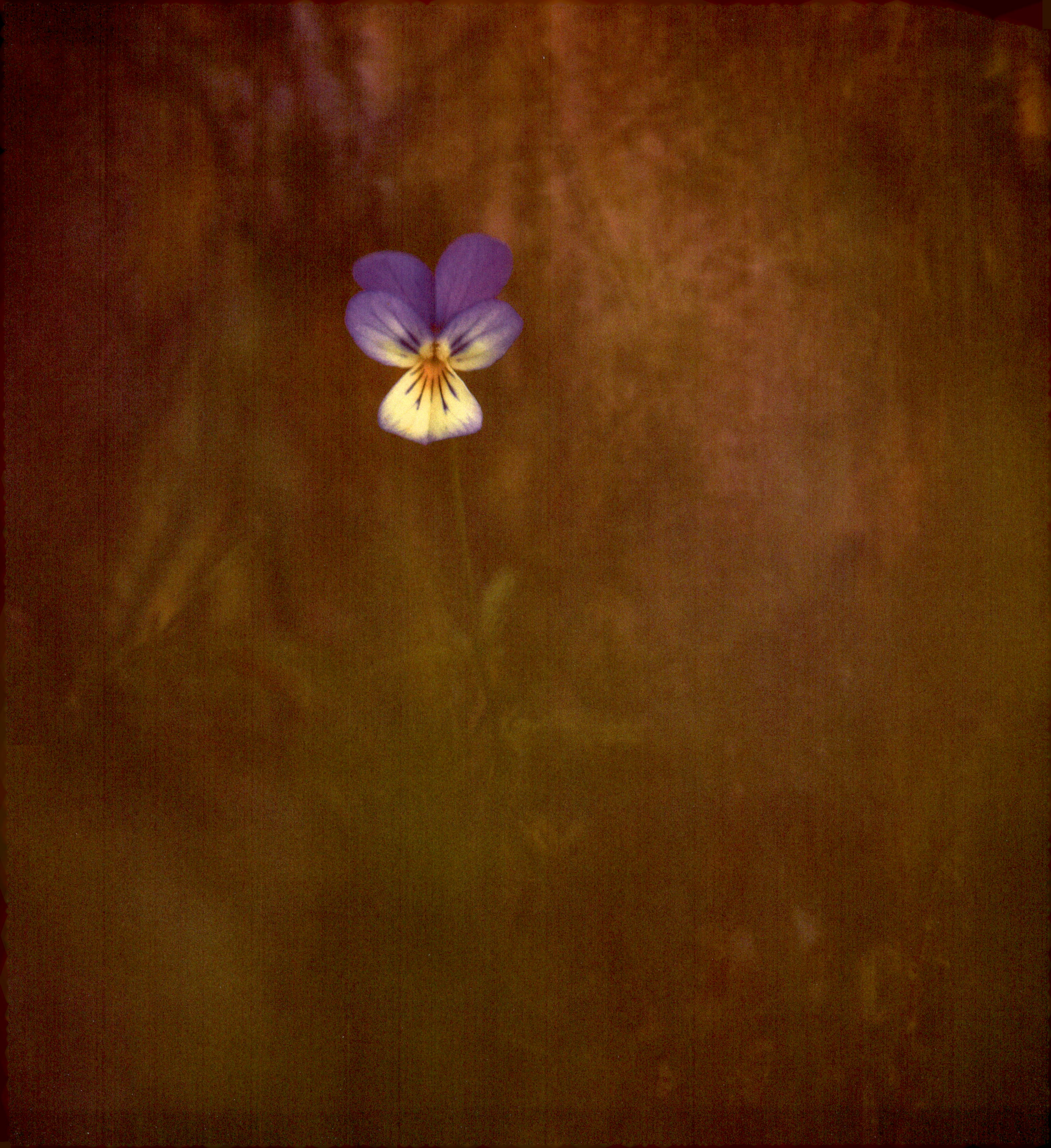

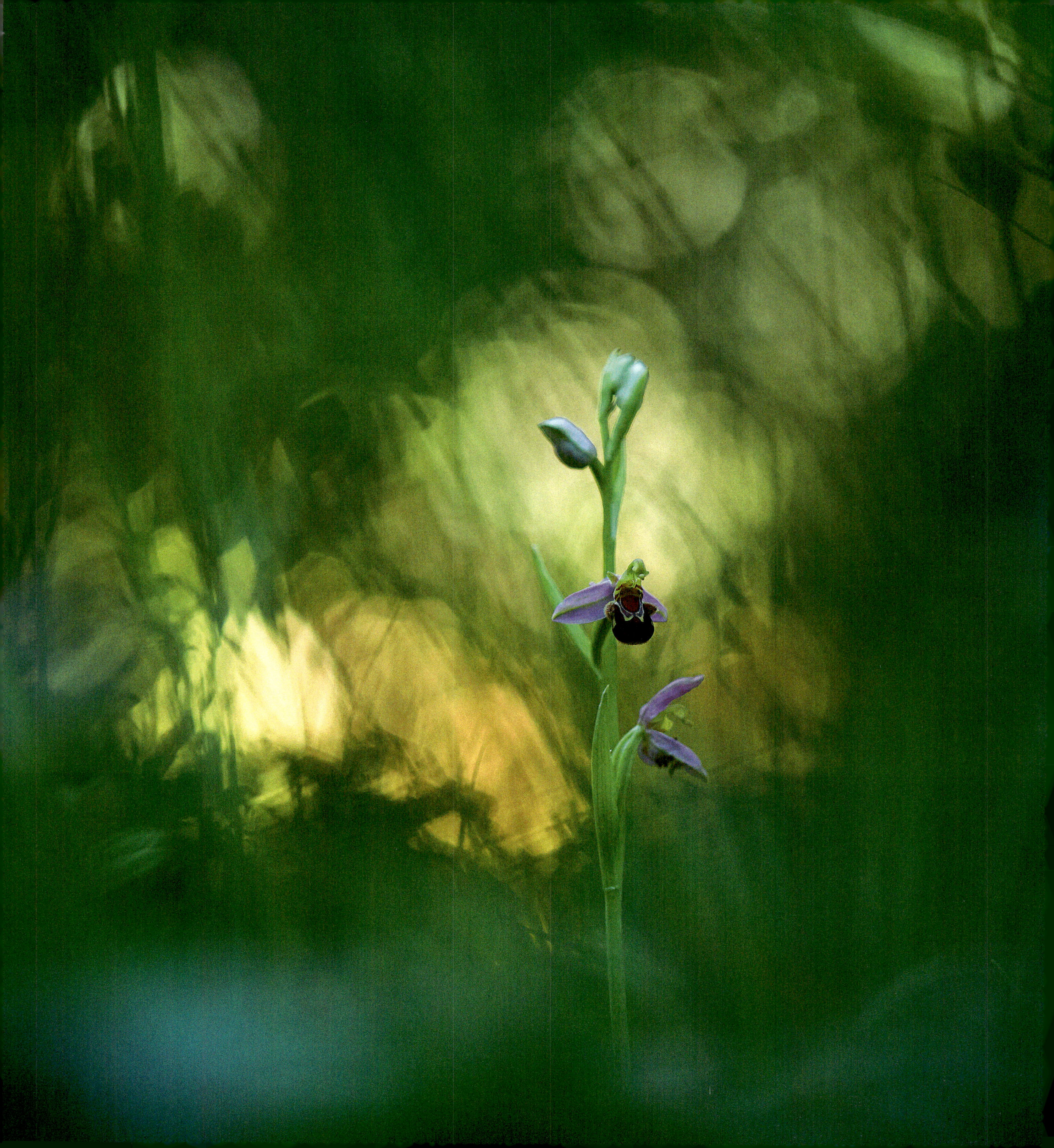

> »Schau dir einen Baum, eine Blume, eine Pflanze an. Lass dein Gewahrsein darauf ruhen. Wie still sie sind, wie tief sie im Sein wurzeln. Lass zu, dass die Natur dich die Stille lehrt.«
>
> Eckhart Tolle

blume und Leberblümchen gelbe und violette Farbe ins Spiel. Auch die Bäume beenden jetzt ihre Winterruhe. Licht und Wärme lassen die Blätter austreiben und das erste zaghafte Grün erscheint. Muntere Aufbruchstimmung macht sich breit, der Wald beginnt zu atmen.

Der Sommer ist die Phase der Konsolidierung. Die Bäume – ob mächtige Eiche oder schlanke Birke – kommen nach der anstrengenden Blüten- und Blattbildung im Frühjahr allmählich wieder zur Ruhe. Die Kronen von Eiche und Co. haben sich in ein solch üppiges Blattwerk gehüllt, dass kaum noch Sonnenlicht auf den Boden fällt.

Im Herbst zeigt sich der Wald von seiner schönsten Seite. Die Blätter der Laubbäume leuchten gelb, orange, ockerfarben und rot. Der Waldboden ist dicht gesprenkelt mit Eicheln, Bucheckern, Fichtenzapfen und anderen Früchten sowie mit Pilzen in allen möglichen Formen und Farben, die wie von Zauberhand plötzlich hervorsprießen.

Wenn schließlich im Winter der Blattabwurf vollständig abgeschlossen ist, kehrt Ruhe ein und die Bäume halten ihren wohlverdienten Winterschlaf. Sie gehen in den Energiesparmodus über, zehren von den Reserven, die sie in den Monaten zuvor angelegt haben, und sammeln Kraft – Kraft, die sie im nächsten Frühjahr dringend brauchen werden, um wieder Blätter und Blüten bilden zu können.

Gespräch unter Bäumen

Aber unser Wald hat noch einen weiteren Zauber zu bieten, denn Pflanzen sind keine stummen Lebewesen. Sie geben jedoch keine Laute von sich, die wir mit unseren Ohren vernehmen könnten, sondern kommunizieren auf chemischer Ebene. Untersuchungen zeigen, dass sie sich mithilfe von Botenstoffen gegenseitig unterstützen können. Auf diese Weise weisen sie die liebe Nachbarpflanze auf die Anwesenheit von Bienen, Hummeln und anderen nützlichen Bestäubern hin und warnen einander vor gefährlichen Schädlingen. Aber damit nicht genug: Pflanzen können sogar um Hilfe rufen. Legt beispielsweise ein gefräßiger Ulmenblattkäfer seine Eier auf die Blätter einer Ulme ab, gibt diese sofort chemische Substanzen in die Luft ab, um damit Erzwespen herbeizurufen, die sich über den Ulmenblattkäfernachwuchs hermachen. Auf diese Weise bleibt die Ulme vor größeren Schäden bewahrt. Einige Wissenschaftler glauben sogar, dass Bäume sich nicht nur durch die Abgabe von Hormonen in die Luft austauschen, sondern über ein gewaltiges unterirdisches Netz aus Wurzeln und Pilzfäden miteinander kommunizieren – über ein »Wood Wide Web« oder eine Art pflanzliches Internet im Boden.

Die Bienen-Ragwurz, eine heimische Orchideenart, ist eine Sexualtäuschblume. Ihre Blüte erinnert optisch stark an eine weibliche Biene – und das mit gutem Grund: Oft fallen Bienenmännchen auf diese Täuschung herein und bestäuben die Blumen bei ihren vergeblichen Kopulationsversuchen.

Das streng geschützte Alpenveilchen bezaubert durch seine hellrosa bis karminroten, nach Veilchen und Vanille duftenden Blüten. Die Blüten sind ohne Nektar, die Bestäubung erfolgt meist durch Hummeln. Aber Vorsicht, die hübsche Pflanze ist hochgiftig, ihr Gift steckt vor allem in der Knolle – bereits 0,3 Gramm der Knolle wirken toxisch. Eine höhere Dosis kann sogar zum Tod führen.

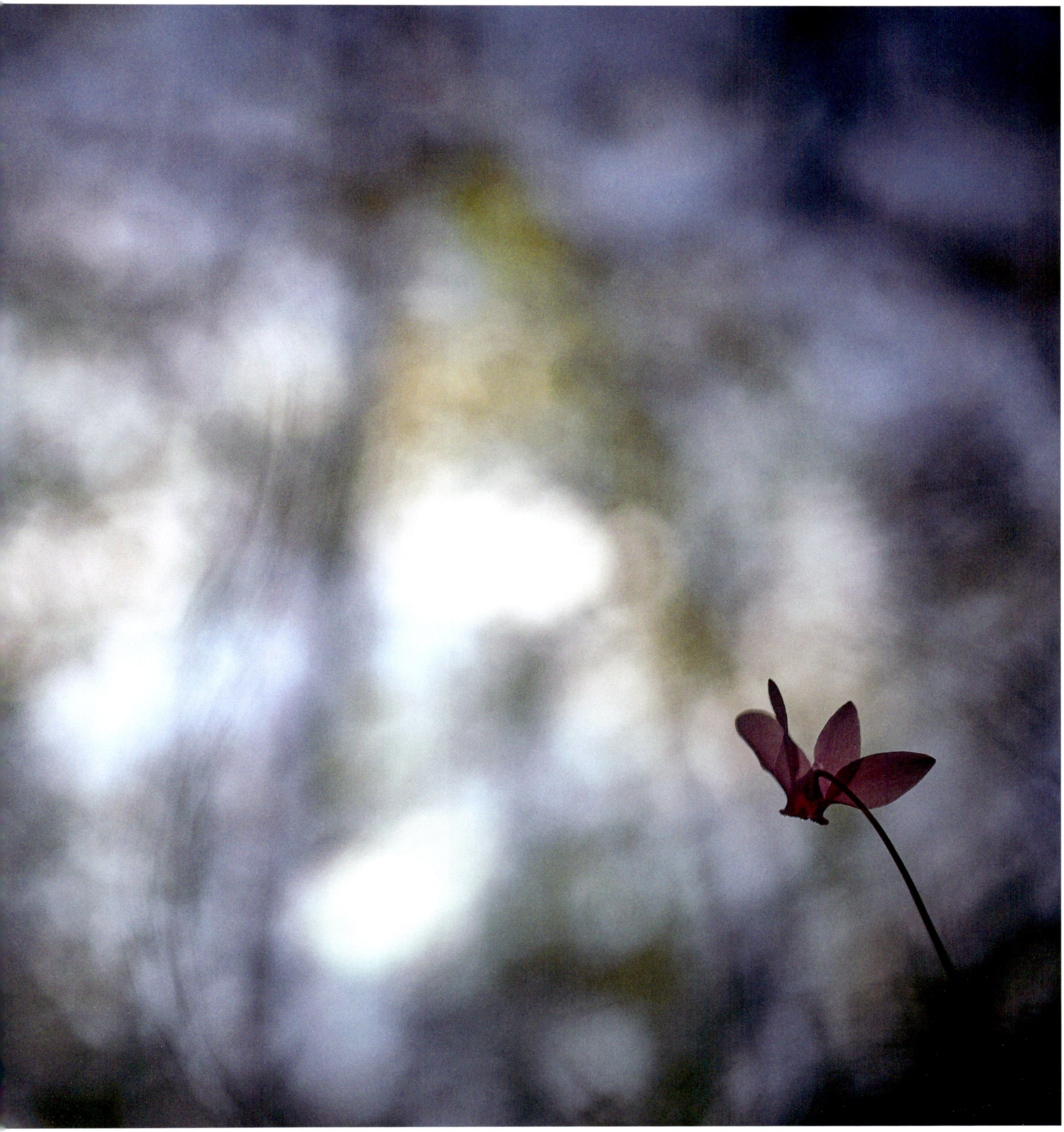

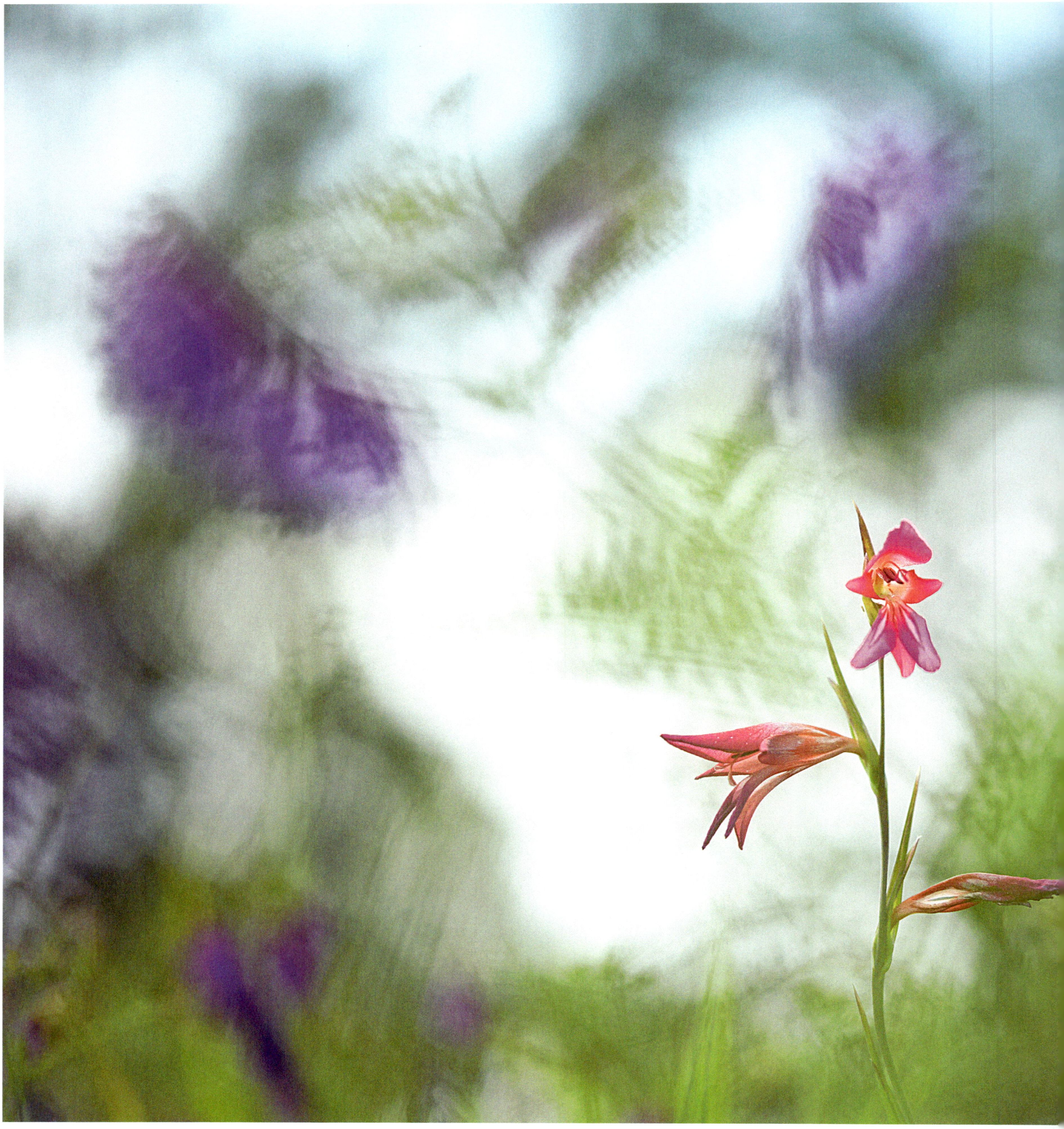

Mit ihren leuchtend purpurnen Blüten ist die Sumpf-Siegwurz der sommerliche Star der Streuwiesenpflanzen. Die unterirdische Knolle der Pflanze ist von einem Fasernetz umgeben, das auf den ersten Blick an ein mittelalterliches Kettenhemd erinnert. Deshalb galt früher ein Ritter, der eine Knolle der Sumpf-Siegwurz unter seiner Rüstung trug, als unverwundbar. Die Sumpf-Siegwurz ist in Deutschland vom Aussterben bedroht.

Veilchen-Parfums sind ein Klassiker und waren vor allem im 19. Jahrhundert sehr beliebt. Veilchen duften jedoch nicht nur, sondern werden auch seit vielen Jahrhunderten als Heilpflanzen genutzt. Sie helfen bei Erkältungen, Asthma, rheumatischen Erkrankungen und vielen anderen Beschwerden.

An ein Schachbrett erinnert das Würfelmuster der Blüten der Schachbrettblume. Die Blume, die im Frühjahr auf frischen Wiesen, Auen oder in lichten Wäldern blüht, ist in Deutschland vom Aussterben bedroht und steht unter strengem Naturschutz.

Erst wenn das Buschwindröschen im Wald seine weißen Blüten entfaltet, nimmt der Frühling so richtig Fahrt auf. Doch der Blütenzauber der Pflanze währt nur kurz, denn wenn die Bäume ihr Laubdach ausgebreitet haben und ihm so das Licht nehmen, ist seine Zeit bis zum nächsten Frühjahr vorbei. ▽▽

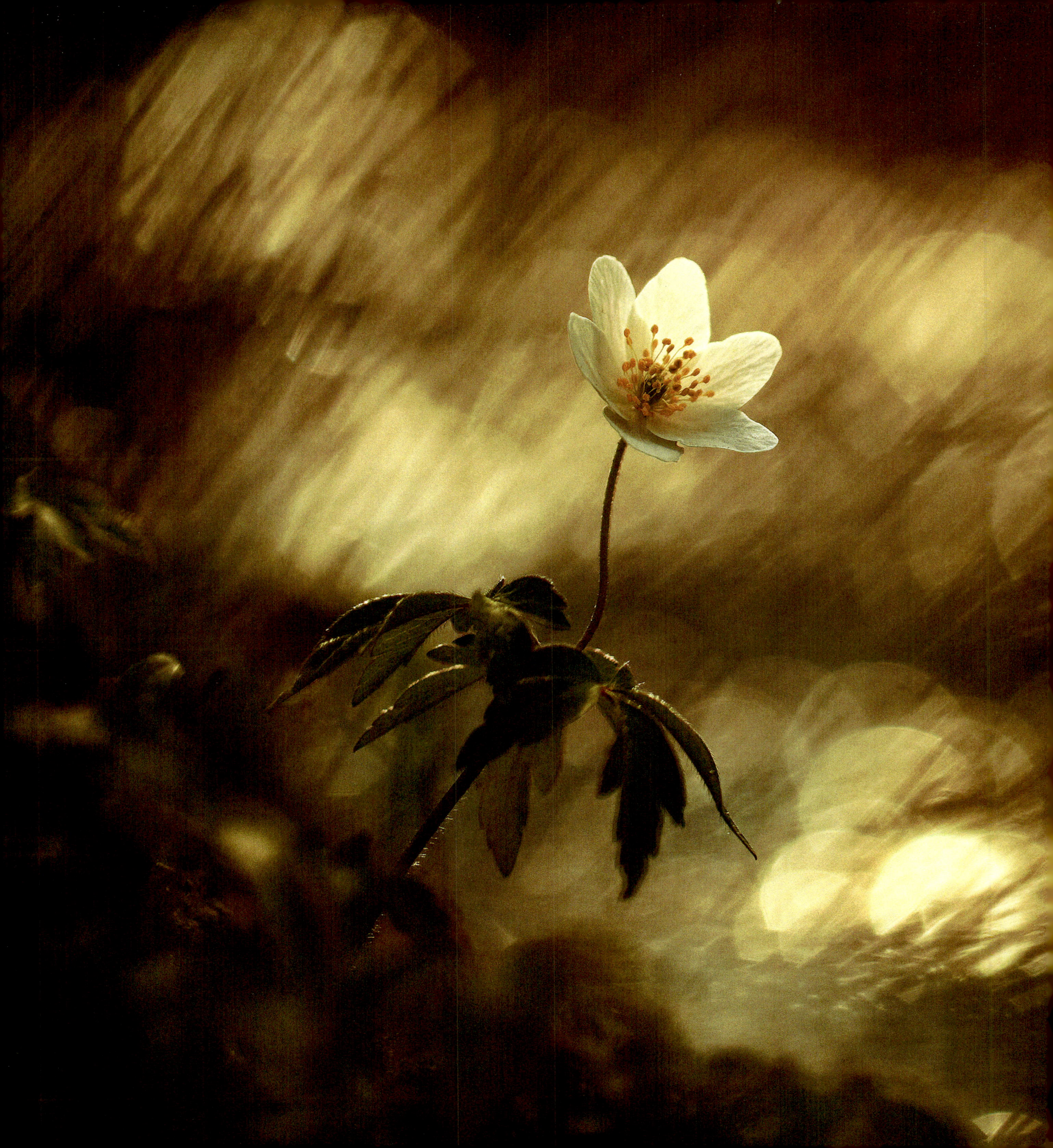

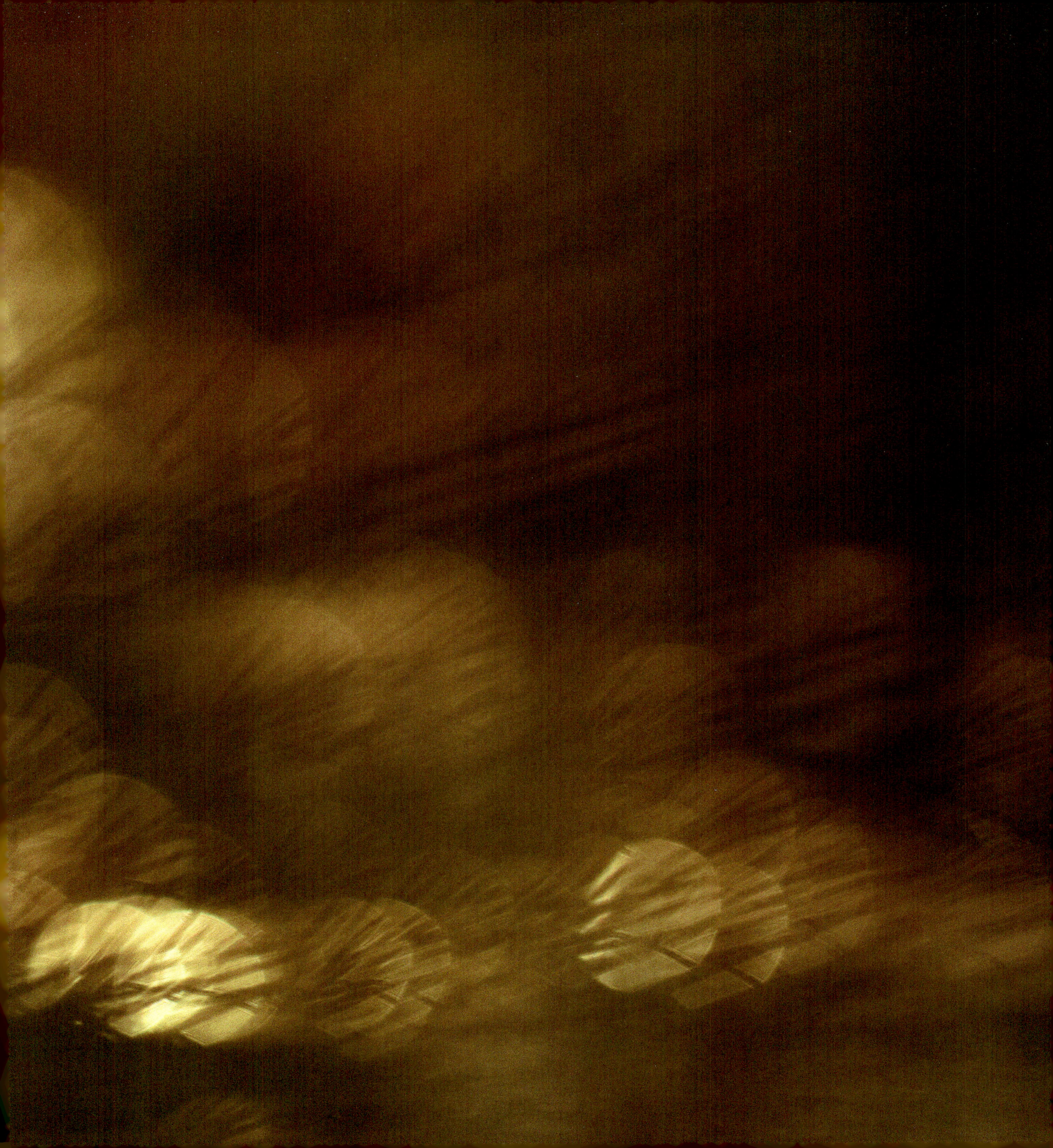

Durch seine frühe Blüte ist der Märzenbecher auch eine wertvolle erste Nahrungsquelle für Insekten. △
Der Wachtelweizen ist nicht nur ein schöner Blickfang für alle Natur- und Pflanzenfreunde, sondern auch eine wichtige und üppige Bienenweide. ▷

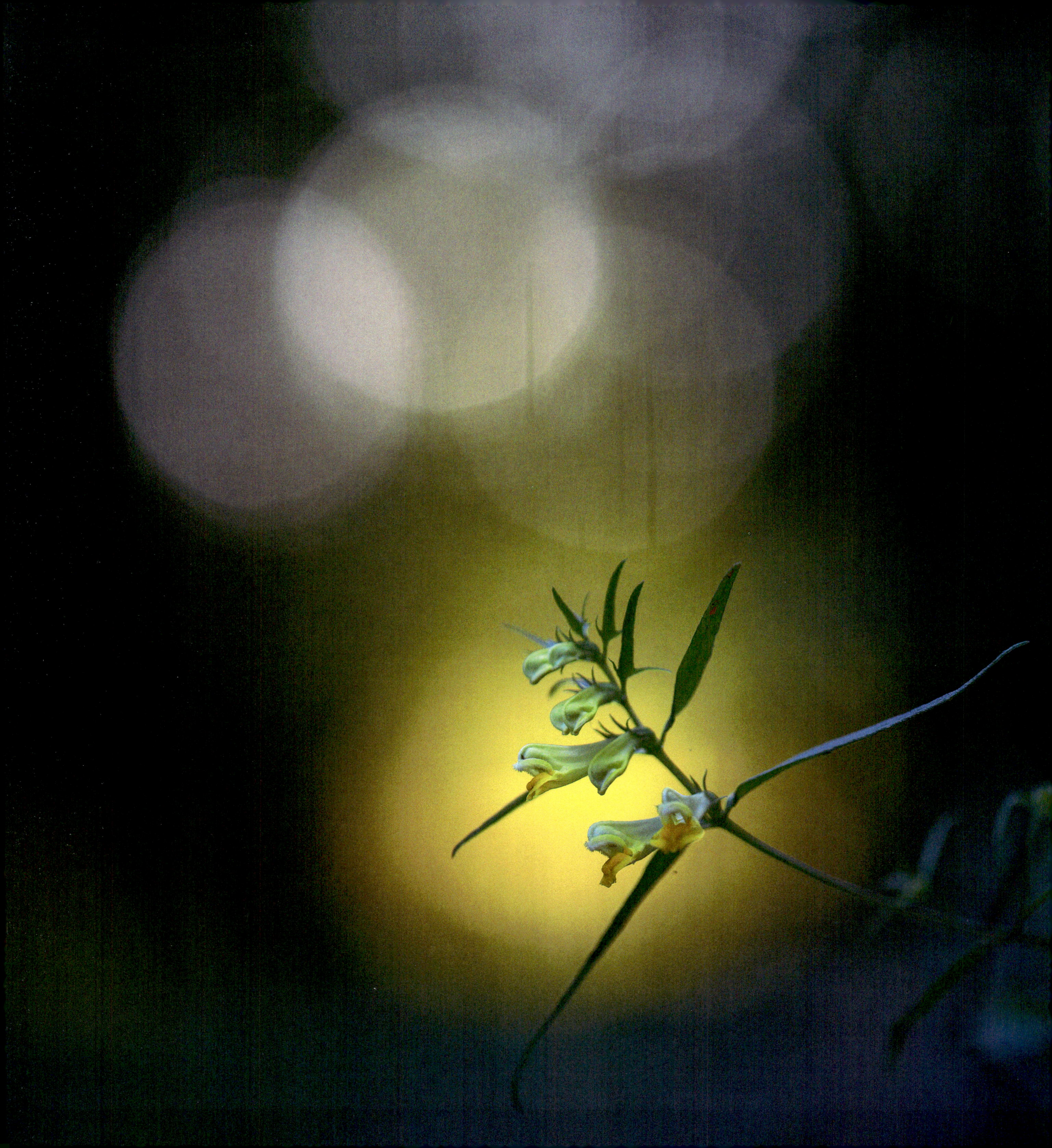

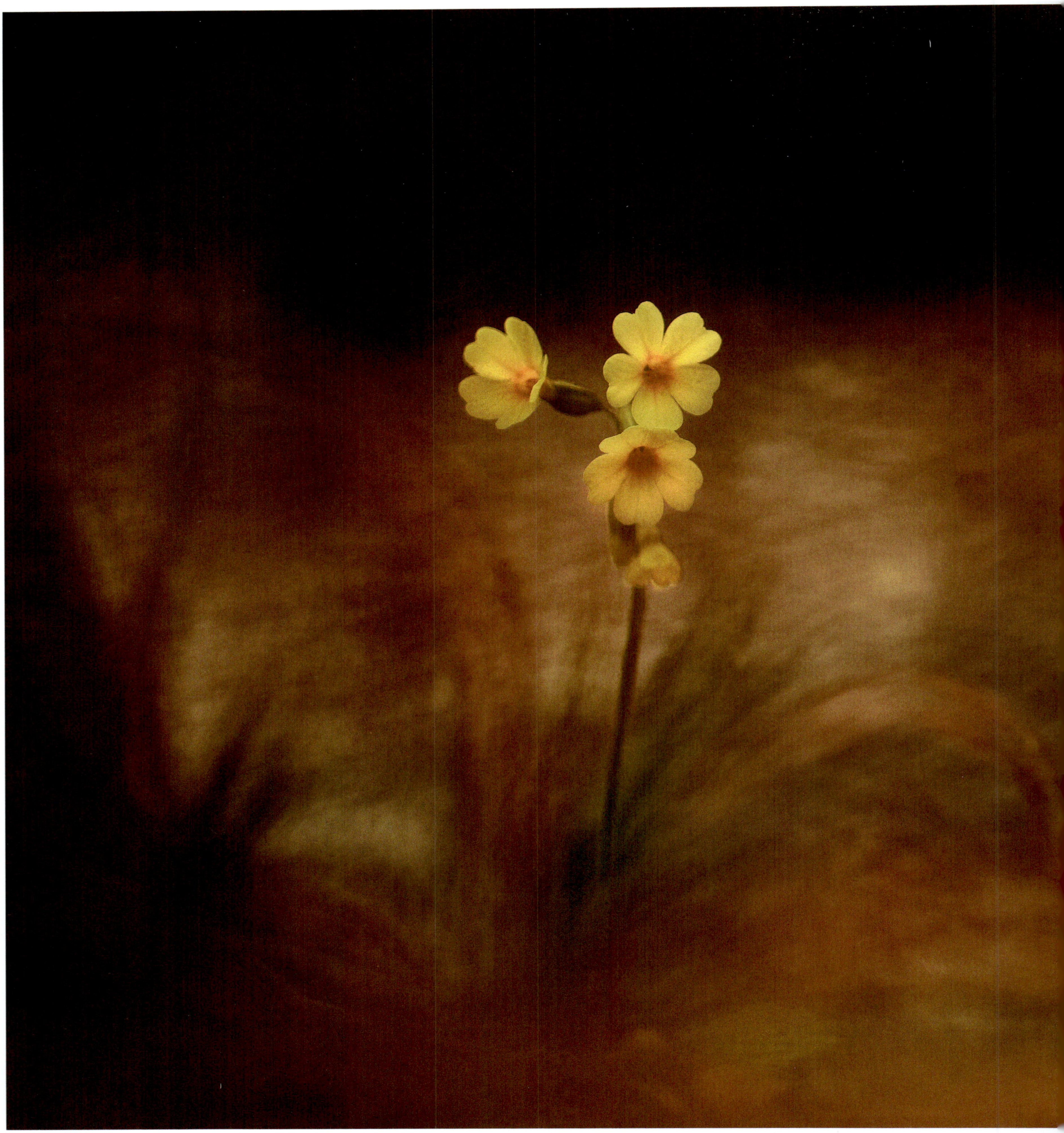

»Die Primeln blühn und grüßen
so lieblich mir zu Füßen,
die Amsel singt so laut.
Die Sonne scheint so helle –
nur ich weiß eine Stelle,
dahin kein Himmel blaut.«

Christian Morgenstern

Schlüsselblumen gedeihen gut auf feuchten, nährstoffreichen und lockeren Böden. Sie werden vor allem von Schmetterlingen, Hummeln und anderen Insekten bestäubt, die einen langen Saugrüssel besitzen. Bienen dagegen müssen den Blütenkelch an der Seite aufbeißen, um an den tief am Blütenboden befindlichen Nektar heranzukommen. Die Blütendolde der Pflanze erinnert an einen Schlüsselbund, wobei die einzelnen Blüten die Schlüssel darstellen.

Der Schachtelhalm enthält sehr viel Kieselsäure. Deshalb wurden früher die grünen Sommertriebe des »Zinnkrauts« als »pflanzliches Schmirgelpapier« zum Putzen von Metall verwendet. In der Naturmedizin wird der Schachtelhalm bei Nierenkrankheiten und Problemen des Bindegewebes eingesetzt.

Zu den sogenannten fleischfressenden Pflanzen gehört der Sonnentau. Die streng geschützte Pflanze lockt mit zuckerhaltigen Sekreten vorbeifliegende Insekten an, die an den klebrigen Drüsenhaaren ihrer Blätter hängen bleiben. Sie werden anschließend von der Pflanze verdaut und als wertvolle Stickstoffquelle genutzt.

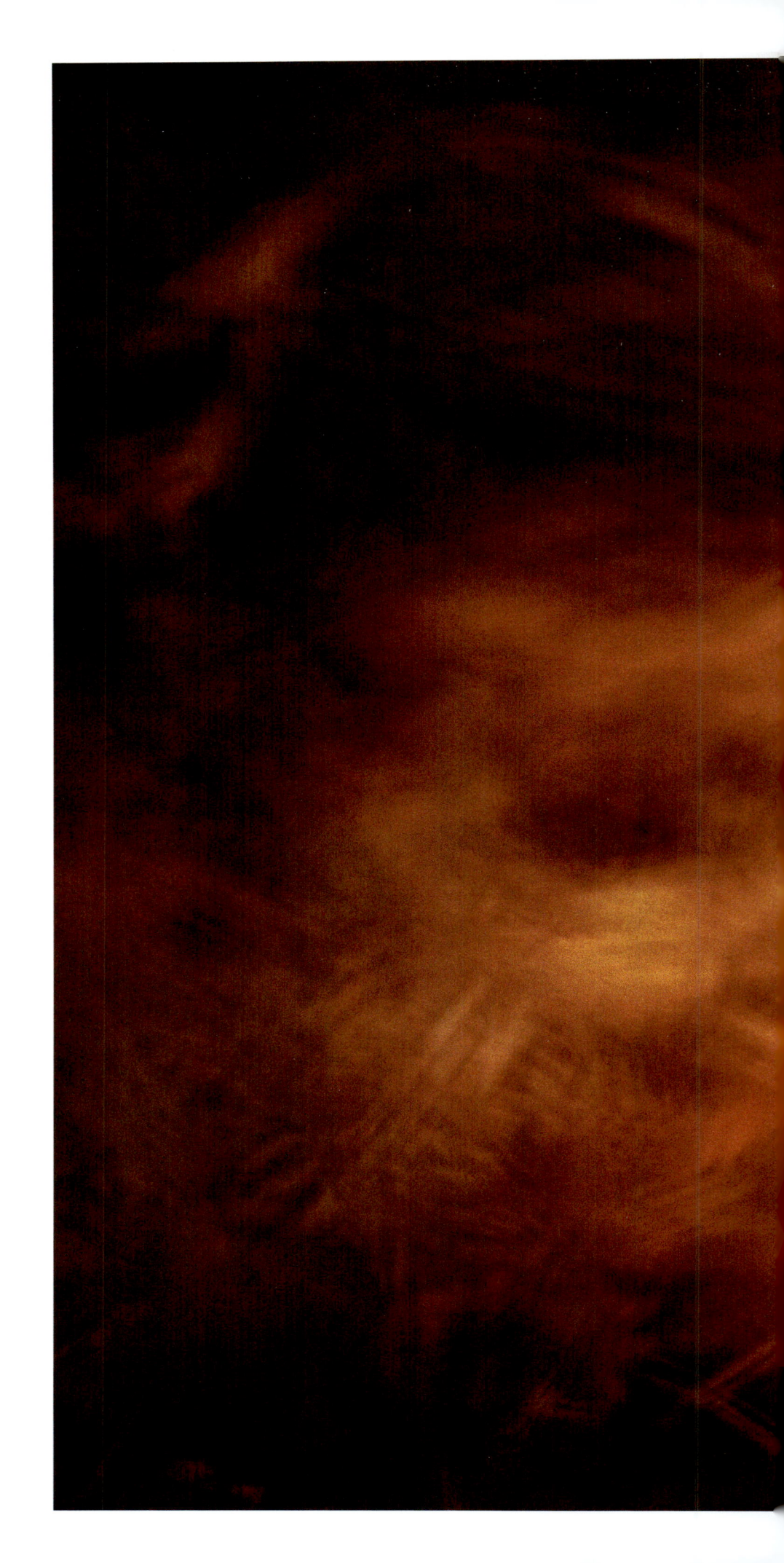

Seinen ungewöhnlichen Namen verdankt das Leberblümchen der Gestalt seiner Laubblätter, die den Betrachter unwillkürlich an eine Leber erinnern. In Deutschland seht das vor allem in Laubwäldern vorkommende Leberblümchen unter Schutz.

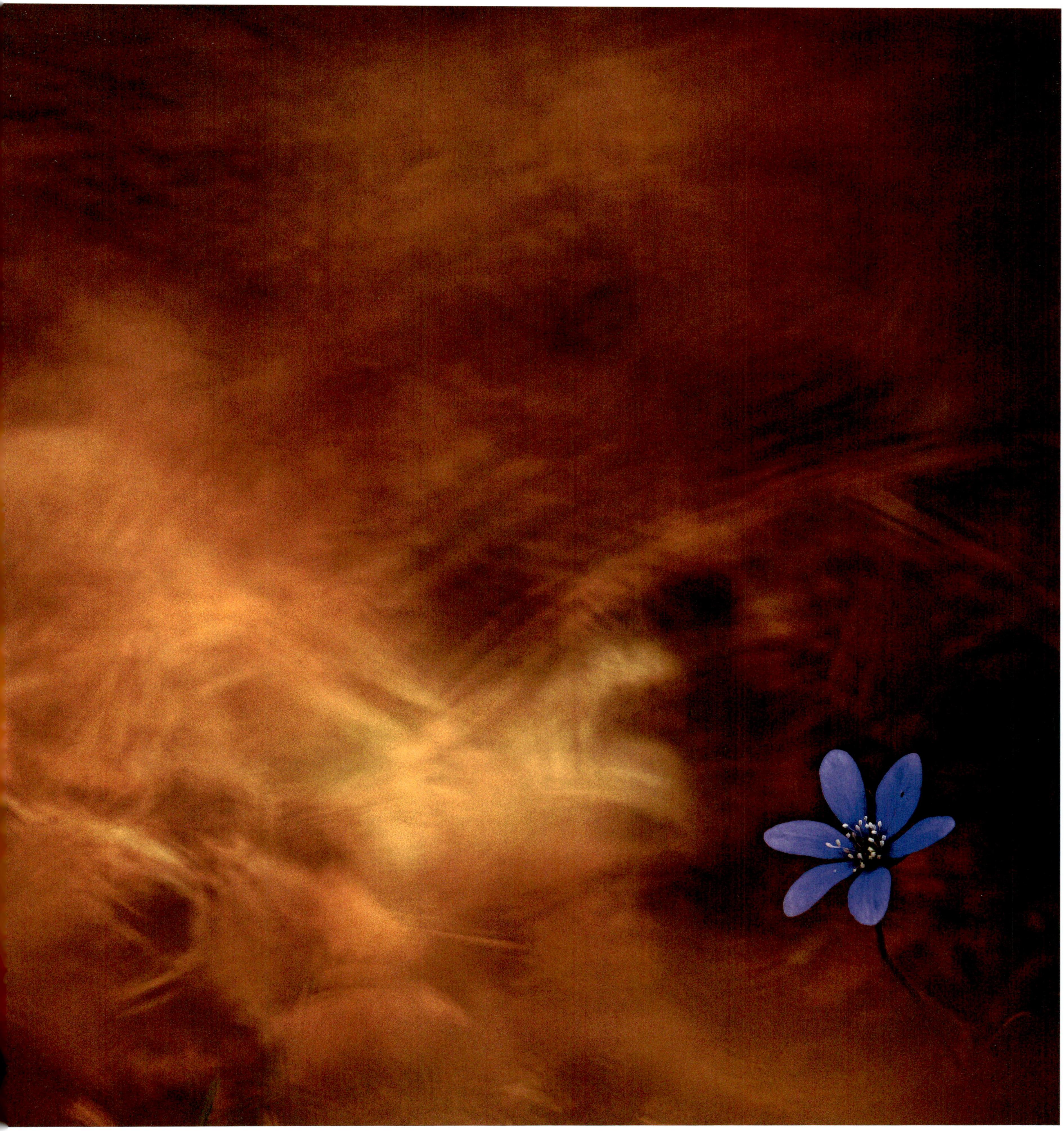

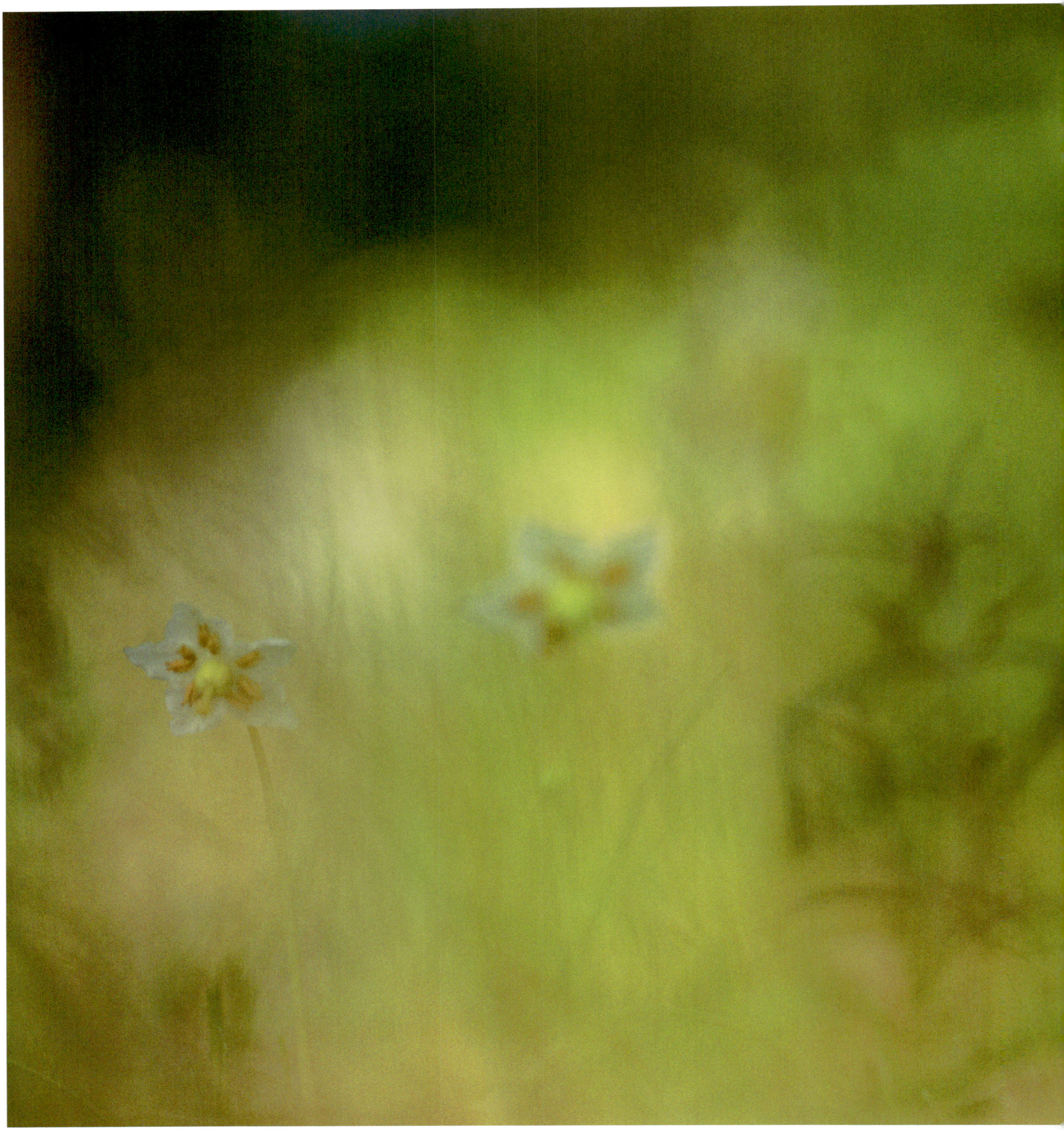

Als »Porzellanblume« kennen es manche – das Moosauge, das vor allem an schattigen Plätzen in Fichten- und Tannenwäldern zu finden ist. Obwohl in Europa weitverbreitet, gehört die wintergrüne Pflanze zu den gefährdeten Arten. Seinen Namen verdankt das Moosauge seinem bevorzugten Standort und seiner früheren Verwendung in der Augenheilkunde.

Bertolonis Ragwurz ist eine unserer schönsten europäischen Orchideenarten. Ihr Verbreitungsgebiet erstreckt sich über die Apenninen- und Balkanhalbinsel bis Montenegro. Dort wächst sie in lichten Wäldern auf trockenen, basenreichen Böden.

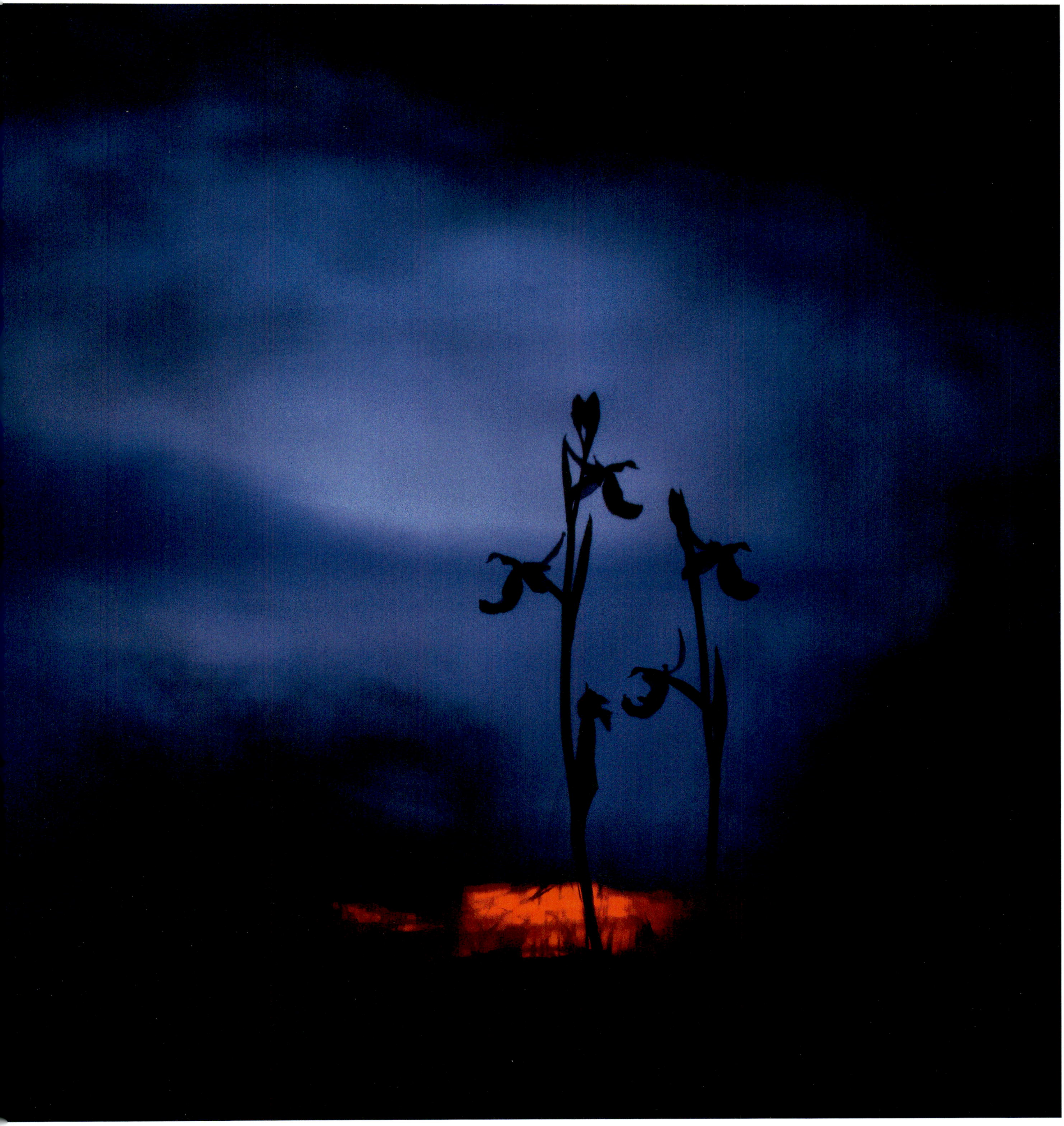

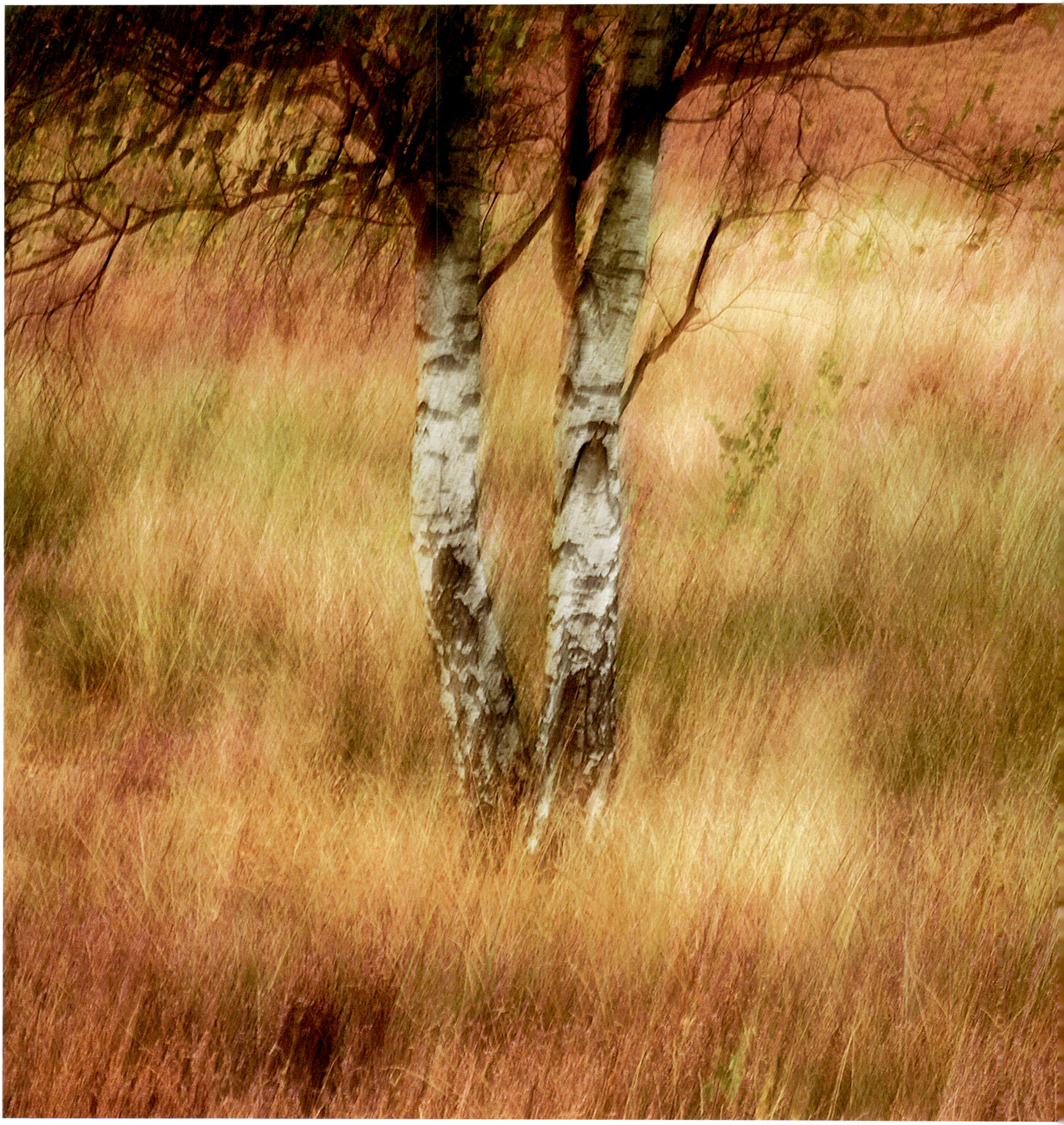

»Wie mag in einem rechten Sturm
ein Baum zum Gefühl seiner selbst kommen!
Wie wunderbar ist eine Birke im Sturm!
Wie göttlich graziös! Wie unsagbar malerisch!«

Christian Morgenstern

Um die Birke ranken sich zahlreiche Mythen und Rituale. Da sie als Symbol des Frühlings und der wiedererwachenden Natur gilt, werden in vielen süddeutschen Gemeinden geschlagene Birken in der Dorfmitte als »Maibaum« aufgestellt, um so den Frühling ins Dorf zu holen. In Russland ist die Birke ein nationales Symbol, vergleichbar mit der »deutschen Eiche«.

Der Steinpilz ist ein bei Pilzsammlern gerne gesehener Hut. Mit Folgen: Weil es sich beim Steinpilz um einen der edelsten Speisepilze handelt, ist er in unseren Breiten selten geworden.

Der giftige Fliegenpilz wurde früher klein geschnitten in gezuckerte Milch gelegt – der leckere, aber tödliche Sud war eine perfekte Fliegenfalle.

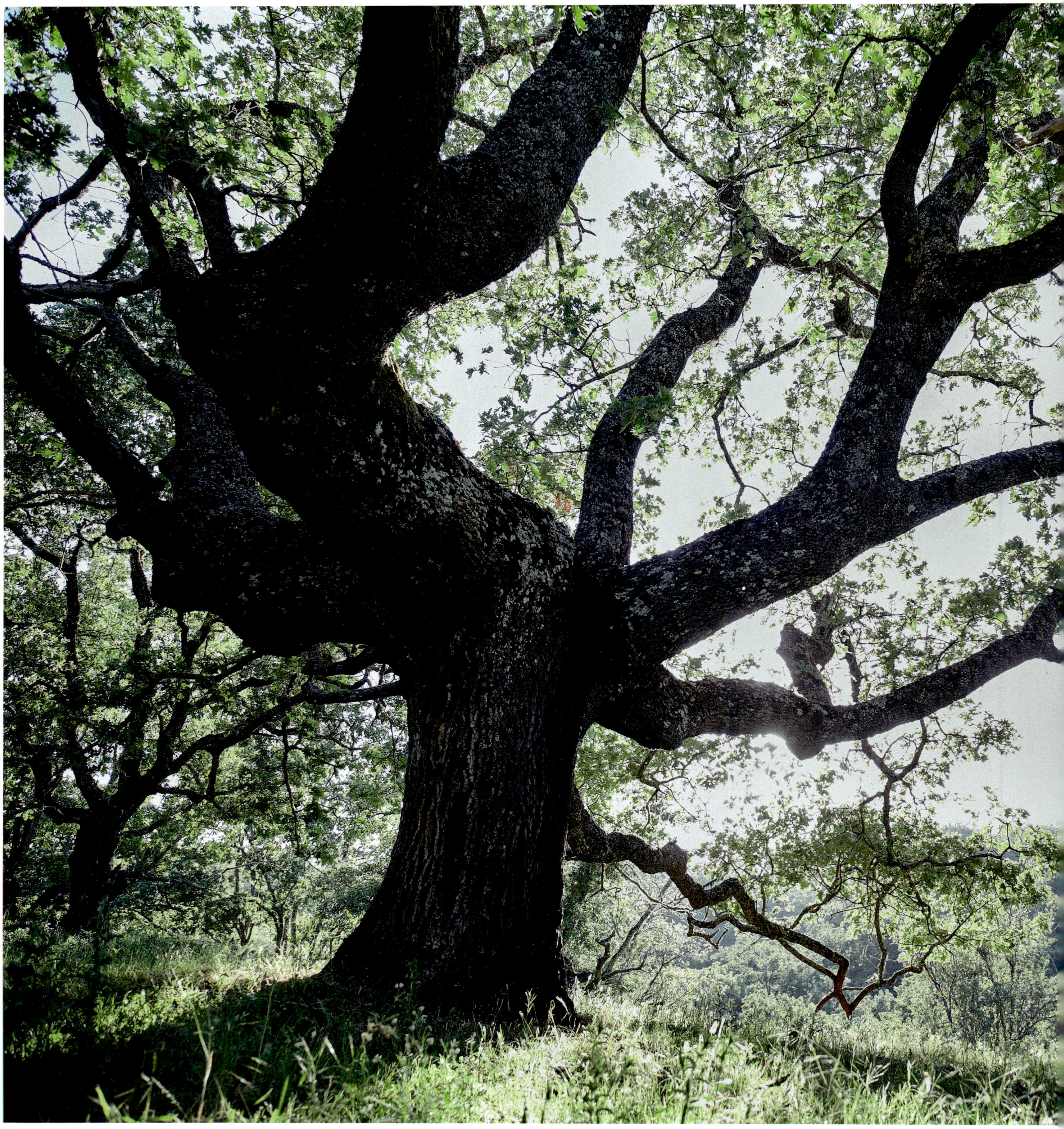

Stärke, Kraft, Stolz und sogar Unsterblichkeit – das alles wird der Eiche zugeschrieben. In der Natur spielt sie aber eine ganz reale wichtige Rolle: als Hort ökologischer Vielfalt. Kein anderer Baum in Europa beherbergt mehr Insektenarten als die Eiche. Insgesamt leben schätzungsweise zwischen 1000 und 10 000 unterschiedliche Tierarten direkt oder indirekt von der Eiche.

Der Wald ist weit mehr als die Summe seiner Bäume – ein vielfältiger und komplexer Lebensraum für zahllose Tier- und Pflanzenarten und ein wichtiger Erholungsraum für uns Menschen. Und nicht zuletzt ist er ein Ort, an dem Märchen und Sagen gedeihen. ▽▽

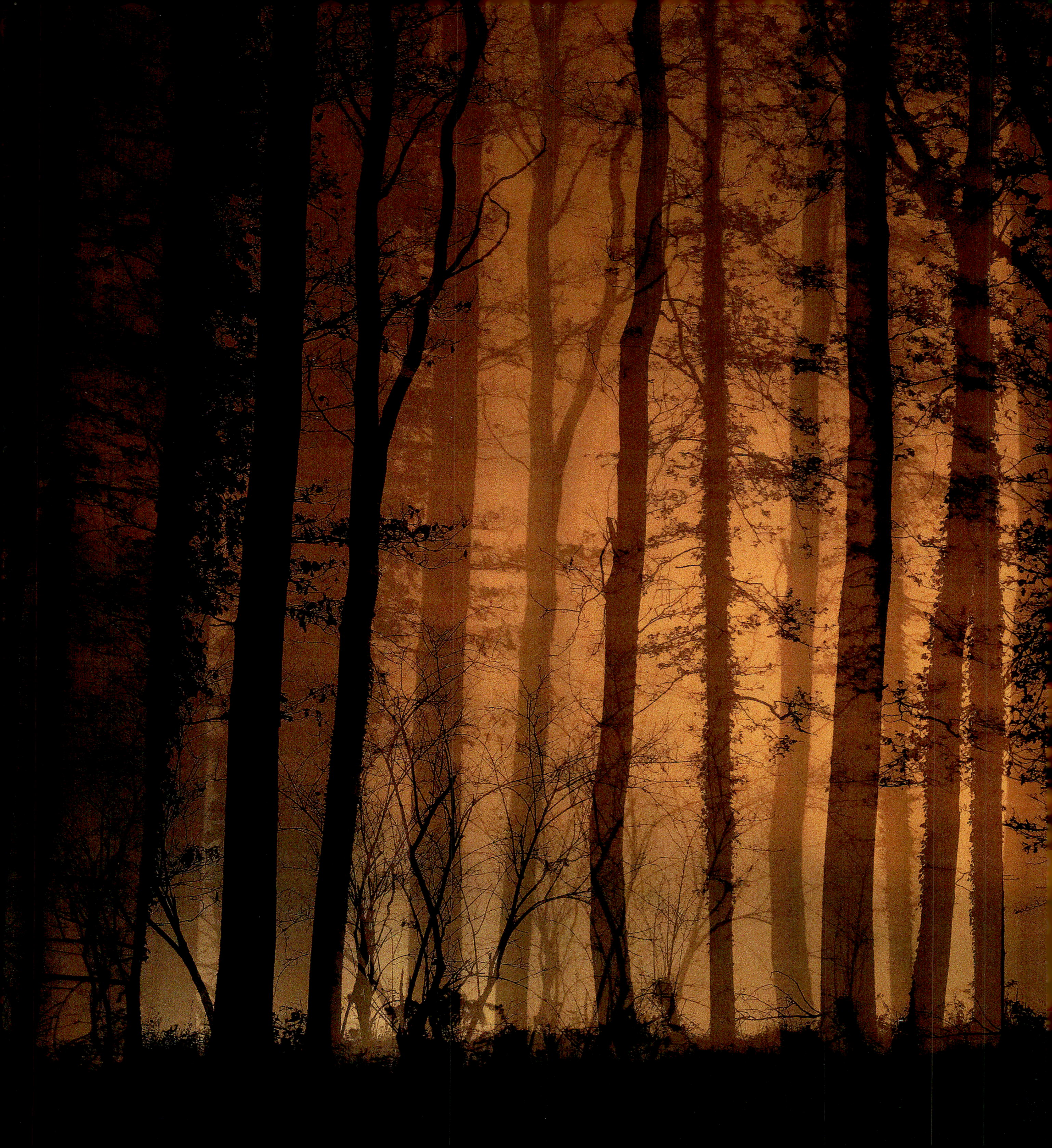

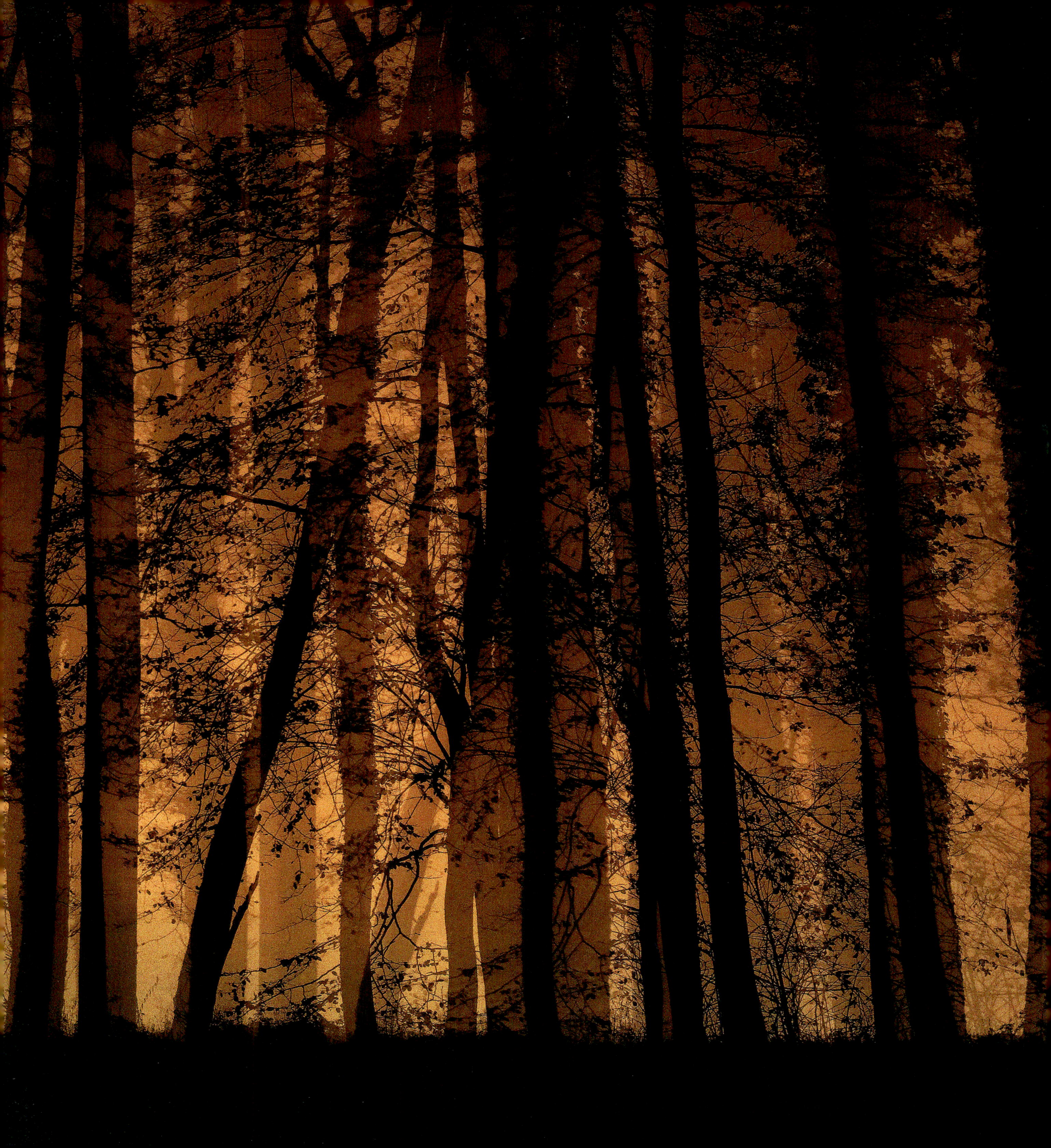

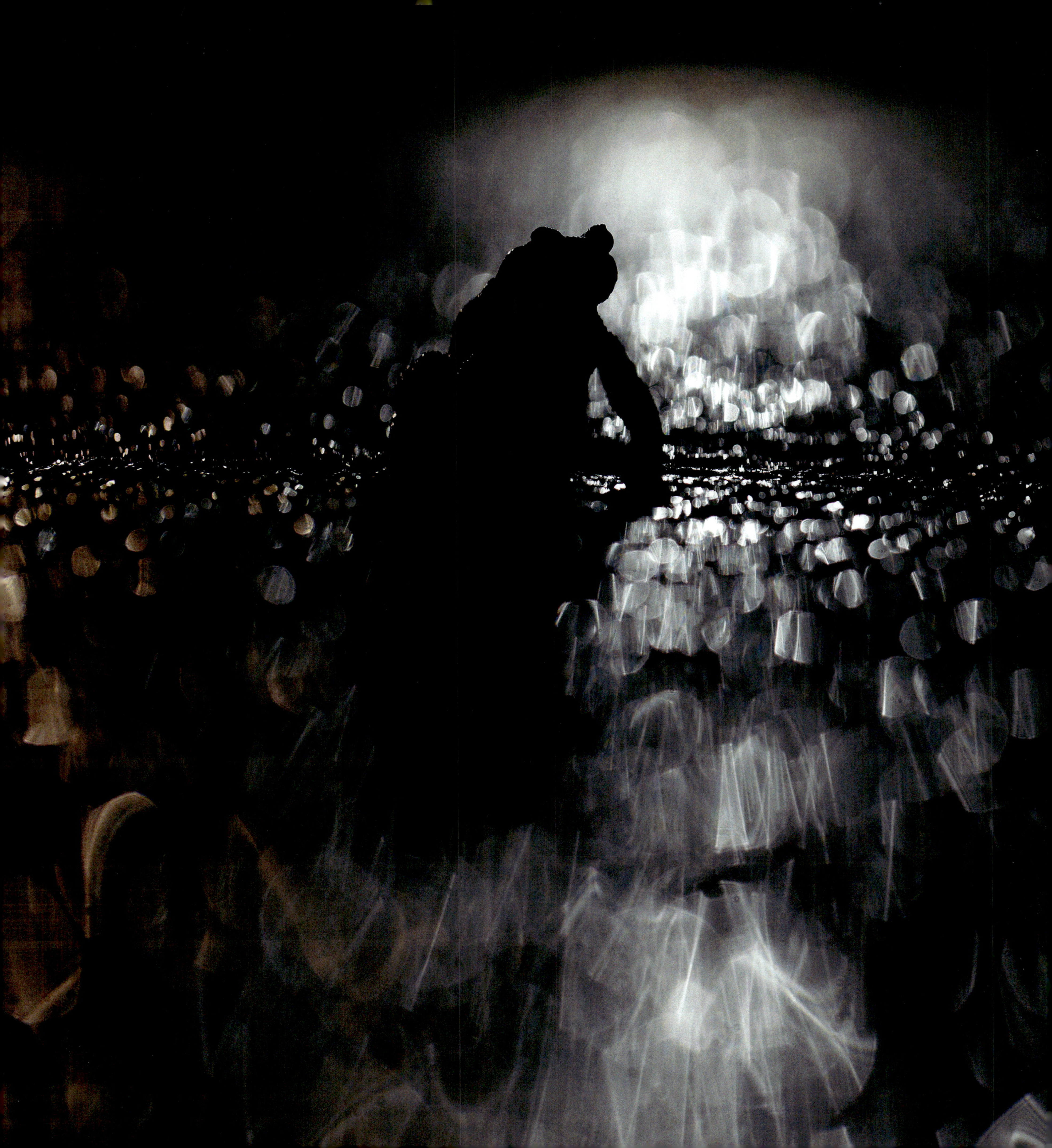

VERWUNSCHEN

Die Erdkröte ist nicht nur die größte, sondern auch die mit Abstand am weitesten verbreitete Kröte Europas. Die Männchen werden bis zu zehn Zentimeter, die Weibchen bis zu 15 Zentimeter lang.

ES WAR EINMAL ...

Wer mit offenen Augen voller Neugier durch unsere heimischen Wälder und Wiesen streift, wird bald ihrem besonderen Zauber erliegen: taubedeckte Wiesen, die goldene Abendsonne, bunte Blüten, die Zartheit eines Schmetterlingsflügels im Gegenlicht – die feinen Details, die einen in den Bann ziehen, sind zugleich Motive für faszinierende, zum Träumen verleitende Naturaufnahmen.

Magische Impressionen

Wer sich darauf einlässt, den belohnt die Natur mit regelrecht verwunschenen, geradezu mystischen Eindrücken, mit traumhaften Erlebnissen, die ihre ganz eigene Magie entfalten und sich tief in unserer Seele verankern. Zu diesen gehört die respektvolle Berührung einer »tausendjährigen« Eiche, eines gewaltigen Baummethusalems, der schon während der Wirren des Dreißigjährigen Krieges seine knorrigen Äste in den Himmel streckte – oder wenn wir die Zeit über den traumhaft schönen Anblick eines tiefblauen Sees vergessen, in dem sich die bunten Herbstfarben der Bäume spiegeln. Oder wenn der Wald im Licht der letzten Sonnenstrahlen dicht unter den Baumkronen ein faszinierendes Farben- und Stimmungsspiel zeigt. Geheimnisvoll und märchenhaft wirken die dunklen Tannenwälder mit ihren dicken Moospolstern – unwillkürlich beginnt man dort fast daran zu glauben, dass man nur ein bisschen Geduld mitbringen und lange genug warten muss, bis aus dem Zwielicht tanzende Elfen oder ein elegant schreitendes Einhorn auftaucht. Und wer einen Rothirsch im Morgennebel beobachtet, kann sich möglicherweise nicht des Gefühls erwehren, einem Tier aus einem längst vergangenen Zeitalter über den Weg gelaufen zu sein.

(Keine) Zauberei

Eine magische, ja, fast unwirkliche Aura besitzen auch oft die kunstvoll gewebten Spinnennetze, die wir am Wegesrand finden. Sie entfalten ihren Zauber am stärksten, wenn sie mit Tautropfen bedeckt in der Sonne wie kleine Perlenketten glitzern. Aber Spinnennetze sind nicht nur filigrane Kunstwerke, sondern auch fantastische, raffinierte Konstruktionen, die einen tödlichen Zweck erfüllen. Dafür hat sie die Natur mit sensationellen Eigenschaften ausgestattet. Ihre Fäden sind nur ein paar tausendstel Millimeter stark und damit nur ein Zehntel so dick wie ein menschliches Haar, jedoch viermal so fest wie Stahl und zugleich dehnbarer als Nylon. Darüber hinaus ist die feine Spinnenseide bis zu 250 Grad Celsius hitzestabil und zugleich wasserfest, sie besitzt antibakterielle Eigenschaften und ist zudem selbstverständlich biologisch abbaubar.

Die Natur ist auf vielen Gebieten die ungeschlagene Meisterin und beflügelt als große Ideengeberin seit jeher die Fantasie und den Geist der Menschen. Von Mutter Natur lernen heißt eindeutig siegen lernen: In der Luftfahrt ließ sich der Mensch einst vom eleganten Gleitflug der

Goldammermännchen versuchen die Damenwelt mit ihrem leuchtend goldgelben Gefieder zu beeindrucken. Die Weibchen sind dagegen weitaus unauffälliger gefärbt. Die Vögel leben in offenen Kulturlandschaften, wo Büsche und andere Gehölze reichlich Verstecke bieten. Oft kann man in den frühen Morgenstunden Goldammern in kleinen Trupps bei der Nahrungssuche beobachten.

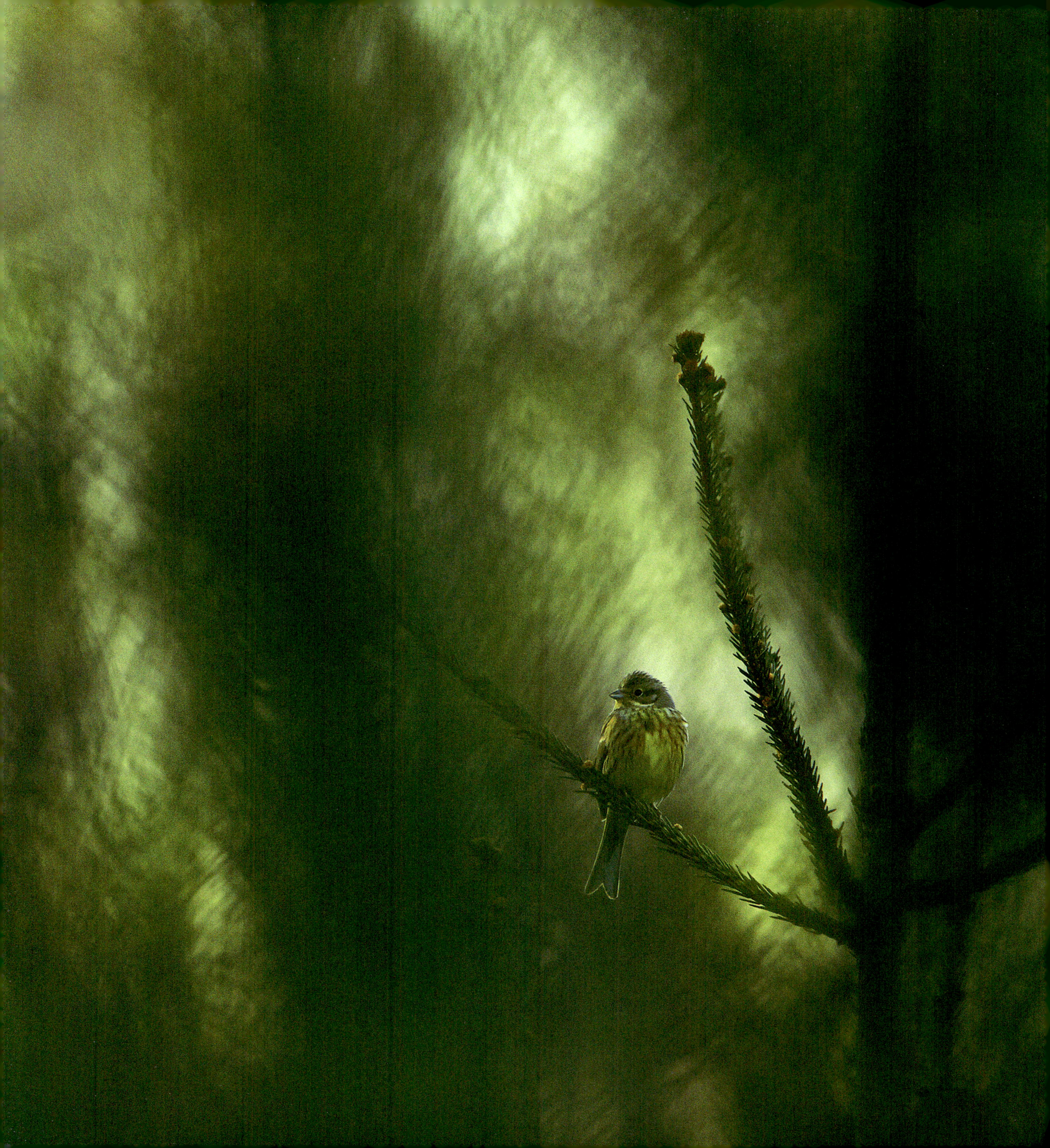

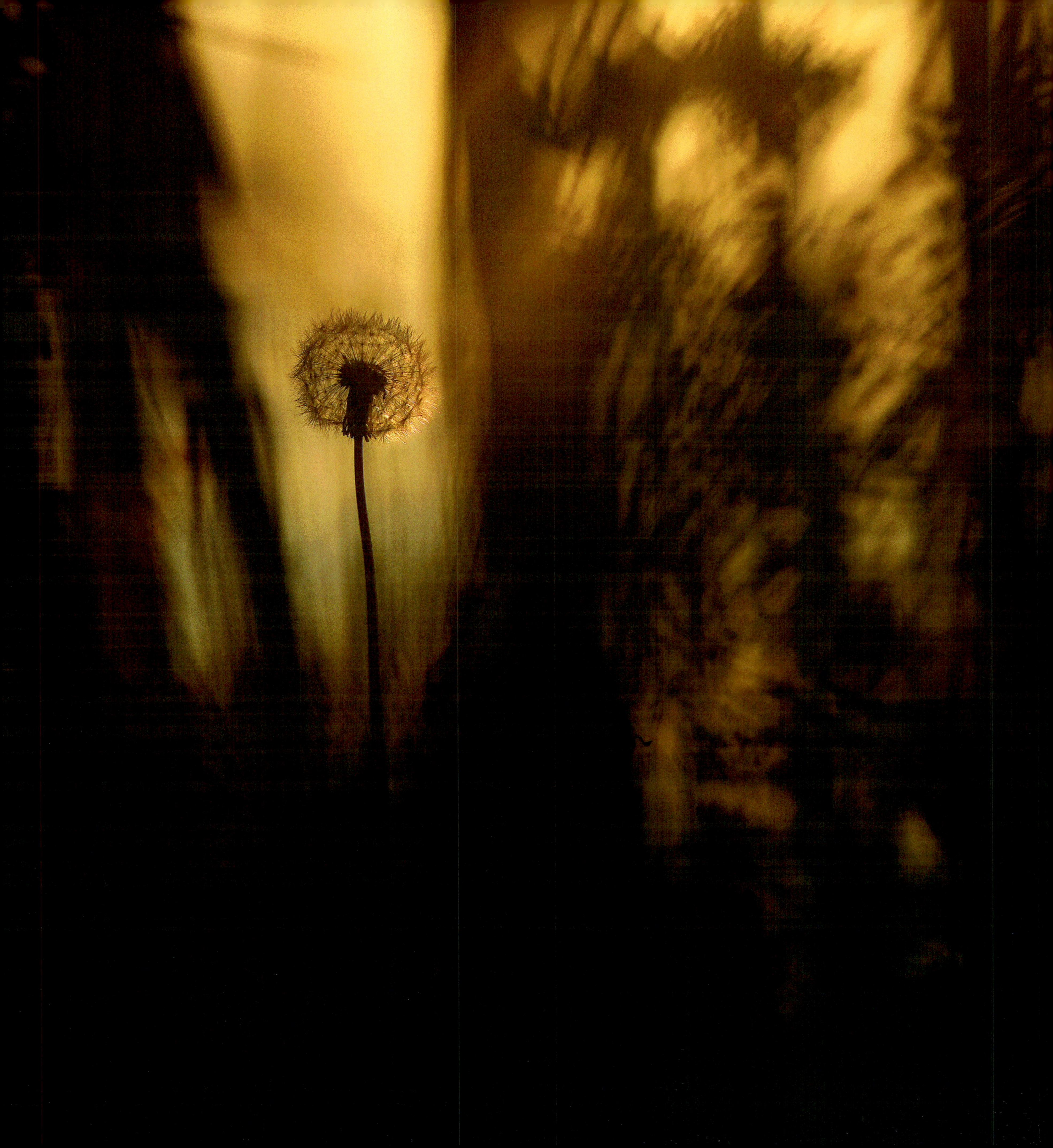

»Geheimnisvoll am lichten Tag, lässt sich Natur des Schleiers nicht berauben und was sie deinem Geist nicht offenbaren mag, das zwingst du ihr nicht ab mit Hebeln und mit Schrauben.«

Johann Wolfgang von Goethe

Störche inspirieren, schmutzabweisende Oberflächen haben wir von der Lotuspflanze abgekupfert, den Klettverschluss von den Früchten der Großen Klette. Und von Ameisen können wir lernen, unsere Verkehrsflüsse zu optimieren.

Letzte Geheimnisse

Das Schöne und zugleich Verwirrende an der Natur ist aber auch, dass sie für uns noch immer zahllose Rätsel aufgibt, die es zu lösen gilt. Selbst mit modernsten Forschungsmethoden ist es uns bislang noch nicht gelungen, all ihre erstaunlichen Phänomene restlos und befriedigend zu erklären, all die großen und kleinen Eigenheiten von Tieren und Pflanzen zu verstehen oder die Regeln ihres Zusammenlebens nachzuvollziehen. Wo die Antwort auf unsere unzähligen Fragen möglicherweise liegt, hat schon Anfang des letzten Jahrhunderts der große österreichisch-ungarische Philosoph und Naturforscher Raoul Heinrich Francé eindrücklich beschrieben: »Die großen Geheimnisse der Natur verbergen sich im Unscheinbaren, Unästhetischen, im Schlamm, in der faulenden Infusion, im Mist. Es ist wie eine Mahnung, daran zu denken, was wir eigentlich sind.« Zu den vielen großen Geheimnissen der Natur, die es noch zu lüften gibt, gehören auch die zahlreichen Vertreter aus dem Tier- und Pflanzenreich, die bis heute noch nicht entdeckt geschweige denn erforscht wurden.

Allein rund zehn Millionen Tierarten existieren neueren Schätzungen zufolge auf der Erde, von dieser immensen Menge wurden erst zwei Millionen wissenschaftlich beschrieben.

Die Natur ist ein unabdingbarer Bestandteil unseres Lebens – diese Erkenntnis schlägt sich auch in den Religionen nieder, die in der Vergangenheit bei Völkern rund um den Globus entstanden. In diesen Glaubensvorstellungen spielt die Natur eine bedeutende Rolle als göttlicher Faktor, der unser Leben entstehen lässt und uns am Leben hält. Unsere heutige Welt ist hingegen in verschiedener Hinsicht durch eine massive Entfremdung von der Natur geprägt. Doch immer mehr Menschen verspüren den tiefen Wunsch, wieder zu ihr zurückzufinden und eins mit ihr zu werden. Diese Sehnsucht ist tief in uns verwurzelt, denn letztendlich ist der Mensch ebenso ein Teil der Natur, wie die Natur ein Teil von uns ist.

An eine kleine Sonne erinnert der Löwenzahn, dessen Blütezeit meist im Juni endet. Nach dem Verblühen bilden sich die Samen aus – der Löwenzahn wird zur berühmten Pusteblume. Sehr zur Freude vieler Kinder, die immer wieder gerne die Fallschirmchen einer Pusteblume in alle Winde blasen.

Weltweit sind mehr als 3000 verschiedene Arten von Eintagsfliegen bekannt – und der Name trügt nicht. Das Leben der erwachsenen Fliegen dauert tatsächlich nur höchstens wenige Tage. Davor haben die Tiere als Larven jedoch bereits einige Jahre im Wasser von Flüssen, Seen oder Bächen verbracht. Dort leben sie meist versteckt unter Steinen und Pflanzen oder im Schlamm eingegraben.

Spinnennetze sind kleine Wunderwerke der Natur. Ihre Fäden sind sowohl stärker als Stahl und zugleich dehnbarer als Nylon. Sie dienen als Beutenetz, als Heimstatt und zur Kommunikation. Mystisch wirken sie im frühen Morgennebel. ▽▽

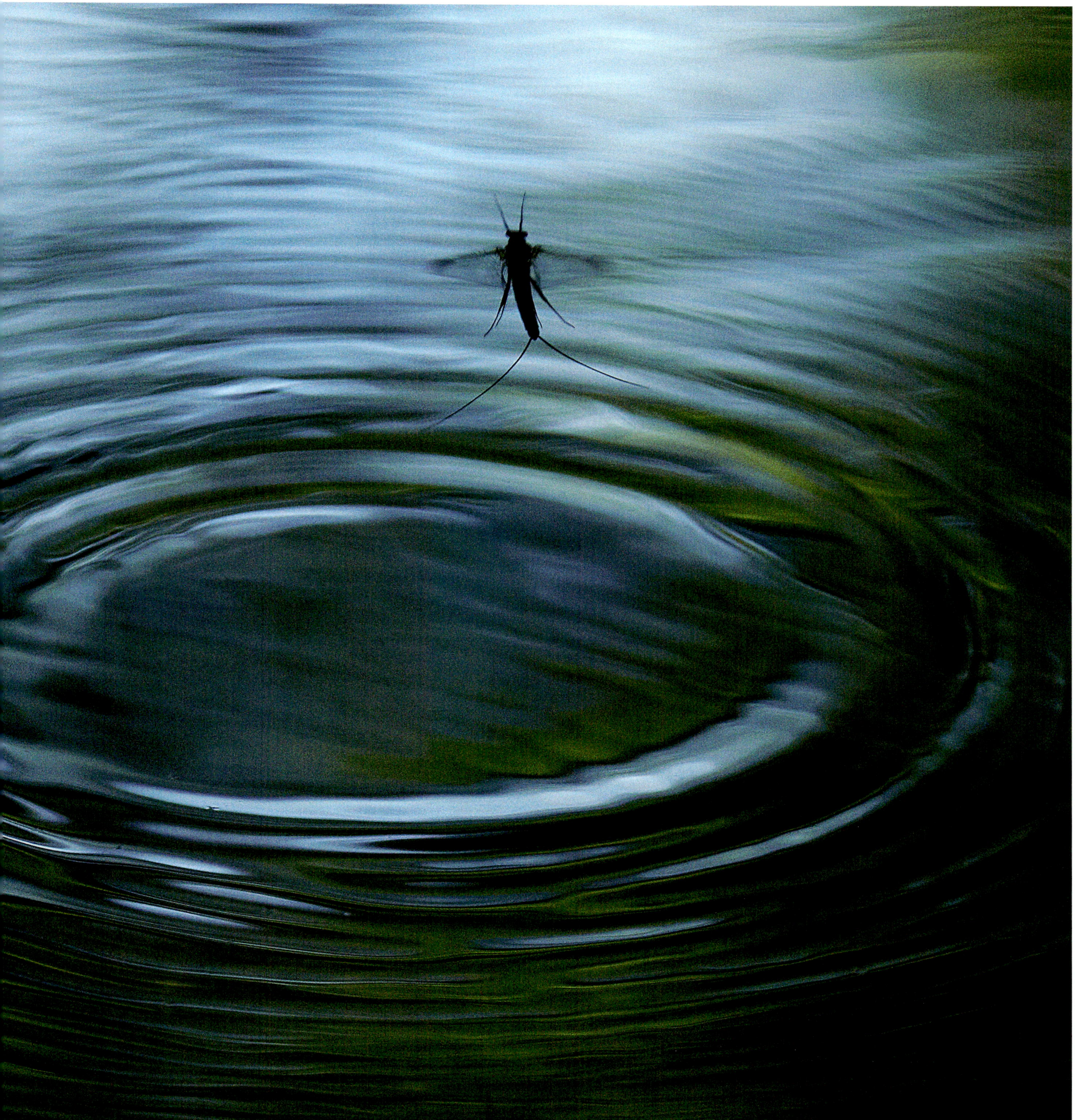

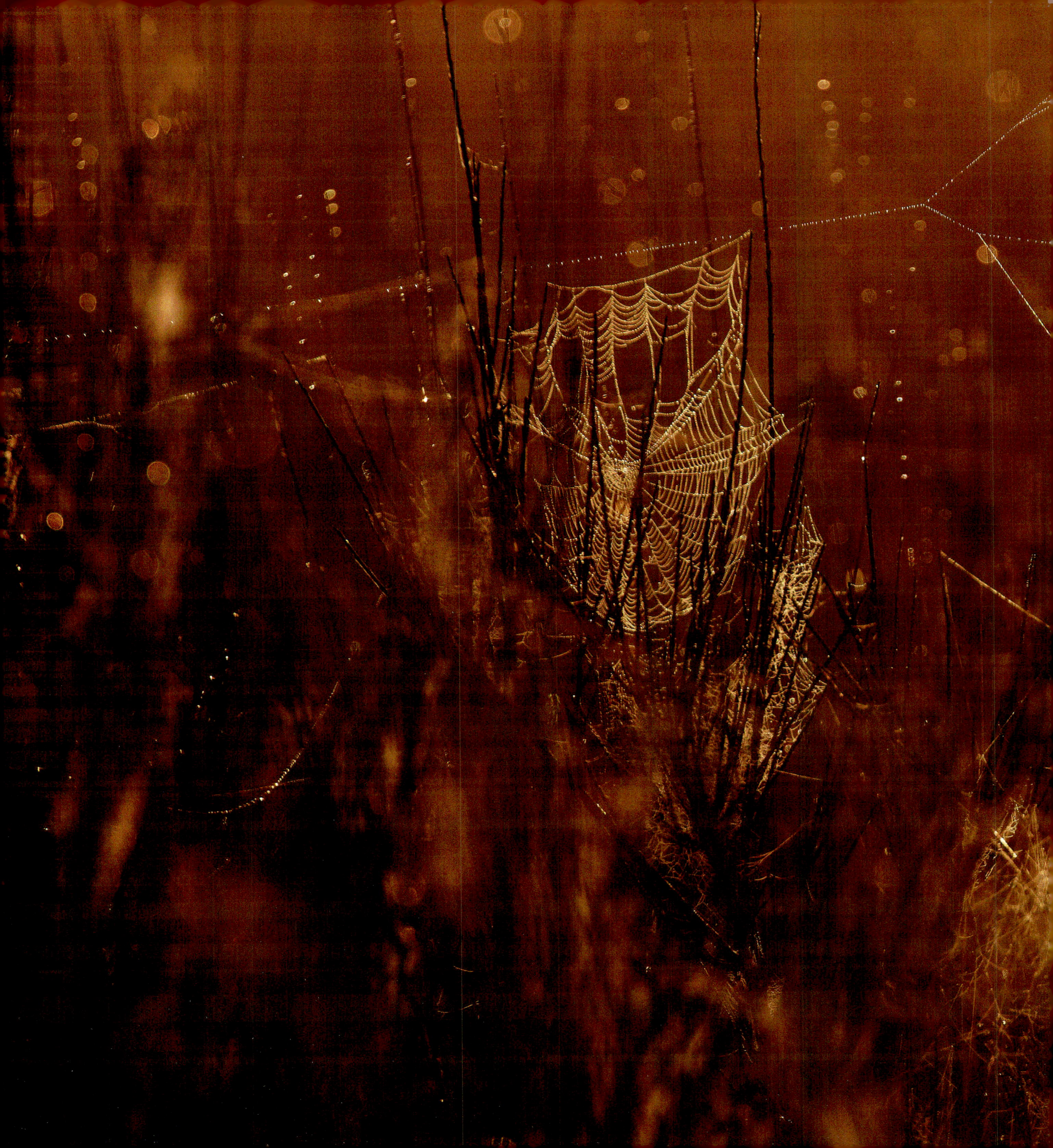

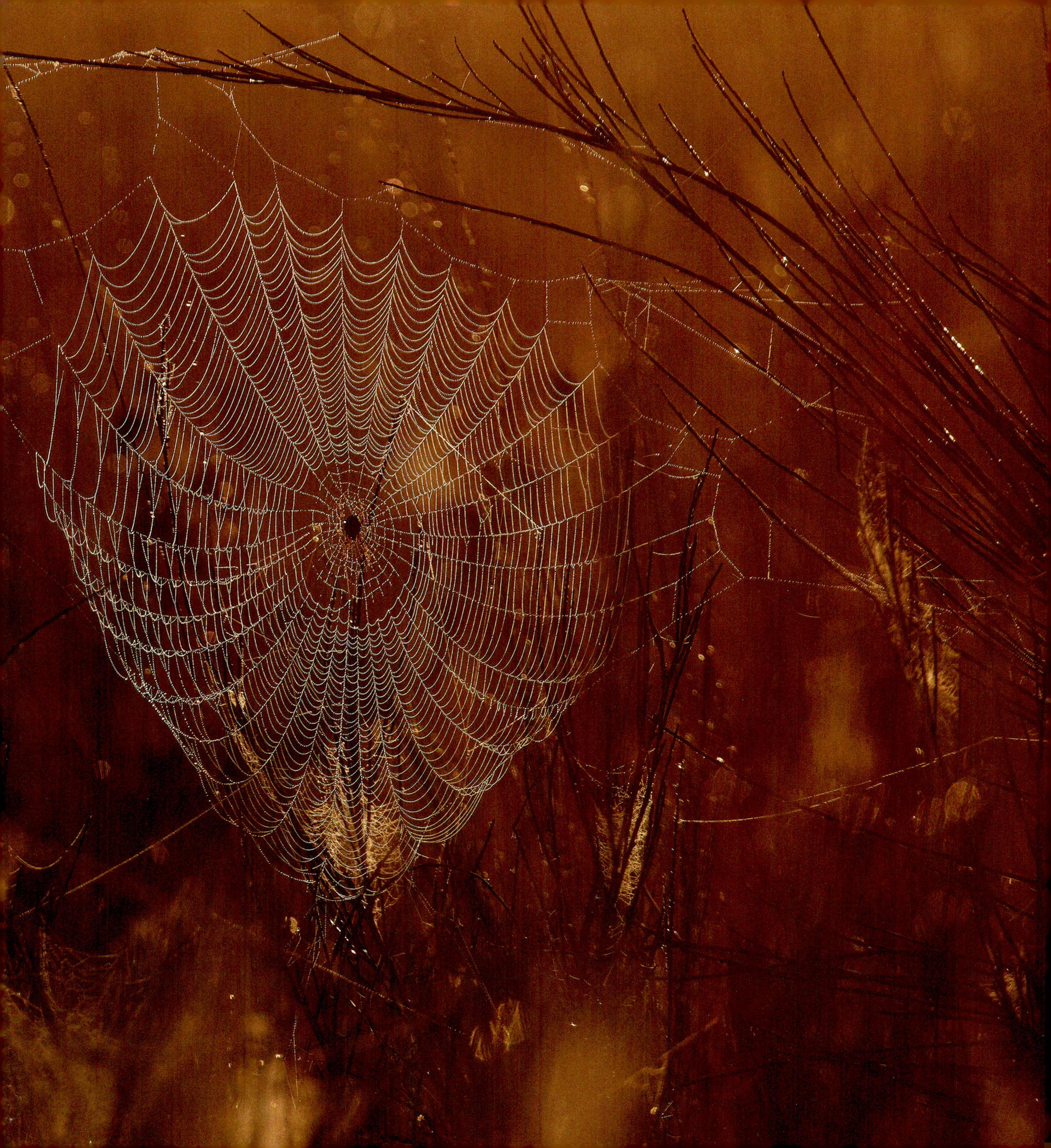

Furchteinflößend ist bei den Säbelschrecken nur der Name, den sie dem säbelförmig gebogenen Legestachel der Weibchen verdanken. Der Gesang des Männchens ist bei den Säbelschrecken deutlich leiser als bei anderen Laubheuschreckenarten.

Die Familie der Weichkäfer ist in der ganzen Welt verbreitet. Alleine in Mitteleuropa kommen rund 100 Arten vor. Da viele auffällig rot, schwarz, gelb oder blau gefärbt sind, werden die Käfer auch »Soldatenkäfer« genannt. ▽▽

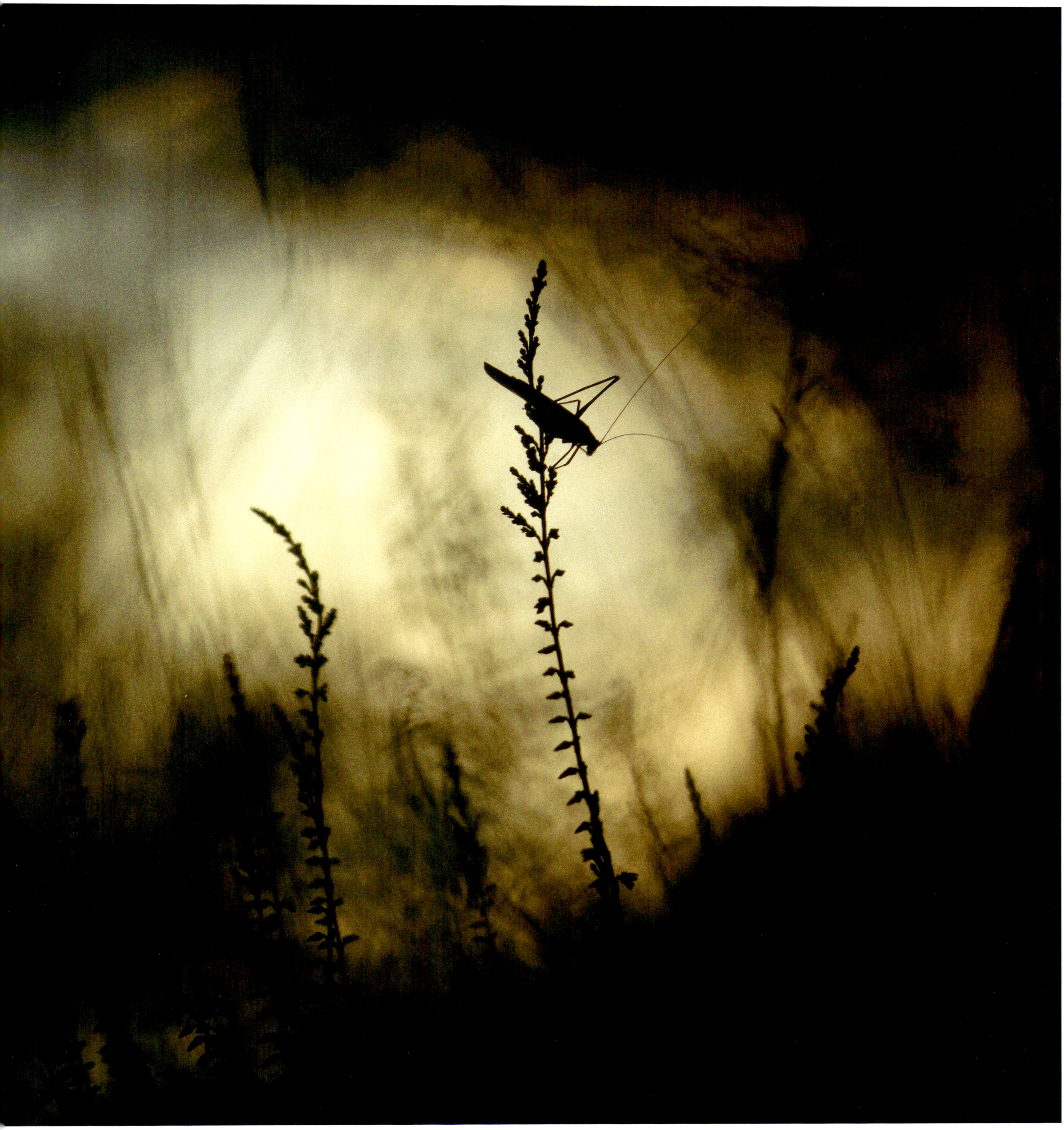

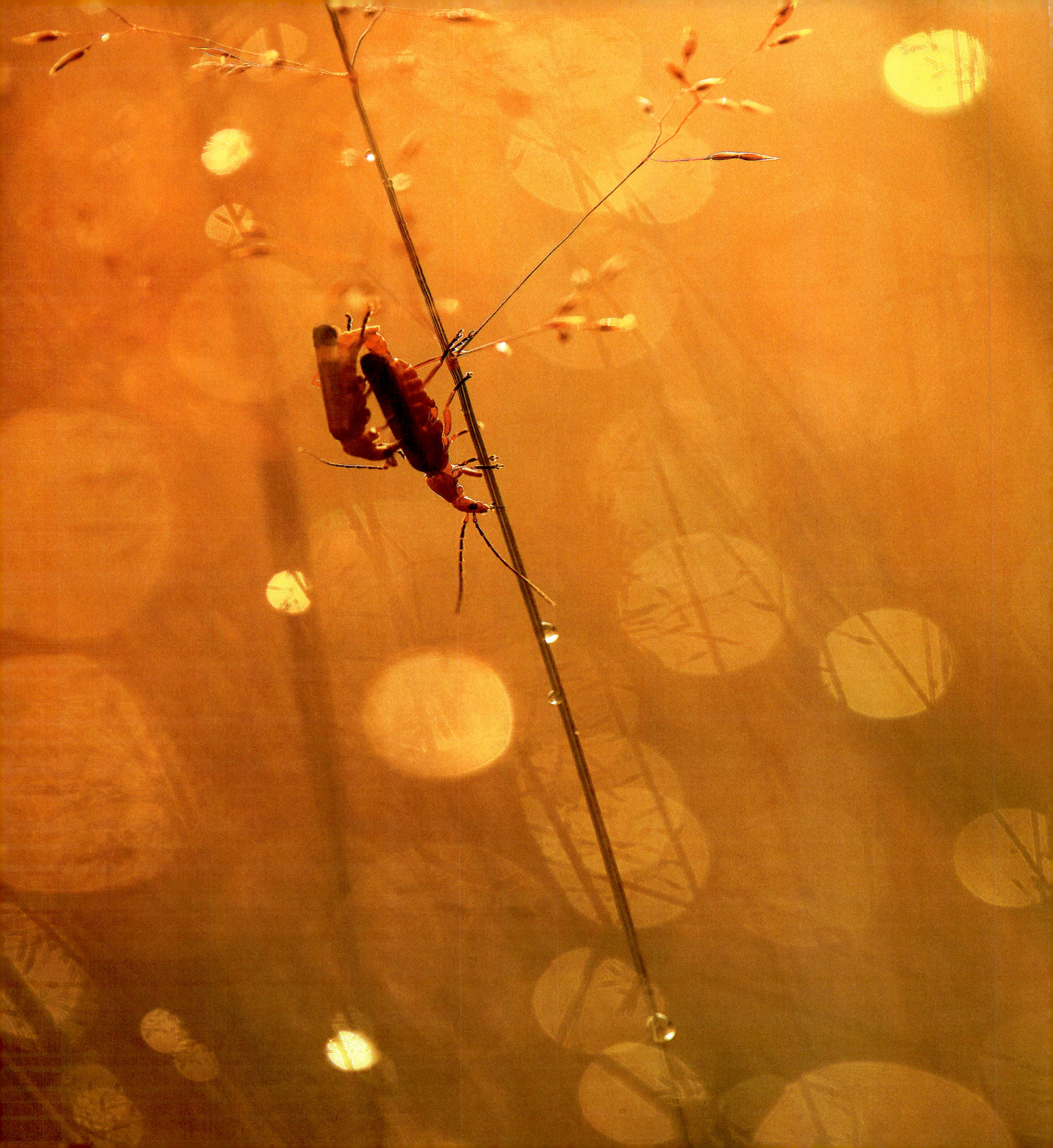

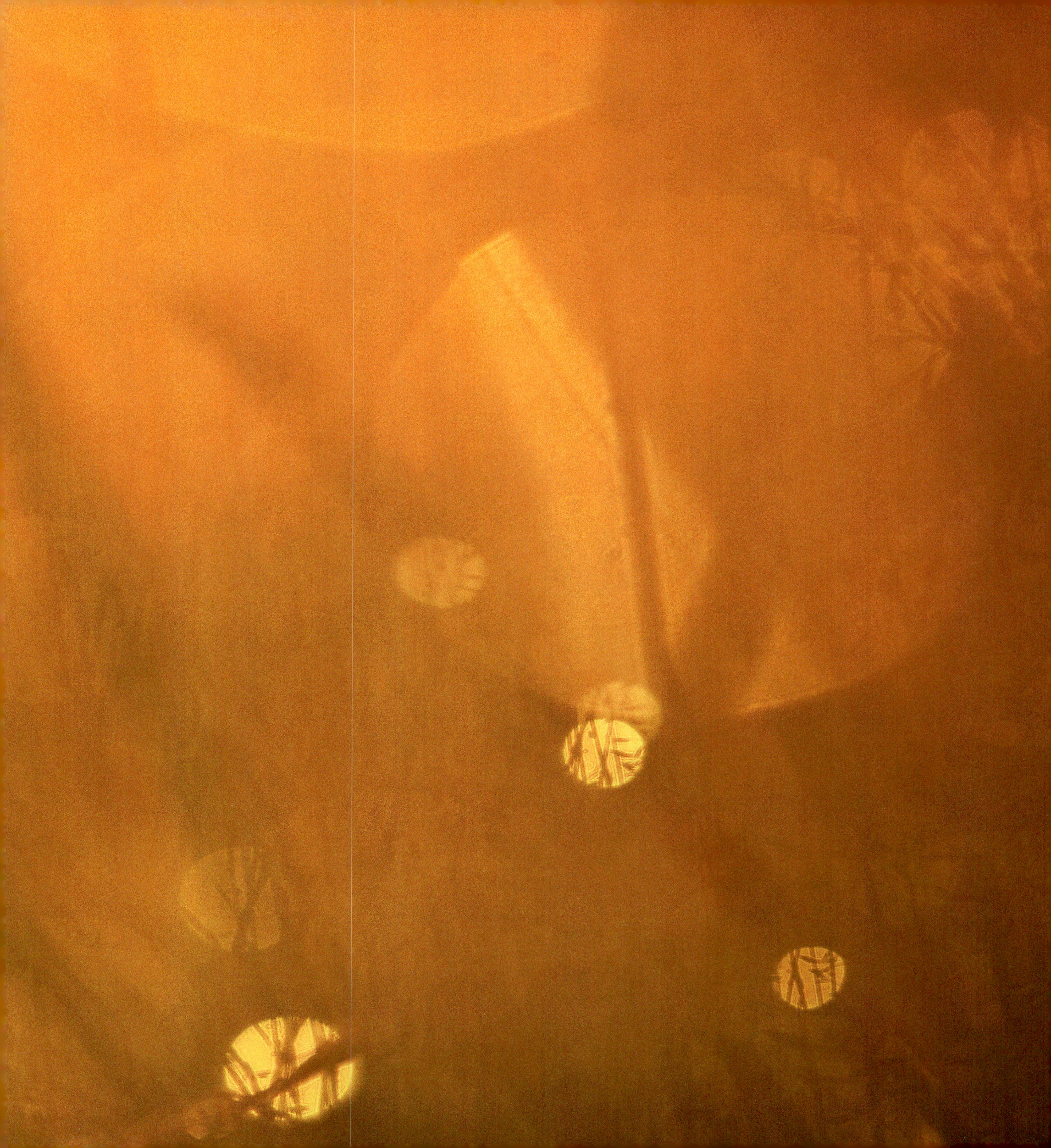

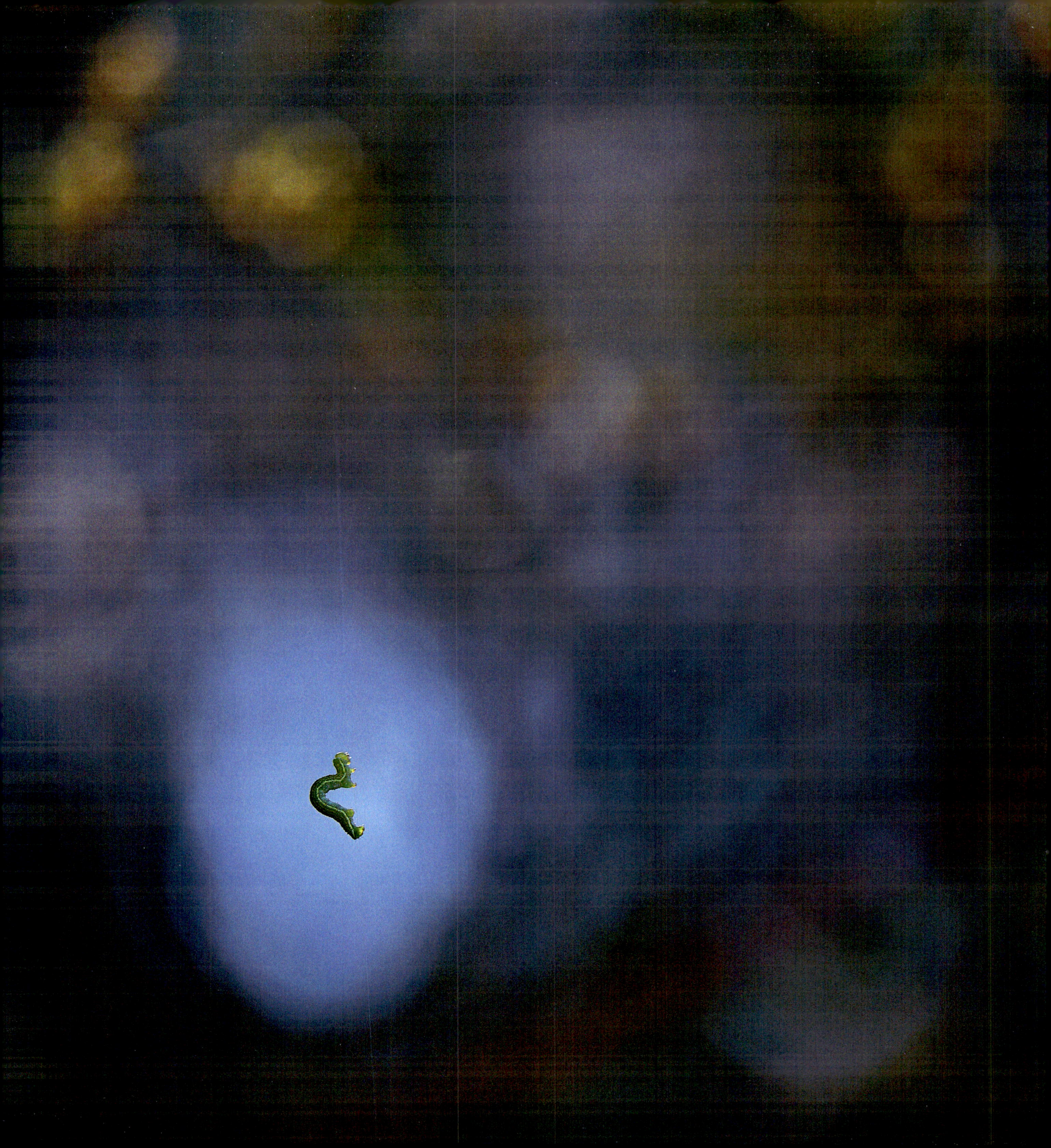

Moose bilden im Gegensatz zu den »höheren« Pflanzen keine Blüten aus, sondern pflanzen sich durch Sporen und vegetative Ausbreitung fort. Die feinen, weichen, feuchten und kühlen Polster haben viele Dichter inspiriert. △
Einige Raupen bewegen sich nicht kriechend fort, sondern bilden eine Art »Brücke«, indem sie die hinteren Füße direkt hinter die Vorderfüße setzen. ◁

Eine der schönsten immergrünen Baumarten ist die schnell wachsende Waldkiefer. Von Natur aus ist sie gegenüber Baumarten, die besser Schatten vertragen, im Nachteil. Deshalb wurde die Verbreitung des ansonsten robusten, eigentlich hier seltenen Baums als »Brotbaum« der Forstwirtschaft in der Vergangenheit stark von Menschenhand betrieben. ▽ ▽

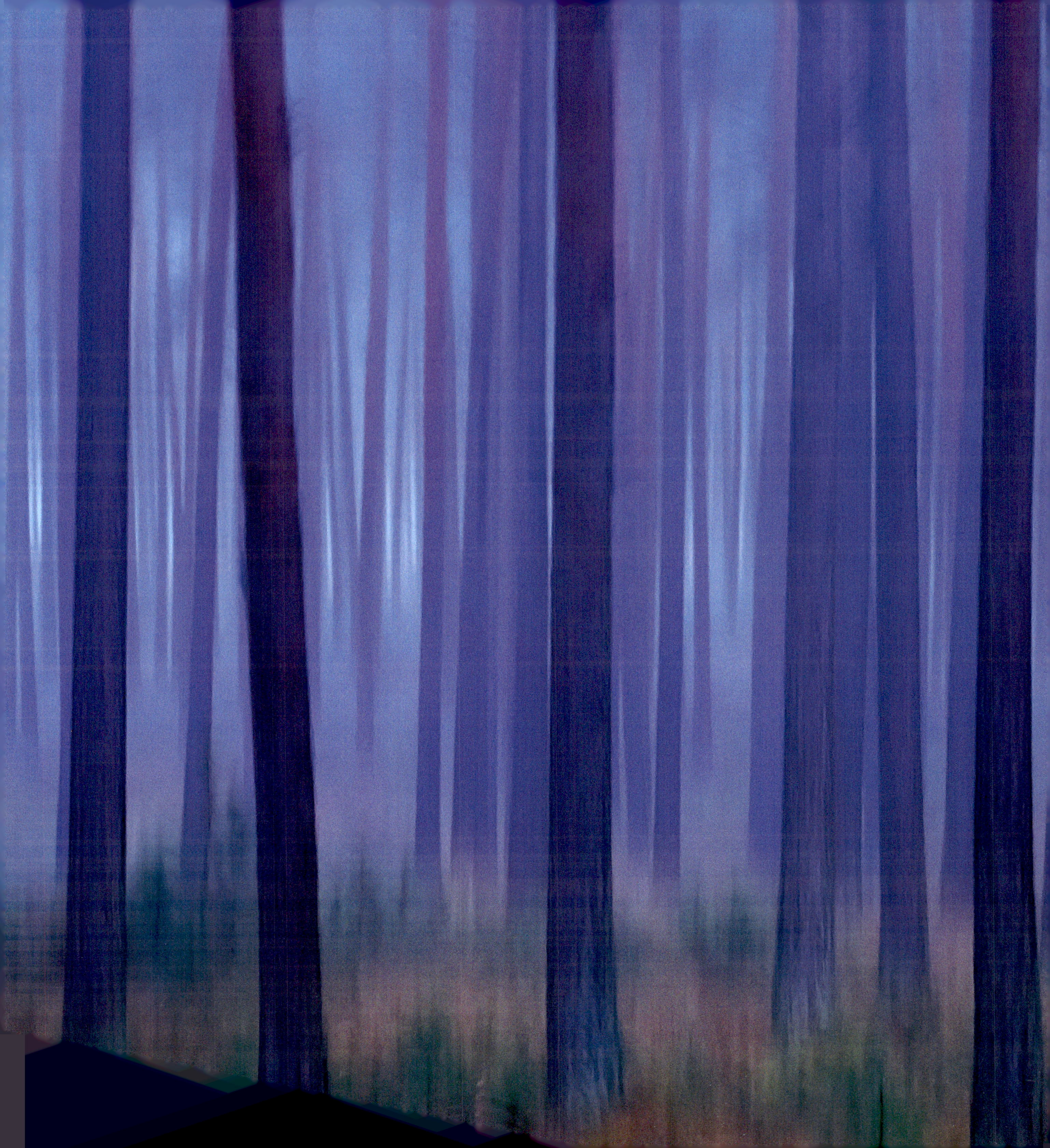

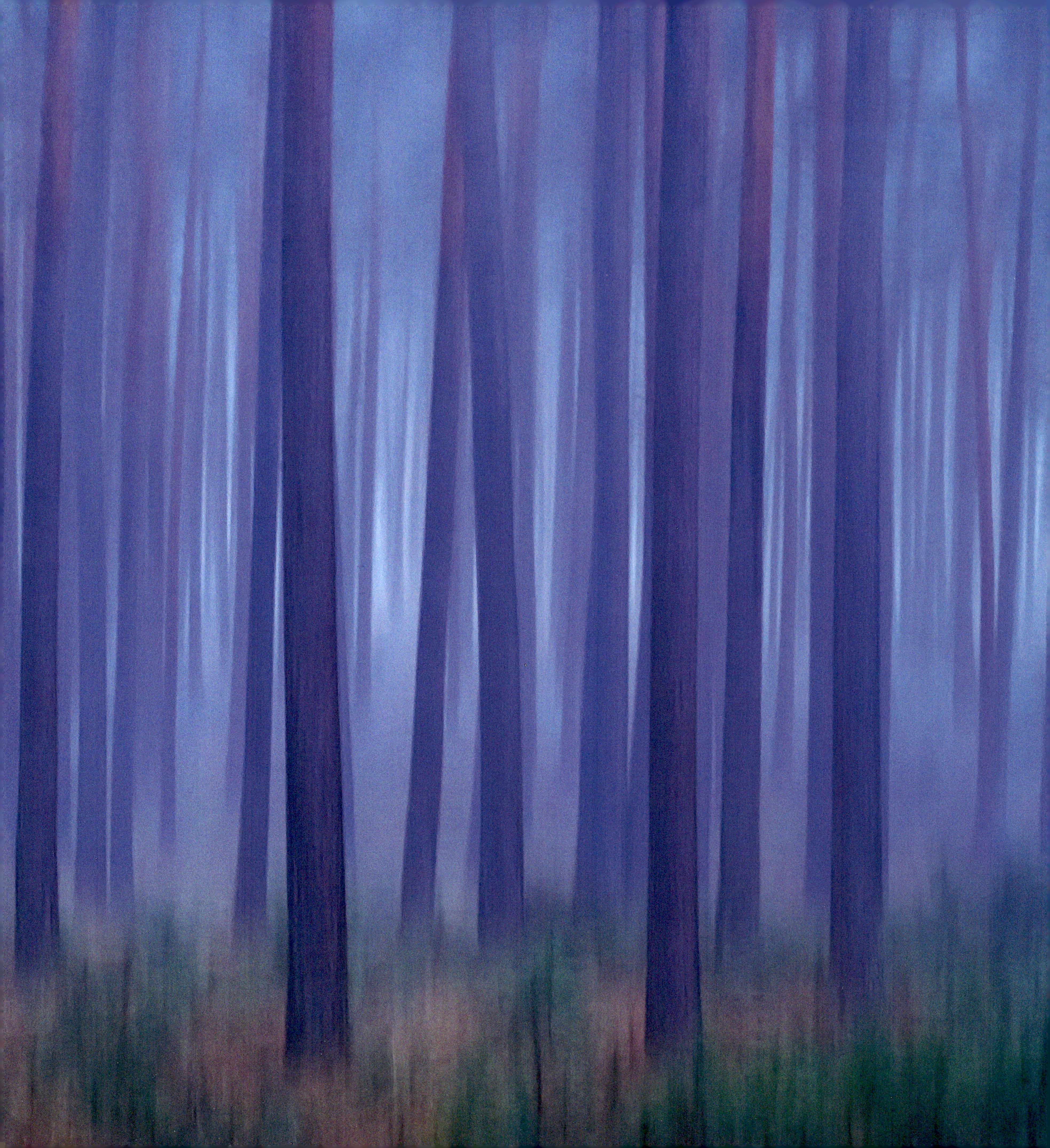

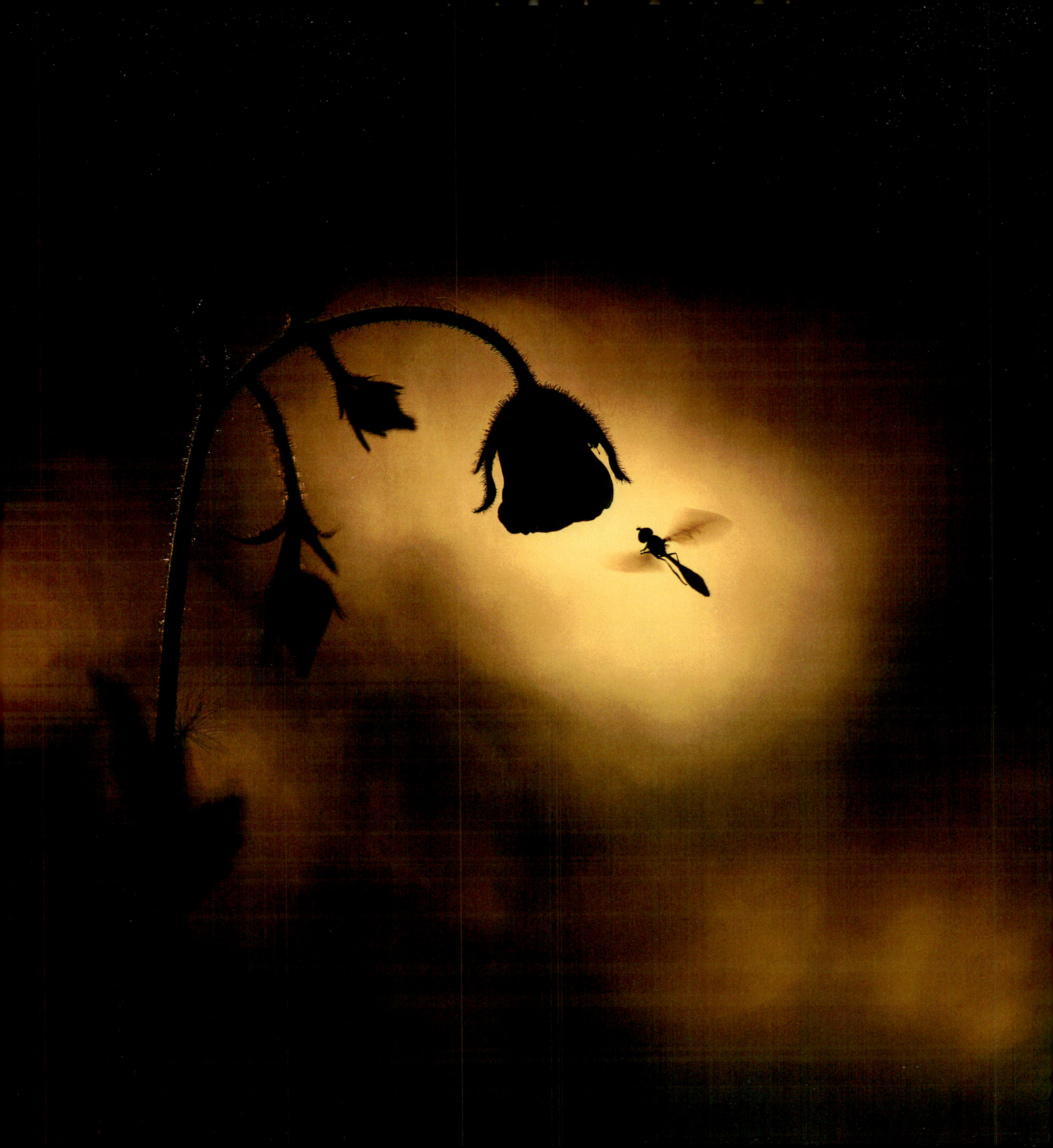

Das Blatt der Eiche hat auch heute noch eine große Symbolkraft. Es steht für Kraft, Treue und Durchhaltevermögen. △

Wegen ihrer dunkelroten Blütenfarbe wird die Bachnelkenwurz auch Blutstöpfchen genannt. Sie wächst in Flachmooren sowie an Teichen und Bächen. ◁

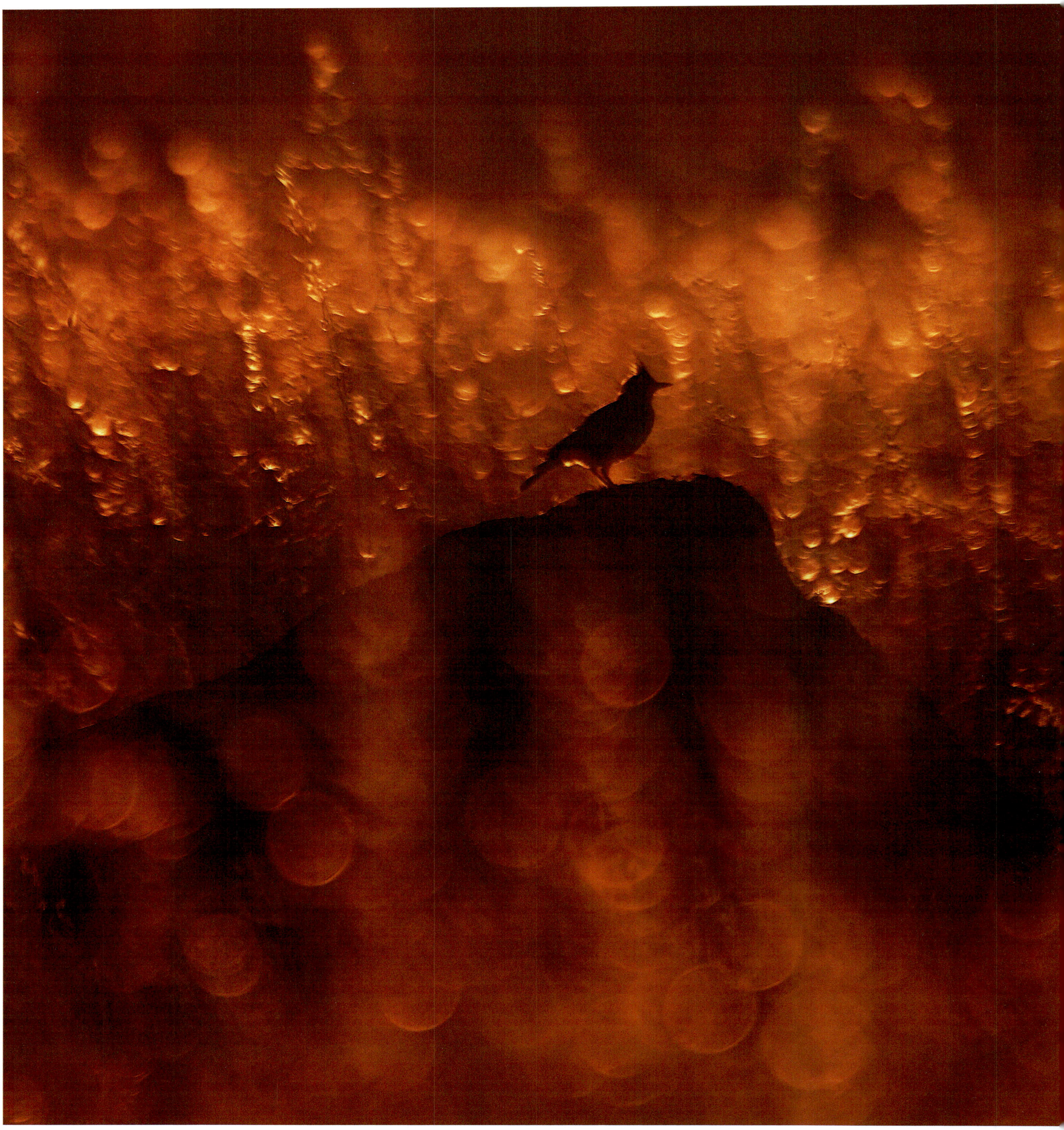

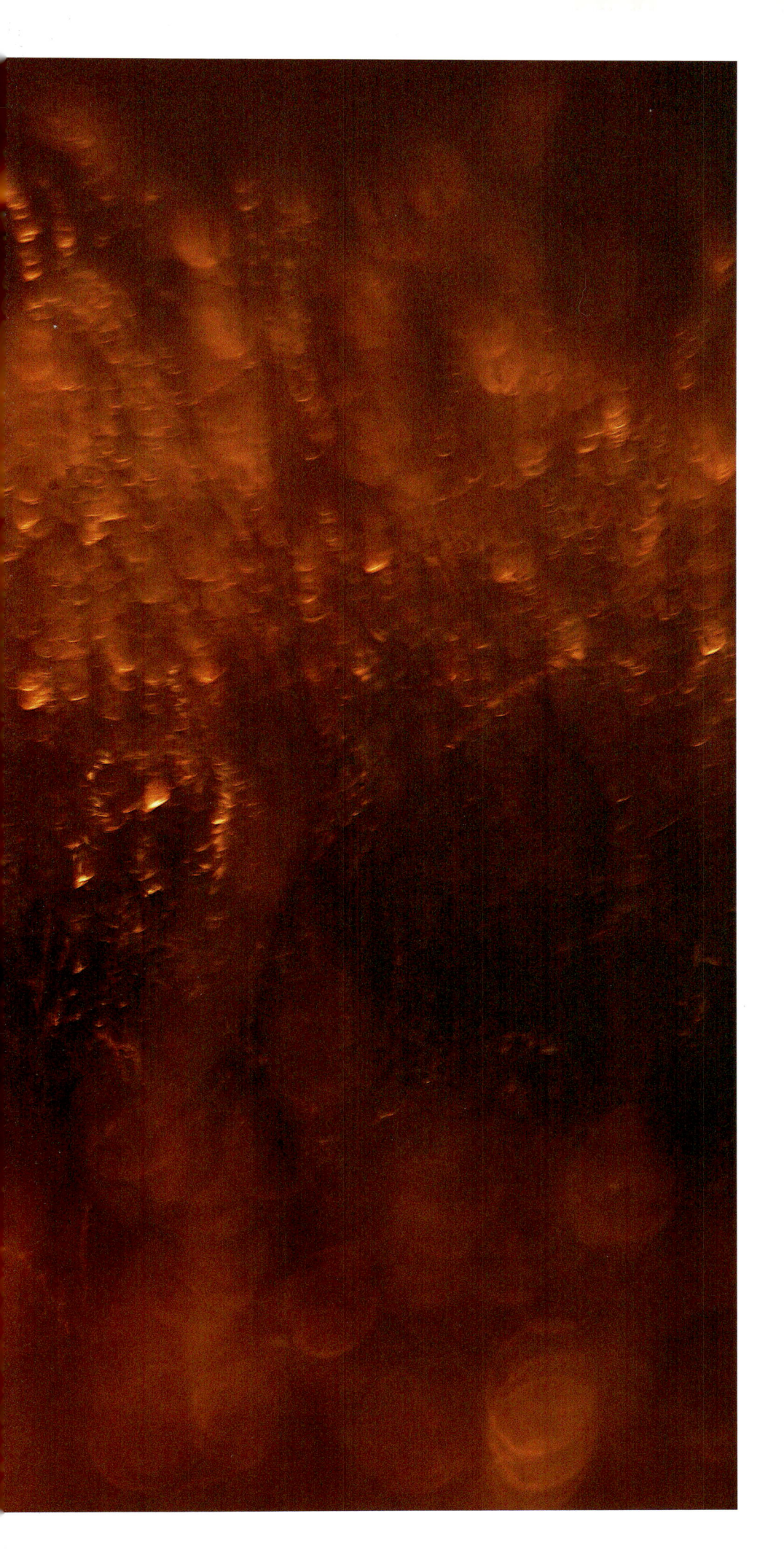

Haubenlerchen ernähren sich im Winter rein vegetarisch von Gras- und Getreidesamen. Im Sommer stehen dagegen vermehrt Insekten und andere Kleintiere auf dem Speisezettel der kleinen Vögel.

Wie ein Schmuckstein wirkt der pfeilschnelle Eisvogel. Sein Name hat allerdings nichts, wie oft vermutet, mit einer Vorliebe der kleinen, bunten Vögel für Eis und Schnee zu tun, sondern leitet sich aus dem althochdeutschen »eisan« für »schillern« oder »glänzen« ab. ▽▽

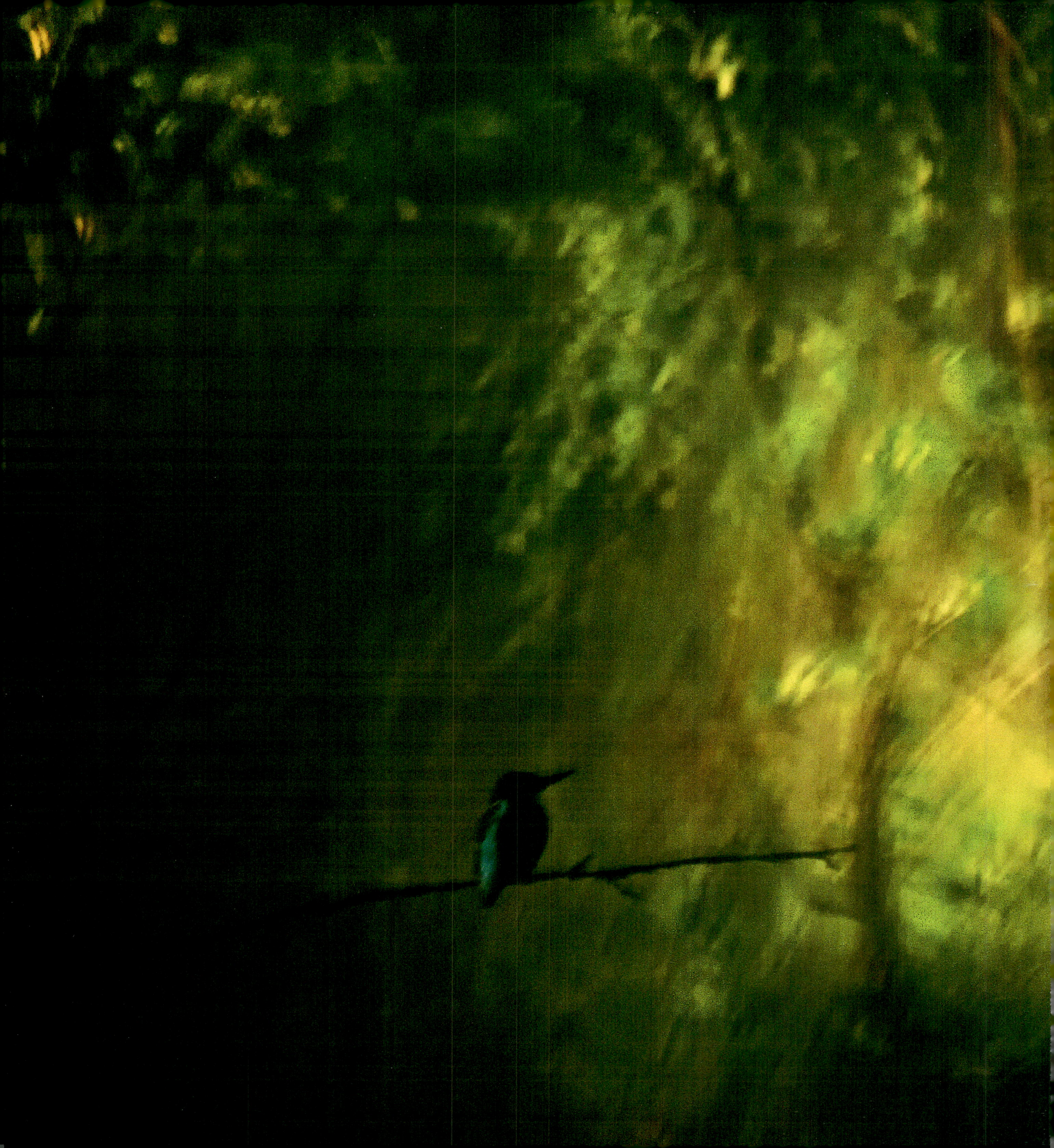

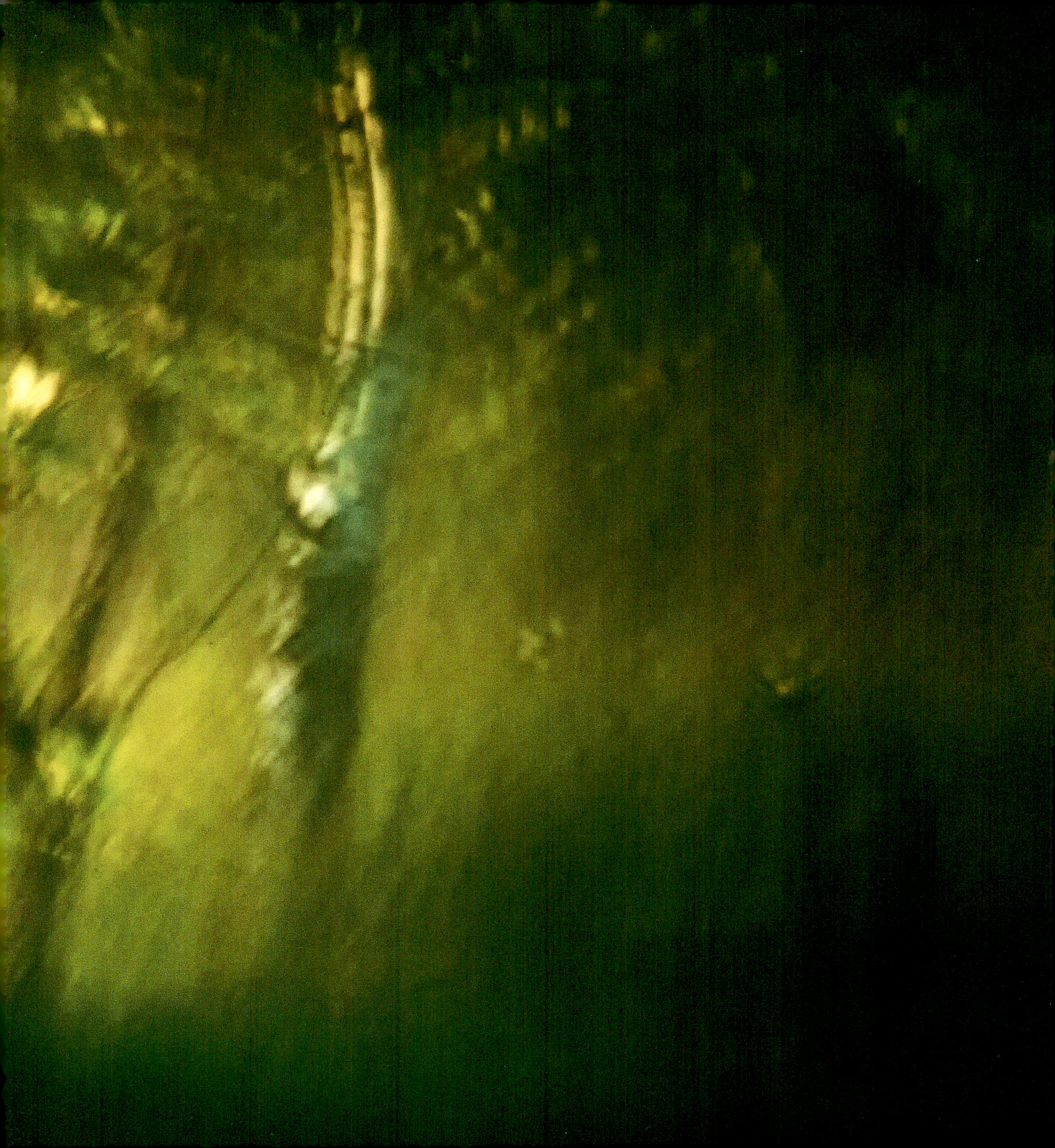

DIE KUNST DES WARTENS

Wenn die Natur ihre Geheimnisse preisgibt

Ein kurzer Flügelschlag, ein dumpfer Aufprall, ein lautes Zischen durchdringt dicht vor mir die Dunkelheit, dann ein Gurren. Wer diese Laute nicht deuten kann, würde vermutlich die Flucht vor einem vermeintlichen Moorgeist ergreifen. Es ist stockfinstere Nacht am Balzplatz des Birkhahns. Seit einer Stunde sitze ich hier und hoffe, dass der Vogel endlich einfliegt. Noch kann ich ihn nicht sehen, nur sein imposantes Balzspiel ist zu vernehmen. Sobald es heller wird, fange ich an, das frühmorgendliche Schauspiel auf Fotos einzufangen. Es ist eine beeindruckende Darbietung, wie man sie leider nur noch an ganz wenigen Plätzen in Deutschland bewundern kann.

Die Balz des Birkhahns ist nur eines von vielen Erlebnissen, die mich veranlassen, mein Bett in aller Herrgottsfrühe gegen mein Fotoversteck einzutauschen. Seit meiner Kindheit bin ich mit der Natur sehr eng verbunden. Mein Großvater und mein Vater waren beide Jäger, die mich gerne auf Pirschtouren oder auf den Hochsitz mitnahmen. So wurde mein Interesse an Naturbeobachtungen schon früh geweckt. Die Fotografien in den Jagdzeitschriften faszinierten mich ganz besonders, und daher war es naheliegend, dass ich mir schon als kleiner Steppke eine Kamera wünschte. Meine ersten Schritte auf dem Weg zum Fotografen unternahm ich im Garten meiner Eltern, wo ich die Tierwelt am Vogelhaus im Bild festhielt.

Als Jugendlicher war mein Interesse, die Natur auf Kleinbilddia einzufangen, ungebrochen. Deshalb kaufte ich mir mein erstes kleines Teleobjektiv. Auf Spaziergängen im nahegelegenen Waldgebiet und von Hochsitzen aus fotografierte ich mit Begeisterung Tiere, die von meiner Anwesenheit nichts ahnten. Auf diese Weise entwickelte ich wie selbstverständlich die erforderliche Ausdauer, um interessante Begegnungen mit kleinen und großen Geschöpfen auf Film zu bannen. In dieser Phase probierte ich mich ebenso in der Tier- und Pflanzenmalerei. Die Ergebnisse entsprachen jedoch nicht meinen Vorstellungen.

Nachdem ich mich 20 Jahre lang nicht mehr damit beschäftigt hatte, erwachte mein Interesse für die Fotografie erneut. Zunächst konzentrierte ich mich wieder auf rein dokumentarische Aufnahmen der Natur. Mit dem Einstieg in die Digitalfotografie kam jedoch 2005 der Umbruch. Die neue Technik bot mehr Raum zum Experimentieren und die Möglichkeit, die Ergebnisse sofort zu begutachten. Da ich die Malerei nie ganz aus den Augen verloren hatte, begann ich mit der »Linse zu malen«, und es gelang mir, meinen Stil stetig zu verfeinern.

Mystische Augenblicke einfangen

Noch heute profitiere ich von meiner in der Jugend erlernten Fähigkeit, mit unendlicher Geduld auf die von mir erhofften Motive warten zu können. So gelingen mir außergewöhnliche Aufnahmen wie jene von freilebenden Wölfen in der Dämmerung. Solche besonderen Begegnungen sind mir zwar nur selten vergönnt, doch freut es mich auch, wenn Rehwild, Rothirsche oder Wildschweine die Szenerie beleben. Selbst unter widrigen Umständen und bei diffusen Lichtverhältnissen versuche ich, die Tierwelt mit meiner Kamera einzufangen. Und sollte sich einmal kein Protagonist zeigen, genieße ich einfach die Natur, und es schreckt mich nicht, am folgenden Morgen wieder um vier Uhr in der Früh den nächsten Versuch zu unternehmen. Viele meiner Lieblingsbilder sind auf diese Weise entstanden.

Auch die kleinen Dinge am Wegesrand finden mein Interesse. Sei es ein Insekt, eine Kröte oder eine Pflanze – alles lohnt sich zu beobachten oder im Bild festzuhalten: Insekten, die in mit Tau benetzten Gräsern sitzen, oder Spinnenfäden, die in der frühmorgendlichen

Sonne farbenprächtig funkeln. Eine besondere Leidenschaft hege ich zudem für die Vogelwelt, vom Krähenschlafplatz über die singende Amsel bis zum fliegenden Edelstein in Gewässernähe findet alles meine Aufmerksamkeit. Nachts bietet die Natur auch großartige Motive: einen Uhu, der vor dem Vollmond fliegt, einen Ziegenmelker, der in den späten Abendstunden auf Waldlichtungen Insekten nachstellt ...

Diese und all die anderen wunderbaren Geschöpfe der Natur sind voneinander abhängig und schützenswert. Da ich nun schon seit Jahren als Beobachter und Naturfotograf tätig bin, erlebe ich den Artenschwund intensiv mit eigenen Augen. Deshalb habe ich die gemeinnützige Aufwind GmbH gegründet, um Naturschutzprojekte im In- und Ausland zu unterstützen. Alle Einkünfte aus meinen Fotoaktivitäten, Buch- und Bildverkäufen sowie die Honorare für Seminare und Vorträge kommen so direkt dem Umweltschutz zugute.

Für meine Fotografien wurde ich vielfach bei namhaften nationalen und internationalen Fotowettbewerben ausgezeichnet. Alle meine Bilder entstehen in freier Natur und ohne aufwendige Nachbearbeitung. Ich verwende Kameras und Objektive von Canon.

Klaus Tamm

www.tamm-photography.com; www.aufwind-naturschutz.de

Unsere Wälder sind mystisch und geheimnisvoll, ein Hort der Märchen und Sagen. Die naturbelassenen Wälder der Vergangenheit sind allerdings in Deutschland fast überall längst verschwunden. Schon seit vielen Jahrhunderten greift der Mensch in den Lauf der Natur ein und gestaltet sie nach seinem Gusto. Und so zeigt sich in unseren heutigen Wäldern deutlich das Wechselspiel zwischen Natur und Kultur auf der einen und ökonomischen Zwängen auf der anderen Seite.

Seit jeher gilt der Hase aufgrund seiner starken Vermehrung als Symbol für große Fruchtbarkeit und steht damit symbolisch für das Leben und somit auch für das Osterfest – ein guter Grund, den Hasen zum Osterhasen zu befördern. ▽▽

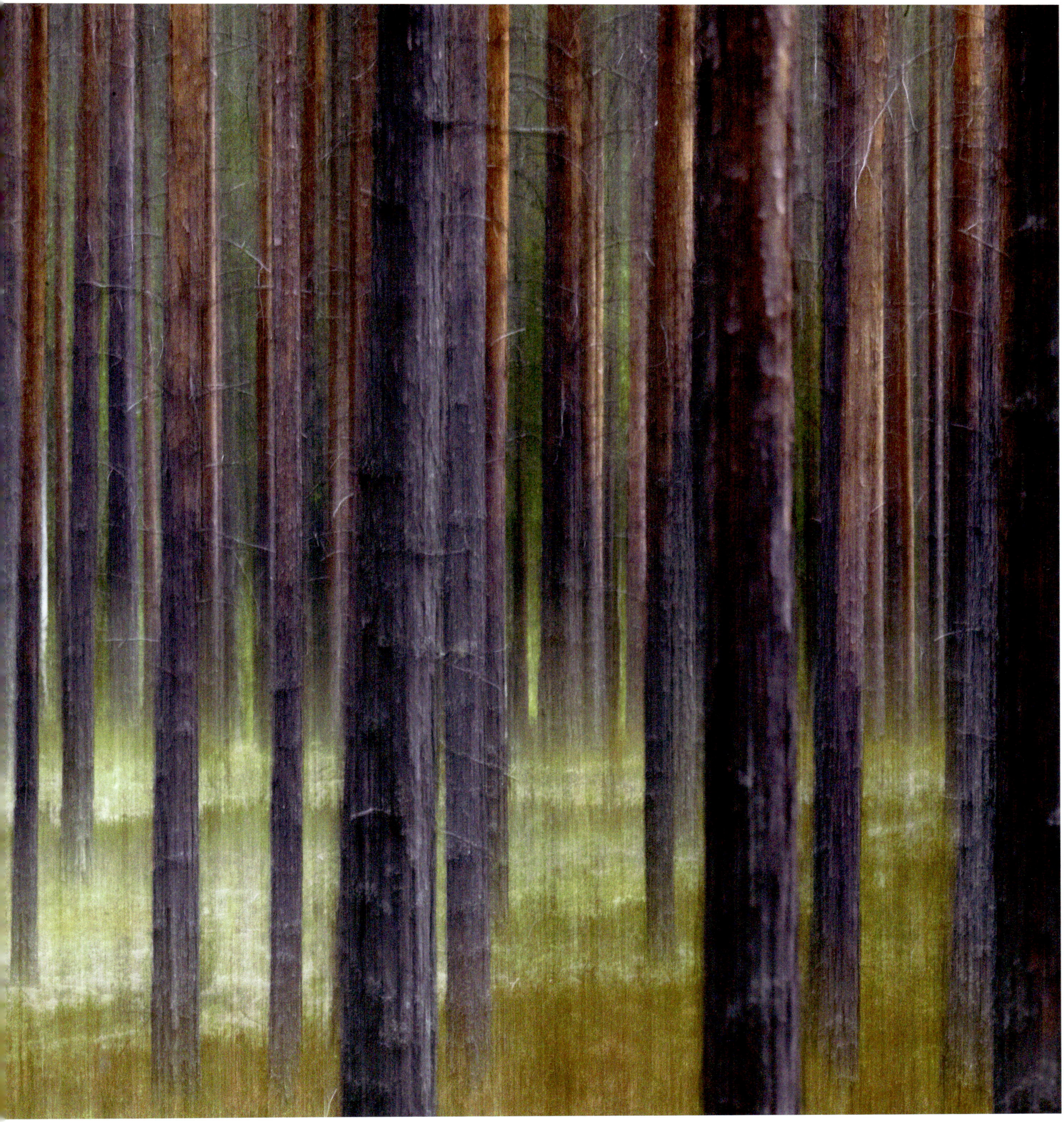

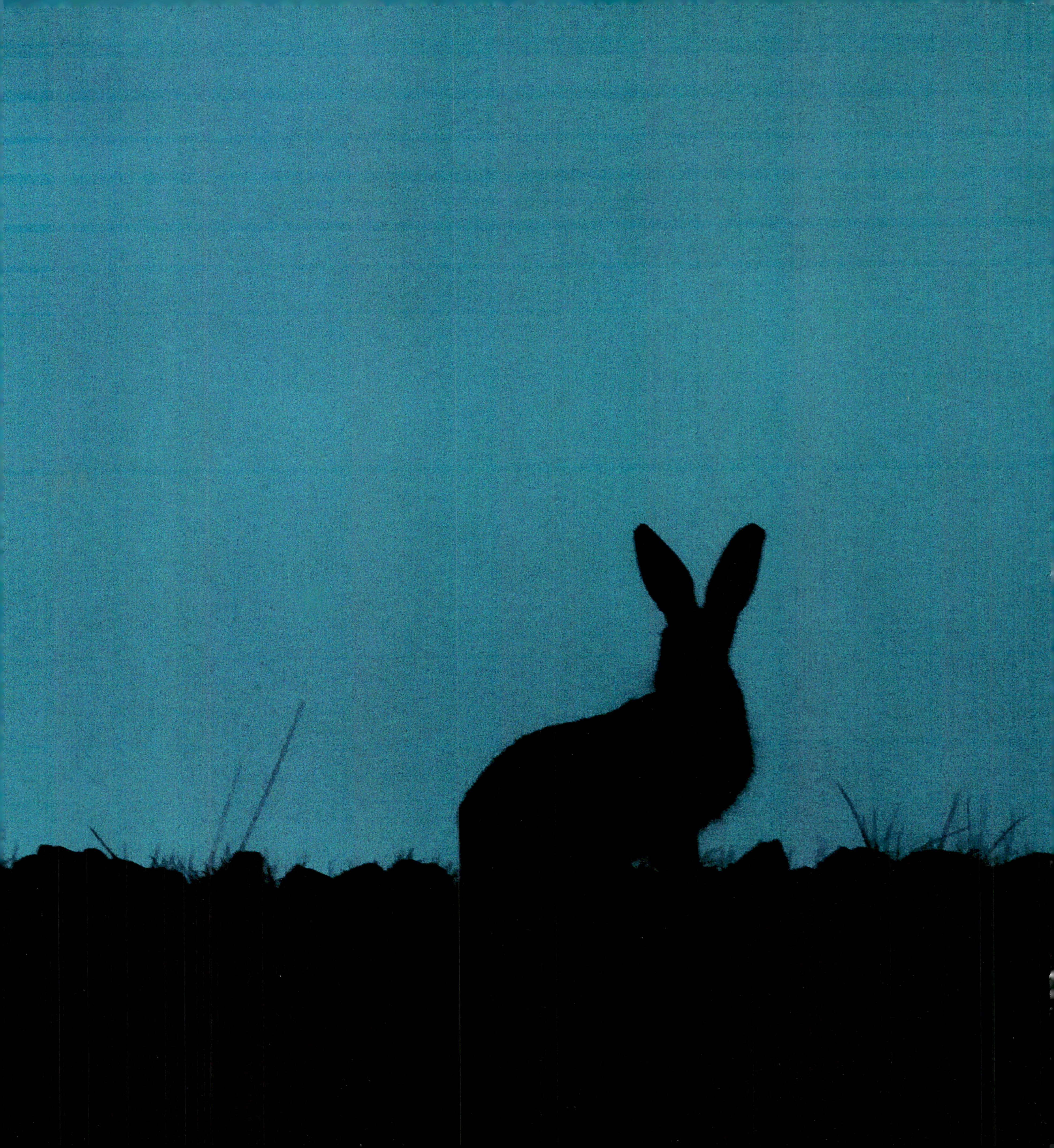

Impressum

Verantwortlich: Dr. Birgit Kneip
Redaktion: Barbara Rusch
Satz und Layout: VerlagsService Gaby Herbrecht
Repro: LUDWIG:media
Korrektorat: Franziska Sorgenfrei
Umschlaggestaltung: Claudia Geffert
Herstellung: Bettina Schippel
Printed in Germany by APPL aprinta druck

★★★★★

Sind Sie mit diesem Titel zufrieden? Dann würden wir uns über Ihre Weiterempfehlung freuen.
Erzählen Sie es im Freundeskreis, berichten Sie Ihrem Buchhändler, oder bewerten Sie beim Onlinekauf. Und wenn Sie Kritik, Korrekturen, Aktualisierungen haben, freuen wir uns über Ihre Nachricht an
Frederking & Thaler Verlag, Postfach 40 02 09, D-80702 München oder
per E-Mail an lektorat@verlagshaus.de.

Unser komplettes Buchprogramm finden Sie unter

🌐 www.frederking-thaler.de

Alle Angaben dieses Werkes wurden von den Autoren sorgfältig recherchiert und auf den neuesten Stand gebracht sowie vom Verlag geprüft. Für die Richtigkeit der Angaben kann jedoch keine Haftung übernommen werden. Sollte dieses Werk Links auf Webseiten Dritter enthalten, so machen wir uns die Inhalte nicht zu eigen und übernehmen für die Inhalte keine Haftung.

Die Deutsche Nationalbibliothek verzeichnet diese Publikation in der Deutschen Nationalbibliografie; detaillierte bibliografische Angaben sind im Internet über http://dnb.d-nb.de abrufbar.

Das Honorar von Klaus Tamm für dieses Buch fließt der von ihm gegründeten Umweltorganisation Aufwind GmbH zu, die regionale und internationale Initiativen des Naturschutzes fördert. Die AUFWIND GmbH kann auch durch Spenden unterstützt werden: http://aufwind-naturschutz.de

Bildnachweis: Alle Bilder des Umschlags und des Innenteils stammen von Klaus Tamm bis auf: Seite 235 und linke Klappe oben © Werner Bollmann; linke Klappe unten: © jodo-foto, Mario Ludwig

Umschlagvorderseite: Baum-Weißlinge
Umschlagrückseite: Kraniche im Morgenlicht

Seite 1: Uhu in der Dämmerung
Seite 2-3: Reh auf einer Lichtung
Seite 4-5: Kürbisspinne
Seite 6-7: Feldhase am Waldrand
Seite 8-9: Kraniche im Flug
Seite 10-11: Erdkröte
Seite 12/13: Spinne

© 2019 Frederking & Thaler Verlag in der Bruckmann Verlag GmbH, München

ISBN 978-3-95416-270-3